KNAUR
BALANCE

HEIKE MAYER

Ich steh mir selbst nicht mehr im Weg

Innere Persönlichkeitsanteile erkennen, verstehen und heilen

KNAUR
BALANCE

Die in diesem Buch gegebenen Empfehlungen sind allgemeiner Natur und können eine professionelle medizinische oder psychologische Behandlung nicht ersetzen. Alle enthaltenen Ratschläge und Übungen wurden von Verfasserin und Verlag mit größter Sorgfalt erarbeitet und geprüft. Eine Garantie und Haftung können jedoch nicht übernommen werden.

Besuchen Sie uns im Internet:
www.knaur-balance.de

MIX
Papier | Fördert gute Waldnutzung
FSC® C083411

Originalausgabe 2022

Ein Imprint der Verlagsgruppe
Droemer Knaur GmbH & Co. KG
Landsberger Straße 346, 80687 München

Covergestaltung: Isabella Materne, München
Coverabbildung: kovalto1/Shutterstock.com
Redaktion: Silke Foos
Abbildungen im Innenteil: S. 26–27, 28, 63, 68, 119, 120, 121 Friederike Niemeyer; S. 39, 40, 41, 42 privat
Satz: Adobe InDesign im Verlag
Druck und Bindung: CPI Books GmbH, Leck
ISBN 978-3-426-67612-7

Kontaktadresse nach EU-Produktsicherheitsverordnung:
produktsicherheit@droemer-knaur.de

4 6 8 7 5

Inhalt

Wenn das, was wir wollen, und das, was wir tun, nicht übereinstimmt

»Wenn du liebst, was dir im Weg steht,
wird es sich verwandeln.«
RICHARD SCHWARTZ[1]

Manchmal machen wir uns selbst einen Strich durch die Rechnung und verstehen gar nicht, warum. Ohne es zu wollen, stehen wir uns im Weg. Oder es laufen Dinge in uns ab, die eigentlich nicht so richtig zusammenpassen:

Sie möchten in einem Meeting etwas sagen, können sich aber nicht durchringen, das Wort zu ergreifen.

Sie sind auf jemand wütend, haben aber auch ein schlechtes Gewissen deswegen.

Sie haben sich nach langem Hin und Her zu einer Entscheidung durchgerungen, nur um anschließend sicher zu sein, dass der Entschluss bestimmt falsch war.

Sie wollen eine verständnisvolle Mutter sein, aber bei nächster Gelegenheit verlieren Sie die Nerven und brüllen Ihre Kinder an. Wieder einmal.

Willkommen im Klub!

Als Menschen können wir verschiedene Dinge gleichzeitig fühlen, denken, wollen und tun, die sich gegenseitig zu widersprechen scheinen. Das ist so lange verwirrend, bis man versteht, dass die menschliche Psyche sehr unterschiedliche Aspekte in sich beherbergt, die gleichzeitig aktiv sein können. Der persische Dichter Rumi beschrieb im 13. Jahrhundert das menschliche Dasein als ein Gasthaus, in dem sich die unterschiedlichsten Besucher die Klinke in die Hand geben. Ich sage dazu:

Jeder von uns trägt eine ganze WG in seinem Inneren.

Die menschliche Psyche ist nicht einfach nur ein einheitliches Ding. Sie setzt sich aus unterschiedlichen inneren Anteilen oder Teil-Persönlichkeiten zusammen, so, als hätten wir eine ganze Wohngemeinschaft in uns zu Gast.

Wenn Sie aus dieser Perspektive auf sich selbst blicken, haben Sie auf einmal eine Sprache, ein Vokabular für das, was sonst in uns so verwirrend bleibt: das ganze Durcheinander an widersprüchlichen Gedanken, Gefühlen, Impulsen und Reaktionen. Ohne eine Sprache für das zu haben, was da passiert, ist es schwierig, sinnvoll damit umzugehen. Es bleibt dann einfach ein unverständlicher Wirrwarr.

Ich bin überzeugt, dass das Leben für jeden von uns leichter sein kann, als es sich bisher oft anfühlt. Nicht weil durch Magie alles plötzlich rosarot wird. Sondern weil wir uns in dem Bestreben, gut durch die Herausforderungen des Lebens zu segeln und die schönen Küsten anzusteuern, nicht mehr ständig in der Takelage verheddern. Wer die Prinzipien versteht, wie sich die Mitglieder unserer inneren WG entwickeln und ungünstige Rollen einnehmen, wer entdeckt, wie man mit ihnen Kontakt aufnehmen und ihnen helfen kann, sich zu verändern, der kann sein eigenes Boot mit sehr viel mehr Flexibilität, Souveränität und im Einklang mit sich und dem Meer manövrieren.

Als Therapeutin arbeite ich vor allem mit dem Ansatz der Persönlichkeitsanteile nach dem IFS-Modell. IFS steht für **I**nternal **F**amily **S**ystems oder auch Therapie mit dem **I**nneren **F**amilien**s**ystem. Es wurde vor vierzig Jahren von dem amerikanischen Psychologen Richard C. Schwartz entwickelt. Von den vielen therapeutischen Ansätzen, die ich kennengelernt habe, erlebe ich die Arbeit mit IFS als am hilfreichsten. Als ich sie zum ersten Mal selbst ausprobierte, habe ich sofort gespürt: Das ist es. Das hilft wirklich und in der Tiefe. So ergeht es vielen meiner Klienten auch, oft schon in der allerersten Stunde. Parallel zu meiner psychotherapeutischen Tätigkeit begleite ich Menschen als Autorin, Meditationslehrerin und Trainerin für Achtsamkeit. Was es mit IFS auf sich hat und vor allem wie Sie selbst von diesem Modell profitieren können, zeige ich Ihnen in diesem Buch.

Hier noch zwei Hinweise:
Die Fallbeispiele in den folgenden Kapiteln beruhen auf Prozessen meiner Klientinnen und Klienten bzw. anderen Personen in meinem Umfeld, denen ich für ihr großzügiges Einverständnis danke, etwas von ihren Erfahrungen wiederzugeben. Details wurden verändert, um Rückschlüsse auf die Beteiligten zu verhindern.

Zum zweiten ist mir eine inklusive und geschlechtersensible Sprache wichtig. Zugleich sind mir leichte Lesbarkeit, Klarheit und Sprachästhetik ein Anliegen. Daher wechsle ich in lockerer Reihenfolge weibliche und männliche Formen ab. Es sind immer alle Geschlechter damit gemeint.

KAPITEL 1

So viele Stimmen und nur ein Kopf …

Die Psyche als innere WG

»Wer bin ich, und wenn ja, wie viele?«
UNBEKANNT[2]

Niemand von uns ist einfach nur »eine Person«: eine einheitliche, kohärente Persönlichkeit, immer eins mit sich. Denn wären wir das, würden unsere Absichten und unser Verhalten ja stets übereinstimmen. Dem ist aber oft nicht so. Wenn man genauer hinsieht, wird klar: Jeder von uns hat verschiedene Persönlichkeitsanteile, die in bestimmten Situationen zum Vorschein kommen.

Wir alle kennen die Erfahrung, uns uneins mit uns selbst zu fühlen. Vielleicht haben Sie eine Essenseinladung bei Ihrem Chef oder zu einem Familientreffen bekommen, und obwohl ein Teil von Ihnen überhaupt keine Lust darauf hat und sich vor einem schrecklich steifen Abend gruselt, findet etwas anderes in Ihnen, dass es ganz einfach *nicht geht*, dort nicht aufzutauchen. Oder Sie tigern abends zum Küchenschrank, wo die Schokolade und die Chips liegen. »Reiß dich zusammen, du kommst sonst nie von den Kilos runter. Friss nicht so viel!«, schimpft etwas in Ihnen. Aber die lockenden Sirenen in Ihrem Kopf sind stärker: »Ach komm, das hab ich mir nach dem anstrengenden Tag echt verdient! Einmal wird man sich ja wohl noch was gönnen dürfen«, und da ist die Hand schon in der Keksdose.

In jedem von uns lebt eine ganze Truppe WG-Mitglieder, die unser Leben steuern – häufig ohne dass uns das bewusst wäre.

Diese inneren Anteile sind die Ursache für plötzliche Stimmungsumschwünge, widerstreitende Impulse und seltsame Reaktionen: »Wenn mich jemand mit einem bestimmten Gesichtsausdruck anschaut, fühle ich mich auf einmal wie ein eingeschüchtertes Kind, so klein mit Hut.« – »Ich kann mich einfach nicht beherrschen und schreie meine Tochter wegen blödsinniger Kleinigkeiten in einer Weise an, die ich selbst total furchtbar finde.« – »So oft habe ich mir schon vorgenommen, mich an die Steuererklärung zu setzen. Aber dann verdaddel ich doch wieder Stunden auf Instagram.« Manchem von uns kommt es sogar vor, als gäbe es einen Feind in unserem eigenen Inneren, der uns laufend sabotiert.

Mein eigener Weg, mit meiner WG Freundschaft zu schließen, begann vor über zwanzig Jahren. Zum damaligen Zeitpunkt, mit Anfang dreißig, fühlte ich mich oft, als sei ich auf irgendeine seltsame Weise grundlegend falsch oder ungenügend. Obwohl von außen betrachtet vieles in meinem Leben in Ordnung war, empfand ich ein nagendes Gefühl innerer Unzufriedenheit, Anspannung und einen tiefen Mangel, den ich mir weder erklären noch in Worte hätte fassen können. Dann geschahen zwei Dinge kurz nacheinander: Ich entdeckte Meditation, und mir fiel ein Buch über innere Persönlichkeitsanteile in die Hände.

Durch die Arbeit mit meinen eigenen Anteilen und den Weg der Achtsamkeit habe ich ein Ausmaß an innerer Freiheit, Lebensfreude und Verbundenheit gefunden, das ich früher für unmöglich gehalten hätte. Es sind Veränderungen in mir geschehen, die mich manchmal immer noch in Erstaunen versetzen, und ich habe von großartigen Lehrern und Lehrerinnen und in fundierten Ausbildungen gelernt, was es braucht, um andere auf einem solchen Weg zu begleiten. Mittlerweile bin ich selbst im Ausbildungsteam des Münchner IFS-Instituts tätig.

Dieses Buch schreibe ich aus einem tiefen Wunsch heraus: Ich möchte dazu beitragen, dass Menschen entdecken, wie hell sie in der Tiefe sind. Ich glaube fest und ohne einen Zweifel daran, dass wir Schritte zu Heilung und innerer Leichtigkeit gehen können, auch wenn wir uns gerade noch so gefangen und verzweifelt fühlen. Dass wir alle dazu gemacht sind, frei, verbunden und mit einem Gefühl unseres inneren Zuhauses durch dieses Leben mit all seinen Freuden und Herausforderungen zu steuern.

Warum passiert mir das nur immer wieder?

Ich möchte Ihnen gerne an einem persönlichen Beispiel zeigen, wie nützlich es sein kann, wenn wir die verschiedenen Teile in uns bemerken und anfangen, bewusster mit ihnen umzugehen.

Mein Mann Lothar und ich haben uns vor vielen Jahren auf einem Wochenendworkshop kennengelernt. Es waren an die fünfzig Teilnehmer und daher kein Wunder, dass ich bei den vielen Leuten am ersten Abend nur mit einigen wenigen ins Gespräch kam. Am nächsten Tag saß ich nach dem Mittagessen beim Kaffee, als er an meinen Tisch kam und mich fragte, ob er sich zu mir setzen dürfe. Ich sei ihm gestern schon aufgefallen, meinte er, und er habe auch versucht, mit mir Kontakt aufzunehmen, das sei ihm aber nicht recht gelungen. Meine Güte, dachte ich, der ist aber ehrlich und direkt. Ich war geschmeichelt – das fühlt sich natürlich gut an, wenn jemand, der einem grundsätzlich sympathisch ist und den man auch noch attraktiv findet, sagt, dass er sich für einen interessiert. Wir redeten ein bisschen über das Seminar, dabei stieg ich auf seinen flirtenden Ton ein. Das Gespräch machte mir Spaß.

Jedoch bemerkte ich nach einiger Zeit, dass ich mich angestrengt fühlte. Obwohl ich geschmeichelt war, gab es auch das unbestimmte

Gefühl, unter Druck zu stehen. Eigentlich war mir Lothars Tempo zu forsch. Nachdem er unser Gespräch mit so viel Offenheit begonnen hatte, machte es mir das leichter, selbst etwas von mir zu zeigen, und so sagte ich: »Ich merke, dass meine Wegläufer gerade anspringen.« Er sah mich fragend an. Was ich damit meinen würde? Ich antwortete: »Ich finde es ganz schön mutig und eindrucksvoll, dass du so offen Kontakt aufnimmst. Das gefällt mir. Gleichzeitig passiert das alles gerade so direkt und schnell. Und es gibt Teile in mir, denen geht das zu schnell. Ich merke, dass die sich gerade zurückziehen wollen. Das finde ich eigentlich schade, denn mir macht das Gespräch mit dir Spaß, und ich hätte Lust, dich näher kennenzulernen. Aber es wäre gut, wenn du vielleicht ein bisschen Tempo rausnimmst, denn dann können meine Wegläufer dableiben und müssen nicht abhauen.« Er lachte: »Ja, klar, das macht Sinn. Was wäre denn dann jetzt das Beste für dich und deine Wegläufer?«

Wow, ich war echt erstaunt – erstaunt über mich, denn ich hatte noch nie jemandem in einem ersten Gespräch von meinen inneren Teilen erzählt. Und erstaunt darüber, wie frappierend die Wirkung war. Denn in dem Moment, in dem ich die Gegenwart meiner Wegläufer nicht nur bemerkt, sondern sie auch offen angesprochen hatte, hatte sich das Gefühl von unangenehmem Druck in mir aufgelöst. Die Persönlichkeitsanteile, die ich meine »Wegläufer« nannte, waren auf einmal nicht mehr bloß als vage Anspannung in mir spürbar, sondern ich hatte ihnen im Gespräch Raum gegeben und ihre Gegenwart öffentlich gemacht. Durch diese schlichte Anerkennung, dass es sie gab, konnten sie sich beruhigen. Interessanterweise machte dieses offene Aussprechen es auch für Lothar leichter, mit meinen Wegläufern umzugehen. Wenn es von nun an ambivalente Reaktionen von meiner Seite gab – ich zum Beispiel einerseits auf seinen flirtenden Ton einstieg, gleichzeitig aber Rückzugstendenzen zeigte –, war für ihn klar, woran das lag.

Tatsächlich stellte sich heraus, dass der Kontakt zwischen Lothar und mir unter einem guten Stern stand. Wir wurden bald nach unserem Kennenlernen ein Paar und haben einige Jahre später geheiratet. Es *könnte jedoch sein, dass all das nicht möglich gewesen wäre, hätte ich meine Wegläufer nicht bemerkt und ihnen von Anfang an Raum gegeben. Möglicherweise hätten sie dann im Untergrund das Gefühl von Unwohlsein immer stärker anwachsen lassen, bis ich mich irgendwann unter einem Vorwand aus dem Gespräch zurückgezogen hätte. Ich hätte Lothar dann womöglich als »nett, aber zu aufdringlich« abgespeichert, und er hätte vermutlich gedacht, dass sein Annäherungsversuch nicht gut angekommen sei.*

Leicht möglich, dass viele potenziell wunderbare Begegnungen nicht über die ersten Meter hinauskommen, weil wir nicht bemerken, dass unser Gegenüber Teile in uns wachruft, die uns auf etwas hinweisen wollen. Im Fall meiner Wegläufer war das beispielsweise mein Bedürfnis nach einem für mich angemessenen Tempo in der Kontaktaufnahme. Hätte ich das nicht erkannt und dafür gesorgt, dass sich das Tempo im Miteinander zwischen Lothar und mir veränderte, hätten meine Wegläufer mich vermutlich dazu gebracht, mich zurückzuziehen – so wie es mir bis dahin schon so oft passiert war. Bei meinem Treffen mit Lothar war ich nämlich bereits seit sieben Jahren Single. Im Nachhinein kann ich sehen, wie oft meine Wegläufer im Zusammensein mit Männern aktiv gewesen waren. Hätten sie auch diesmal wieder von mir unbemerkt auf ihre Weise Nähe und Distanz reguliert, hätte ich mich später vermutlich dafür verurteilt, dass ich »immer so spröde bin« oder »die interessanten Männer vergraule«. Oder ich hätte die Erfahrung als weiteren Beleg dafür genommen, dass ich mich ja in Wirklichkeit gar nicht auf jemanden einlassen will.

Unsere WG-Bewohner steuern uns oft, ohne dass wir es bemerken

Wenn wir die unterschiedlichen Teile in uns nicht bemerken und ihnen keine Aufmerksamkeit schenken, geschieht es leicht, dass sie unser Verhalten lenken, *ohne* dass wir es mitbekommen. Das war beispielsweise lange bei mir und meinen Wegläufern so, das passiert aber auch in ganz alltäglichen Situationen. In der Regel geht es so schnell, dass uns kaum auffällt, wie viele verschiedene WG-Bewohner in uns an einer Reaktion beteiligt sind.

Stellen Sie sich vor, eine Person geht durch ein Kaufhaus, nennen wir sie Julia. Julia braucht eine neue Hose. Eine fällt ihr ins Auge, und sie bleibt stehen, um sie näher zu betrachten. In Julias Kopf entwickelt sich vielleicht ein Dialog dieser Art:

»Hey, die sieht gut aus ... Aber an mir? Mein Hintern ist echt so fett geworden (kritischer innerer Anteil). Und wann geh ich schon mal auf eine Party, wo man so was anziehen könnte? (trauriger Teil). Ich brauche ja auch eigentlich was Praktischeres, die weiten Beine bleiben beim Radfahren bestimmt in den Speichen hängen (vernünftiger Teil). Was kostet die überhaupt? Wow! Da müsste ich mir zu Hause von Tom wieder anhören, wie viel Geld ich für Klamotten ausgebe! (Teil, der sich an frühere Kritik erinnert). Dabei geht Tom das überhaupt nichts an, ich verdiene mir mein Geld schließlich hart genug und kann mir immer noch kaufen, was ich will! (rebellischer Teil, der die eigenen Grenzen und Bedürfnisse verteidigt). Und jetzt leiste ich mir mal was, das hab ich mir echt verdient!«

In diesem Beispiel setzt sich der Teil, der Julias Autonomie verteidigen will und sich Ausgleich für die viele Arbeit wünscht, durch. So könnte es passieren, dass Julia mit einem Kleidungsstück nach Hause kommt und sich am nächsten Tag ärgerlich fragt, warum sie für so etwas so viel Geld ausgegeben hat. Die Antwort lautet: weil wir in vielen unserer Gedanken, Gefühle, Handlungen und Reaktionen *unbewusst* von inneren Anteilen gesteuert werden. Der Teil, der sich über den Kauf ärgert, ist nicht derselbe wie der, der ihn initiiert hat.

Warum hat man Anteile?

Vielleicht fragen Sie sich mittlerweile, wozu es denn all diese verschiedenen Anteile in der WG der Psyche gibt und warum sie sich in diesem manchmal verwirrenden Nebeneinander entwickeln. Meine Sicht auf diese Frage erläutere ich Ihnen ausführlich im zweiten Kapitel. Versprochen! Die kurze Antwort lautet:

Persönlichkeitsanteile entstehen in jedem von uns in Anpassung an unsere Erfahrungen und Lebensumstände, vor allem während unserer Kindheit und Jugend. Sie entwickeln sich nicht zufällig, sondern sind, wenn man sich mit dem Zeitpunkt und den Umständen ihrer Entstehung beschäftigt, nachvollziehbare Strategien oder Bewältigungsversuche, die uns zu einem bestimmten Zeitpunkt unserer psychischen Entwicklung geholfen haben. Man spricht in diesem Zusammenhang auch von Copingstrategien (von englisch *to cope with:* »bewältigen, mit etwas umgehen«). Je öfter wir bestimmte Copingstrategien anwenden, desto stabiler werden sie, sodass sie sich zu wiedererkennbaren Anteilen unserer Persönlichkeit entwickeln. Die meisten von uns haben einerseits Teile, die unser Leben mit ihren Fähigkeiten und Qualitäten bereichern, aber auch solche, die in ungünstige Verhaltensmuster geraten sind oder unverdaute schmerzliche Gefühle in sich gespeichert haben.

Verschiedene Teile auszubilden ist nicht nur normal, sondern unumgänglich. Es ist die Weise, wie wir in der Welt Gestalt gewinnen, uns entfalten, und der Weg der Psyche, um sich auf prägende Erfahrungen, äußere Umstände und die Menschen in unserer Umgebung einzustellen. Mal ist diese Form der Anpassung langfristig hilfreich, mal zeigt sich im Laufe der Zeit, dass die gefundene Strategie auf Dauer mehr Probleme schafft, als sie löst. Doch grundsätzlich haben Teile immer eine positive Absicht. Sie entwickeln sich, um zu helfen oder etwas,

was schmerzlich fehlt, auszugleichen. Allerdings stecken sie mitunter in Verhaltensweisen fest, die zwar früher in bestimmten Situationen nützlich waren, um uns zu schützen oder mit einer Herausforderung umzugehen, uns jetzt aber Schwierigkeiten bereiten. Dann haben sie sich aber schon so verfestigt, dass wir sie nicht einfach durch eine willentliche Entscheidung loswerden oder abstellen können – sie sind eben ein Teil von uns!

Sicher haben Sie auch schon die Erfahrung gemacht, dass Sie sich vornehmen, sich auf eine bestimmte Weise zu verhalten (»Ich werde ganz ruhig bleiben und mich nicht aufregen«), diese Absicht aber nicht umsetzen können. Der Persönlichkeitsanteil in Ihnen, der beispielsweise wütend reagiert, wenn jemand Ihre roten Knöpfe drückt, führt gleichsam ein Eigenleben und bestimmt dann Ihr Denken und Handeln, sodass Sie automatisch reagieren, fast wie ferngesteuert, ob Sie das nun wollen oder nicht.

Es wäre jedoch zu kurz gegriffen, unsere inneren Anteile nur als Anpassungsstrategien zu sehen. Wenn wir uns auf einen Kontakt mit ihnen einlassen, stellen wir fest, dass sie wie eigenständige Wesen in uns wirken, ihre ganz eigenen Gefühle, Erinnerungen und Empfindungen haben – und darauf warten, von uns gesehen, gehört und verstanden zu werden.

Im Normalfall schämen wir uns aber eher für die Verhaltensweisen von Teilen, die wir nicht mögen oder einfach nicht verstehen. Wir kritisieren uns dafür (und werden manchmal auch von anderen dafür kritisiert). Das ist nicht nur schmerzlich und anstrengend, sondern bringt uns auch nicht weiter. Denn leider ändert sich durch Selbstkritik – oder Kritik von außen – in der Regel überhaupt nichts. Wir fühlen uns nur noch schlechter.

Wenn wir unsere bislang ungeliebten Teile jedoch kennenlernen, können wir anfangen zu verstehen, warum sie sich so und nicht anders entwickelt haben, welche Absicht sie eigentlich mit ihrem Verhalten verfolgen und was sie brauchen, um sich zu verändern oder Heilung zu finden. Dann wird es möglich – *gemeinsam mit ihnen, nicht gegen sie!* –, einen Transformationsprozess einzuleiten. So kann das Zusammenleben in der WG harmonischer und kooperativer werden, und wir fühlen uns wohler mit uns selbst.

ÜBUNG: Einen inneren Anteil ausfindig machen

Vermutlich haben Sie beim Lesen an der ein oder anderen Stelle gedacht: »Ah ja, das kommt mir bekannt vor«, oder Ihnen sind eigene WG-Bewohner bewusster geworden. Ich möchte Ihnen daher vorschlagen, sich etwas Zeit zu nehmen, um einen Ihrer Teile ein bisschen näher kennenzulernen.

Machen Sie es sich an einem ruhigen Ort bequem. Nehmen Sie ein paar tiefe Atemzüge und kommen Sie ein wenig zur Ruhe.

Wenn Sie nach der Lektüre bereits einen Anteil im Auge haben, dem Sie sich zuwenden möchten, gut. Ansonsten schauen Sie sich nach einem eigenen Verhalten, einer Eigenschaft, Gefühlsregung oder Angewohnheit um, wo Sie sich selbst im Weg stehen oder bei der Sie neugierig sind, was dahinterstecken könnte. Vielleicht gibt es einen perfektionistischen Anteil in Ihnen. Oder einen, der in bestimmten Situationen mehr isst, als Ihnen lieb ist. Oder ein Teil in Ihnen wird manchmal wahnsinnig wütend, wenn jemand anderes etwas Bestimmtes sagt oder tut.

Entscheiden Sie sich dafür, welchem Thema Sie sich zuwenden wollen, und dann erinnern Sie sich an eine konkrete Situation dazu. Nehmen Sie sich Zeit und tauchen Sie in die Erinnerung ein. Wo waren Sie? Was ist passiert? Je mehr Details Sie in sich hochkommen lassen, desto besser. Wie haben Sie sich in diesem Moment gefühlt? Wie haben Sie sich verhalten oder was haben Sie gedacht?

Bemerken Sie, was sich in Ihnen verändert, wenn Sie die Situation innerlich noch einmal wachrufen. Wie wirkt sich das auf Ihren Körper aus? Vielleicht kommt irgendwo Anspannung auf, Druck oder Schwere. Vielleicht wird Ihnen heiß, etwas fühlt sich kribbelig oder flatterig an. Oder Sie fühlen sich auf einmal wie taub. Was auch immer Sie bemerken, lassen Sie es möglichst einfach so sein, wie es ist, ohne es anders haben zu wollen.

Stellen Sie sich nun vor, das, was da in Ihnen auftaucht, wäre wie ein eigenständiges Wesen, mit dem Sie Kontakt aufnehmen und mit dem Sie sprechen könnten. Angenommen, Ihr perfektionistischer Teil (oder um welchen inneren Anteil auch immer es geht) hätte eine Gestalt – wie würde er aussehen?

Falls sich kein inneres Bild dazu einstellt, dann macht das nichts. Dann richten Sie Ihre Aufmerksamkeit weiterhin auf die körperlichen Empfindungen und gehen einfach von der Hypothese aus, dass sich darüber ein bestimmter Anteil in Ihnen zeigt. Und nun sagen Sie diesem Persönlichkeitsanteil gedanklich, dass Sie ihn gerne etwas näher kennenlernen möchten. Auch wenn es sich vielleicht komisch anfühlt, etwas in Ihnen als Du, als Gegenüber anzusprechen: Probieren Sie es einfach einmal aus.

(Es könnte auch sein, dass Sie nicht nur *einen* Teil bemerken, etwa den, der eine Packung Chips in sich reinschaufelt, wenn Sie gestresst sind, sondern auch noch einen weiteren, der sich darüber aufregt und den anderen dafür beschimpft. Dann könnten Sie sich nacheinander mit beiden unterhalten.)

Die Grundannahme in der Arbeit mit inneren Anteilen lautet, dass alle eine nützliche Absicht für die Person haben, zu etwas beitragen wollen oder aus gutem Grund da sind. Fragen Sie den Teil: Was würde passieren, wenn du nicht tun würdest, was du tust? Warum ist es wichtig, dass du da bist? Was könnte sonst geschehen?

Hören Sie mit so viel Respekt und Offenheit zu wie möglich. Versichern Sie dem Anteil, dass es nicht Ihre Absicht ist, ihn loszuwerden, zu »reparieren« oder seine Bedenken abzutun. Und fragen Sie weiter: Was möchtest du, das ich von dir weiß? Kann ich etwas für dich tun? Brauchst du etwas von mir?

Danken Sie ihm am Ende, dass er Ihnen erlaubt hat, ihn ein klein wenig besser kennenzulernen.

Es könnte sein, dass der erste Kontakt eher holprig verläuft. Das wäre nicht ungewöhnlich. Wir werden im Lauf der folgenden Kapitel sehen, was es braucht, damit die Kommunikation leichter gelingt.

Sich selbst auf die Spur kommen

Viele Menschen, denen ich das Bild von der inneren WG vorstelle, können intuitiv etwas damit anfangen. Es passt damit zusammen, wie sie sich häufig fühlen. Und es hilft, weil wir dann eben neugierig darauf werden können, welcher der Bewohner daran beteiligt ist, dass das geplante Fitnessprogramm wieder mal ausfällt. Wer dafür sorgt, dass wir den Mund halten, obwohl wir eigentlich ganz und gar nicht damit einverstanden sind, was die Abteilungsleiterin gerade von sich gibt. Oder wer in uns sich die spitze Bemerkung nicht verkneifen kann, obwohl uns vollkommen klar ist, dass wir in einen Streit mit unserem Partner geraten, wenn wir sie loslassen.

Lassen Sie uns einmal genauer betrachten, wie so eine innere WG zusammengesetzt ist und wer vielleicht in Ihrer wohnt.

Da gibt es Charaktere, die deutlich in Erscheinung treten. Sie stehen in unserer WG oft mitten im Wohnzimmer und bestimmen die Szene. Andere wiederum sieht man kaum, sie halten sich eher im Hinterzimmer oder sogar im Keller auf. Einige kommen vielleicht nur zu ganz bestimmten Situationen aus ihren Zimmern, zum Beispiel während eines Konflikts oder wenn

Sie im Stress sind. Manche Ihrer inneren Bewohner verstehen sich vermutlich gut, andere können sich überhaupt nicht leiden und wünschen sich vielleicht sogar, die Störenfriede von gegenüber würden endlich ausziehen.

Ihre innere WG-Belegschaft ist in ihrer Art, die Welt zu betrachten und sich zu verhalten, nicht einheitlich. Ihre Teile haben unterschiedliche Bedürfnisse, Eigenschaften und Perspektiven, die sich mitunter diametral entgegenstehen. Da gibt es eher Zuversichtliche und eher Ängstliche. Solche, die in bestimmten Situationen gerne das Wort ergreifen und die Aufmerksamkeit von anderen genießen, und solche, die sich zurückziehen und ihre Ruhe haben wollen. Da gibt es welche, die schnell wütend werden, wenn man ihre roten Knöpfe drückt, und andere, denen wichtig ist, dass um sie herum Harmonie herrscht. Wenn wir anfangen, unsere eigene Psyche aus dieser Perspektive zu sehen, können wir uns selbst besser verstehen, und auch die Beziehungen mit den Menschen um uns herum können sich verbessern. Wir erkennen dann, warum Kommunikation so oft schiefläuft, und brauchen uns selbst nicht mehr so verquer zu fühlen.

So hat es einmal ein Klient einer Kollegin beschrieben, nachdem er sich eine Zeit lang intensiver mit seinen Persönlichkeitsanteilen befasst hatte: »Die Arbeit mit meinen Teilen ist für mich der Schlüssel, meine für mich oft sehr komplizierte Innenwelt besser zu verstehen und mich mit all meinen Anteilen zu entspannen. Das Modell der inneren Teile lässt zu, dass bisher widersprüchlich erscheinende Strömungen oder ›Launen‹ nebeneinanderstehen und da sein dürfen, ohne dass ich mich falsch fühle. Wie in einer großen Hausgemeinschaft gibt es da eben in mir alle möglichen Anteile: laute Angeber und leise, empfindsame Feingeister; Mutige und Ängstliche; Sicherheitsbedürftige, aber auch furchtlose Haudegen; kraftvolle Gestalten und graue Mäuse. Und auch welche, mit denen ich manchmal lieber nicht so gerne was zu tun haben würde. Alle sind Teil dieser Hausgemeinschaft, wohnen in meinem Haus, gehören dazu, ja haben sogar lebenslanges Wohnrecht!«

Auch wenn es sich für uns vielleicht so anfühlt: Keiner unserer inneren Anteile ist ein Hausbesetzer, den man besser rauswerfen sollte. Alle sind legitime Bewohner, und wir tun gut daran, sie besser kennenzulernen.

Welche Arten von inneren Anteilen gibt es?

Von manchen Persönlichkeitsanteilen haben Sie vermutlich schon gehört, weil sie mittlerweile in den allgemeinen Sprachgebrauch übergegangen sind: etwa das innere Kind, der innere Kritiker, der Antreiber. Es gibt jedoch sehr viel mehr Teile in jedem von uns und auch nicht nur *ein* inneres Kind. Damit Sie anfangen können, Ihre eigenen aufzuspüren, folgt hier als Anregung ein kleiner Überblick an Persönlichkeitsanteilen, die in vielen WGs zu finden sind.

Teile können übrigens unabhängig vom eigenen Geschlecht als weiblich oder männlich in Erscheinung treten, und für manche Aspekte unserer Persönlichkeit passt als Pronomen auch eher »es« als »er« oder »sie«. Manche haben gefühlt unser derzeitiges Alter, manche sind, wenn man sie näher kennenlernt, aber deutlich jünger, mitunter auch älter. Der Einfachheit halber ist in der folgenden Grafik die männliche Form gewählt, in der anschließenden die weibliche.

Beispiele für innere Anteile und ihre Absichten und Beweggründe.[3]

Der Wächter/ Der Kontrolleur
Ich checke alles ab und trage dafür Sorge, dass wir die Regeln einhalten und uns angemessen verhalten. Manchmal habe ich eine Koalition mit dem Rechthaber oder dem Blockwart, die dafür sorgen, dass auch die anderen tun, was sie sollen.

Der Beschützer
Wenn jemand unsere Grenzen überschreitet, gehe ich in die Verteidigung. Dafür gibt es unterschiedliche Strategien: Rückzug oder Angriff.

Der Rebell
Ich habe keine Lust, ständig zu tun, was ich soll, und verschaffe mir Freiraum! Der Aufschieber und der Das-hab-ich-mir-jetzt-aber-verdient sind gute Kumpels.

Der Selbstverbesserer
Ich sorge dafür, dass wir möglichst gut sind, damit wir Wertschätzung bekommen, uns sicher fühlen und dann endlich entspannen können. Die Bereiche sind variabel, z. B. Aussehen, Sport, Erfolg oder auch innere Entwicklung.

Vielleicht kennen Sie manche der Haltungen auf der vorherigen Seite von sich oder von Menschen in Ihrem Umfeld? Weitere WG-Bewohner könnten beispielsweise die folgenden sein:

Die Abenteurerin
Die Freiheitsliebende
Die Kriegerin
Die Wilde

Die Kreative
Die Verspielte
Die Genießerin
Die Visionärin
Die Mystikerin
Die Weise

Die Leidenschaftliche
Die Seelenvolle
Die Scheue
Die Brave/Die Liebe
Die Eigenbrötlerin

Die Professionelle
Die Rationale
Die Skeptikerin
Die Grüblerin
Die Zynikerin

Die Bestimmerin
Die Macherin
Die Multitaskerin
Die Verantwortliche
Die Umweltbewusste

Die Sorgenmacherin
Die Trotzige
Die Miesepetra
Die Wütende
Die Überforderte
Die Verzweifelte

Manche Persönlichkeitsanteile haben eine innere Verwandtschaft miteinander, während sie zu anderen in größerer Distanz stehen.

ÜBUNG: Eigenen Teilen auf der Spur

Haben Sie Lust, Ihre eigene WG ein bisschen zu erforschen?

Machen Sie es sich an einem ruhigen Ort bequem. Legen Sie sich ein Blatt Papier (mindestens DIN A4) und etwas zu schreiben oder auch zu malen zurecht.

Ein paar tiefe Atemzüge können helfen, ein wenig zur Ruhe zu kommen und Kontakt mit sich selbst aufzunehmen: Atmen Sie ein und bemerken Sie, wie die Luft einströmt. Atmen Sie aus und verfolgen Sie mit, wie sie Ihren Körper verlässt. Bleiben Sie einige Momente bei dieser Erfahrung des bewussten Atmens. Sie ist wie eine Brücke, die dabei unterstützen kann, Ihre Aufmerksamkeit von der Außenwelt hin zu Ihrer eigenen Innenwelt zu verlagern.

Nehmen Sie nun einen möglichst neugierigen und interessierten Blick ein, als wären Sie eine Forscherin, die sich auf Entdeckungsreise macht. Welcher Ihrer Persönlichkeitsanteile taucht auf, wenn Sie sich innerlich umschauen?

Denken Sie an Gefühle, Stimmungslagen oder Verhaltensweisen von sich, die Sie als typisch oder auch als anstrengend erleben, und zwar nicht als vorübergehende zufällige Erscheinungen, sondern als gäbe es ein eigenständiges Wesen in Ihnen, das diese Gefühle oder Verhaltensweisen zeigt. Also nicht: »Ich bin ungeduldig«, sondern eher: »der ungeduldige Teil in mir«; nicht: »Ich bin immer so schüchtern«, sondern: »die Schüchterne«.

Erkennen Sie einige der auf den vorherigen Seiten abgebildeten Teile in sich wieder? Oder noch ganz andere? Schreiben Sie sie auf Ihr Blatt.

Die oben verwendeten Namen sind nur Wegweiser für Richtungen, an die Sie beim Erforschen denken könnten. Finden Sie gerne andere, die Ihnen passender erscheinen. Wenn es in Ihnen einen Teil gibt, der oft mürrisch ist, könnte der zum Beispiel Griesgram, Miss Missgelaunt oder Motzi heißen. Statt mit Namen können Sie auch mit Symbolen, Farben oder einfachen Strichzeichnungen arbeiten.

Folgende Fragen können beim Entdecken von Teilen helfen:

- Denken Sie an eine Entscheidungsschwierigkeit. Welcher Anteil in Ihnen plädiert für das Pro, welcher für das Kontra?
- Erinnern Sie sich an einen Streit. Welche Ihrer Persönlichkeitsanteile waren vor dem Konflikt aktiv, welche sind vielleicht plötzlich währenddessen aufgetaucht? Gab es welche, die sich danach gezeigt haben?
- Bemerken Sie dieselben oder andere Teile in sich, wenn Sie mit Ihrer Familie zusammen sind oder wenn Sie sich an Ihrem Arbeitsplatz befinden?
- Welche Anteile von Ihnen bekommen nur sehr eng vertraute Menschen zu Gesicht?
- Wer taucht auf, wenn Sie kritisiert werden? Wer, wenn Sie mit einem kleinen Kind oder Haustier zusammen sind? Wer, wenn Sie eine Präsentation vortragen oder eine Rede halten sollen?
- Welche Teile in sich mögen Sie?
- Welche mögen Sie gar nicht?

Wenn Sie noch einmal betrachten, was Sie aufgeschrieben oder gemalt haben: Gibt es Anteile, die zu bestimmten Zeiten in Ihrem Leben deutlicher in Erscheinung getreten sind als heute? Sind Sie darüber froh oder wünschen Sie sich, dass sie wieder mehr Raum hätten? Gibt es welche, die Ihnen richtiggehend fremd vorkommen?

Zur Seite gedrängte Anteile entdecken

In jeder Psyche gibt es eine ziemliche Bandbreite an unterschiedlichen Eigenschaften, Ansichten und Einstellungen – eben weil wir unterschiedliche Teile haben. Je mehr wir diese Unterschiedlichkeit in uns anerkennen und zulassen können, desto leichter ist es zu sagen: Ich bin okay, wie ich bin. Für manche von uns ist es jedoch sehr schwer zuzulassen, dass es auch Teile in uns gibt, die uns quasi »gegen den Strich gehen«.

Entsprechend hat jeder von uns bestimmte innere Anteile, mit denen wir uns stärker identifizieren, während wir andere in uns ablehnen. Und in der Regel gibt es auch welche, die uns kaum oder überhaupt nicht bewusst sind. Hal und Sidra Stone, zwei der Pioniere in der Erforschung unserer inneren Teile-Landschaft, nennen Erstere unsere primären Selbst-Anteile. Sie treten in unserer WG sehr häufig in Erscheinung, und es sind die Teile in uns, die wir meinen, wenn wir »Ich« sagen. Bei vielen Menschen sind das beispielsweise der Vernünftige, der Leistungsbereite, der verantwortungsbewusste Elternteil, der Es-den-anderen-recht-Macher, der Perfektionist, der Kümmerer, der Kreative oder der Rebell. Dabei stehen häufig in beruflicher Hinsicht nicht genau dieselben Teile im Vordergrund wie im Privaten. Oft zeigen wir beispielsweise von unseren romantischen, verspielten oder gefühlvollen Teilen am Arbeitsplatz wenig, obwohl sie im Zusammensein mit Menschen, mit denen wir uns wohlfühlen, durchaus sichtbar werden.

Andere Teile hingegen bleiben unserem Bewusstsein eher verborgen. Carl Gustav Jung, der einflussreiche Schweizer Psychiater und frühere Schüler von Sigmund Freud, nannte sie den Schatten, bei Hal und Sidra Stone heißen sie verleugnete Selbst-Anteile: Es sind un- oder teilbewusste Anteile unserer Persönlichkeit – oft diejenigen, die in unserer Familie oder Kultur nicht akzeptabel waren. Wir verdrängen sie im Laufe der Zeit, sodass sie nicht mehr in unserem Selbstbild enthalten sind, negieren sie in uns oder projizieren sie auf andere. Sobald wir etwas Ähnlichem in anderen Menschen begegnen, werten wir diese häufig ab und fühlen uns besser als sie. Manchmal sind wir auch von ihnen fasziniert und halten sie für besonders großartig und ganz anders als uns selbst. Diesen Vorgang nannte schon

Sigmund Freud »Projektion«: Wir sehen Eigenschaften von uns selbst wie auf der »Leinwand«, die uns ein anderer Mensch bietet. Phänomene wie Vorurteile und pauschale Abwertung in Form von Fremdenfeindlichkeit, Rassismus, Antisemitismus, Homophobie oder Sexismus liegen nicht zuletzt in diesem Vorgang begründet. Was wir an uns selbst verleugnen, verabscheuen wir oft in den anderen. Oder umgekehrt: Wir bewundern an anderen, was wir selbst nicht leben können.

»So kenne ich mich gar nicht ...«

Manchmal geschieht es auch, dass Anteile von uns, die wir weit aus unserem Bewusstsein weggedrängt haben, plötzlich auftauchen. Je nachdem, ob es sich dabei um eine unangenehme oder eine angenehme Erfahrung handelt, wird uns unser innerer Kritiker dafür verurteilen oder wir werden uns wünschen, wir könnten öfter so sein. Vielleicht sind Sie normalerweise eher eine ruhige, zurückhaltende Person. In einer ungewohnten Umgebung, beispielsweise im Urlaub, oder mit ein paar Gläsern Alkohol mehr als üblich tauchen plötzlich Teile von Ihnen auf, die wild tanzen und ungehemmt flirten. Wenn das Hochkommen Ihres inneren Partytiers oder Ihrer erotischen Powerfrau dazu führt, dass Sie sich großartig amüsieren und einen tollen Abend haben, werden Sie anschließend bedauern, wenn diese wieder von der Bildfläche verschwinden. Oft ist die Überzeugung dann, dass es eben genug Alkohol braucht, sich so frei zu fühlen. Tatsächlich sorgen Alkohol oder andere bewusstseinsverändernde Substanzen unter anderem dafür, dass die Teile, die sonst für unsere »Wohlanständigkeit« sorgen, also die Wächter, Kontrolleure und Kritiker, schachmatt gesetzt werden, sodass Teile, denen sie andernfalls nicht erlauben aufzutauchen, freie Bahn haben.

Falls jedoch durch die mangelnde Hemmung der Wächter der Abend im Nachhinein peinlich verläuft oder Sie Ärger mit Ihrem Partner bekommen, wird das vermutlich dazu führen, dass die Wächter die wilden und vitalen Teile in Zukunft noch weiter wegsperren.

Sobald wir deutlicher wahrnehmen, welche Teile unser Leben steuern und welche bislang ein Schattendasein führen, können wir beginnen, bewusster zu wählen, wem in uns wir wie viel Raum geben wollen.

Mehr Wahlfreiheit entdecken

Das Teile-Modell kann einerseits helfen, uns bewusst zu werden, was wir bislang vielleicht wenig leben, aber mehr leben möchten – also welchen Teilen wir zukünftig mehr Raum im Wohnzimmer unserer WG geben möchten. Zugleich wird es damit aber auch möglich, mit problematischem Verhalten konstruktiver und weniger selbstabwertend umzugehen.

Denn ich bin nicht einfach ein gieriger Vielfraß, weil ich eine komplette Tafel Schokolade verschlinge. Ich bin eben *auch* manchmal gierig und habe einen Teil, der Essen nutzt, um mit Stress klarzukommen oder mich vor schwierigen Gefühlen zu schützen.

Ich bin keine schlechte Mutter, weil ich mein Kind anbrülle. Sondern ich habe einen Teil, der an seine Grenzen kommt und sich dann nicht mehr anders zu helfen weiß, als laut zu werden.

Ich bin nicht faul oder ein hoffnungsloser Fall, weil ich Ziele oder Vorsätze, etwa in Bezug auf Sport oder meine Gesundheit, immer wieder nicht erreiche. Sondern es gibt zwar einerseits Teile in mir, die gesundes Verhalten anstreben. Sonst wäre es mir ja nicht wichtig. Doch andererseits gibt es offensichtlich auch Teile in mir, die dieses Verhalten oder die Veränderung dahin bislang unterlaufen. Und dafür haben sie – das werden wir im Verlauf des Buches immer wieder sehen – garantiert einen guten Grund, den es zu verstehen gilt, wenn wir wirklich nachhaltig etwas ändern wollen.

Das bedeutet *nicht*, dass es nicht meine Verantwortung wäre, wie ich mit meinen Persönlichkeitsanteilen umgehe, damit sie mir und anderen möglichst keinen Schaden zufügen. Aber es sind eben *Teile* von mir, die ein problematisches Verhalten zeigen. Nicht an mir als gesamte Person ist etwas falsch.

Von meinem Mann stammt in diesem Zusammenhang der epische Satz:

»Ich bin kein Arschloch,
ich habe nur einen Arschloch-Teil.«

Das ist ebenso wahr wie weise. Jeder von uns hat, mit Verlaub, »Arschloch-Teile«: Teile, die beispielsweise engstirnig, rechthaberisch und kleinherzig sind. Teile voller Vorurteile anderen gegenüber, nachtragend, grenzüberschreitend und auf den eigenen Vorteil bedacht. Natürlich kommen diese Seiten in ganz unterschiedlichem Maße in unserem Verhalten zum Tragen. Nur weil man entsprechende Teile mit ihren jeweiligen Impulsen und Ansichten hat, muss man sich noch nicht ihnen gemäß verhalten. Doch mit dem, was uns überhaupt nicht bewusst ist, mit dem können wir eben auch nicht achtsam umgehen. Es wirkt dann verdeckt und umso einflussreicher aus dem Untergrund. Daher sind auch Menschen, die meinen, sie wären über solche menschlichen »Niederungen« erhaben, häufig besonders anstrengend. Wenn wir nämlich unangenehme Aspekte wie Geiz, Eifersucht oder andere Gefühle oder Verhaltensweisen, die wir lieber nicht hätten, in uns verleugnen, entstehen schnell Bigotterie, Selbstgerechtigkeit oder das Phänomen, dass jemand die Schuld immer bei anderen sucht. In *Jenseits von*

Gut und Böse beschreibt Friedrich Nietzsche sehr treffend, was dabei geschieht: »Das habe ich getan, sagt mein Gedächtnis. Das kann ich nicht getan haben, sagt mein Stolz und bleibt unerbittlich. Endlich gibt das Gedächtnis nach.«[4]

Doch es sind nicht nur »Arschloch-Teile«, die wir lieber nicht haben wollen. Viel schlimmer ist, dass im Verlauf unseres Lebens Teile von uns aus Scham, Angst, Unwissenheit und aufgrund von schmerzhaften frühen Erfahrungen in ein inneres Verlies gesperrt werden.

Auf dem Weg zur inneren Ganzheit

Viele Menschen leiden unnötig, weil sie glauben, dass sie nur ein bestimmter Typ Mensch sein dürfen oder dass nur bestimmte Teile ihrer Persönlichkeit akzeptabel sind. So versuchen sie, die widersprüchlichen Gedanken, Gefühle und Perspektiven ihrer anderen Teile zu unterdrücken.

Der amerikanische Dichter und Autor Robert Bly nennt den Schatten im Sinne von C.G. Jung »den langen Sack, den wir hinter uns herziehen«. Bis ins Erwachsenenalter verbringen wir unser Leben damit zu entscheiden, »welche Teile von uns wir in den Sack stecken, und den Rest unseres Lebens versuchen wir, sie wieder herauszuholen.«[5] Die verdrängten Teile in uns zu entdecken und sie in die Gesamtpersönlichkeit zu integrieren heißt, wieder ganz zu werden. Uns der Anteile in uns bewusst zu werden, die bislang ein Schattendasein führen, macht uns entspannter, innerlich reicher und lebendiger. Es müssen dann nämlich nicht mehr andere Teile beständig dafür sorgen, dass sie unsichtbar bleiben, was enorm viel Energie verbraucht.

So gibt es beispielsweise Menschen, die angefangen haben, Teile ihrer Persönlichkeit zu unterdrücken, weil sie glauben, sie dürften keine Gefühle wie Wut, Ablehnung oder Begehren empfinden. Sie schämen sich für Teile ihres eigenen Innenlebens, weil sie zu der Überzeugung gelangt sind, etwas in ihnen wäre schlecht oder falsch, wenn sie das empfinden. Doch wenn wir unsere natürlichen Impulse, wie etwa Erotik und Sinnlichkeit oder Durchsetzungs- und Abgrenzungsfähigkeit, dämonisieren, wird es sehr anstrengend. Wut ist eine natürliche Reaktion, wenn Grenzen überschritten werden. *Wie* wir unsere Grenzen dann deutlich machen, auf eine hilfreiche oder schädliche Art und Weise, ist eine ganz andere Frage. Ebenso gehören sexuelle Gefühle zu jedem Menschen, unbenommen, ob und wie wir sie ausleben. Doch das zu unterdrücken, was ein natürlicher Teil jedes Menschen ist, bedeutet, dass uns wertvolle Kräfte fehlen.

ÜBUNG: Teile-Landkarte

Vielleicht möchten Sie aus dieser Perspektive noch einmal auf Ihre WG schauen und eine erweiterte Teile-Landkarte erstellen.

Nehmen Sie sich reichlich Zeit und bereiten Sie Material vor, was auch immer Ihnen zusagt: Papier, Stifte, Farben aller Art. Zudem vielleicht Schere, Klebestift sowie Fotos, Zeitschriften, Comics oder Kataloge zum Ausschneiden von Bildern für eine Collage. Das Internet bietet einen unerschöpflichen Bilder-Fundus, um Teile zu versinnbildlichen, die dann ausgedruckt und ausgeschnitten werden können. Sie können eine Mindmap gestalten, eher grafisch, symbolisch oder bildlich arbeiten.

Bitte machen Sie sich keine Gedanken über Ihre künstlerischen Fähigkeiten und lassen Sie den Anspruch los, es sollte etwas Perfektes, Abschließendes oder besonders Schönes herauskommen. Sie fangen einfach an, Ihre Teile und deren Beziehungen untereinander ein bisschen besser kennenzulernen. Strichmännchen, grobe Skizzen … Jede Form der Gestaltung ist okay.

Sie können sich bei der Arbeit an Ihrer Teile-Landkarte von folgenden Fragen inspirieren lassen:

- Welche Teile stehen in Ihrer WG weit vorne? Wer ist oft sichtbar? Mit wem identifizieren Sie sich besonders?
- Wer ist deutlich spürbar, wird aber vielleicht von Ihnen bzw. anderen Teilen in Ihnen eher kritisch beäugt? (z. B. die Kritikerin, die Aufbrausende, das traurige Mädchen)
- Welche Anteile führen ein Schattendasein und sollen möglichst überhaupt nicht auftauchen?
- Wer darf nur unter ganz bestimmten Umständen da sein? Wann oder mit wem dürfen diese Persönlichkeitsanteile zum Vorschein kommen?

Stellen Sie sich vor, dass Ihre innere WG in einem Haus lebt, das verschiedene Bereiche hat.[6]

- Wer in Ihrer WG hält sich eher im Wohnzimmer, wer eher im Dachgeschoss auf? Wer muss im Keller hausen?
- Gibt es Anteile, die nahe beieinanderwohnen, weil sie vielleicht ähnliche Absichten verfolgen oder Einstellungen teilen? (z. B. der Perfektionist, der Wächter über Aussehen und Gewicht und der Karrierebewusste. Oder aber die Heute-kein-Bock, der Trotzkopf, der innere Punk und der kreative Freigeist …)

Falls Sie sich schwertun, »Schatten-Teile« zu entdecken, schauen Sie einmal so auf Ihr Inneres:

All das, was zu einer wichtigen Zeit in Ihrem Leben, besonders in Ihrer Herkunftsfamilie, nicht willkommen war, hat sich vermutlich nicht zu einem strahlenden, entspannten Bewohner Ihrer WG entwickelt. Wahrscheinlicher ist, dass es eher ein abseitiges Dasein führen muss oder Kritik von anderen Mitbewohnern abbekommt, sobald es sich doch einmal zeigt.

Manchmal geschieht es auch, dass wir das, was zu Hause unerwünscht war, umso extremer zum Ausdruck bringen. Wer zum Beispiel in einem streng religiösen Umfeld aufgewachsen ist, entwickelt dann möglicherweise extrem freiheitsliebende Teile, die gegen jede Regel aufbegehren, während Teile im eigenen System, die sich für Spiritualität oder philosophische Fragen interessieren, abgedrängt werden.

Sie können sich fragen:

- Welche Gefühle, inneren Einstellungen, Werte und Verhaltensweisen waren in meiner Herkunftsfamilie gern gesehen? Was war hingegen verpönt, tabu oder Kritik ausgesetzt?
- Wofür wurde ich beschämt oder lächerlich gemacht? Teile, die damit in Verbindung stehen, leben vielleicht eher im Keller.
- War es für mich als Kind erlaubt, Traurigkeit, Angst oder Schwäche zu zeigen? Durfte ich wütend, wild oder eigensinnig sein? Um Hilfe bitten? Meine Meinung sagen? War es in Ordnung, unbeschwert, lebendig oder ganz in meinem Körper zu Hause zu sein?
- Wo in mir stehen sich vielleicht sehr unterschiedliche Anschauungen wie zwei Gegenpole gegenüber?

Erlauben Sie sich beim Zeichnen oder Schreiben, mit Größenverhältnissen, der Anordnung oder der Positionierung auf dem Papier zu experimentieren.

Sind Teile sichtbar geworden, die Sie zuvor noch nicht bemerkt haben? Überrascht, befremdet oder freut Sie etwas an Ihrem Bild? Gibt es Teile, auf die Sie neugierig sind oder die Sie näher kennenlernen möchten? Sie können Ihre Teile-Landkarte im Laufe der Zeit weiter ergänzen oder immer wieder ganz neu gestalten.

Im Folgenden sehen Sie einige Beispiele für Teile-Landkarten. Manche zeigen ganze WGs, andere eine bestimmte innere Dynamik. Ihre eigene Zeichnung kann völlig anders aussehen.

Eine Teile-Landkarte verschafft einen Überblick über verschiedene Persönlichkeitsanteile, die in uns lebendig sind.

Diese zwei Bilder hat Martina zu unterschiedlichen Zeiten beim Kennenlernen ihrer inneren WG gemalt.

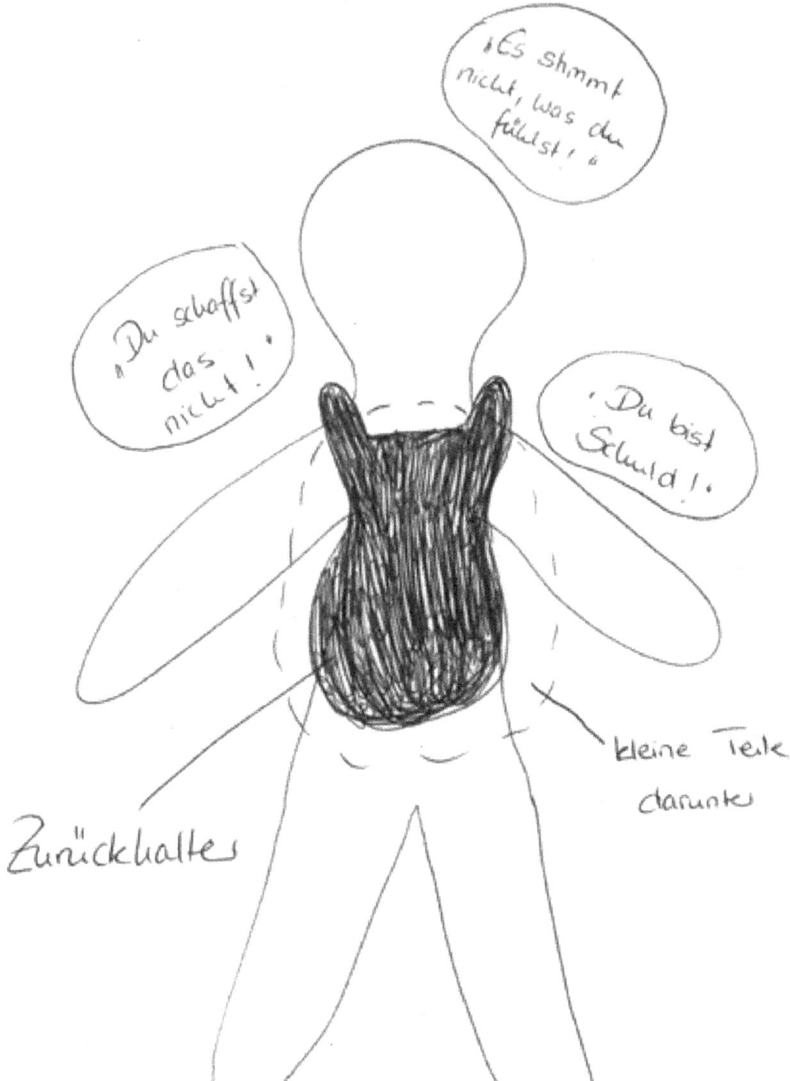

Anja nimmt ihren Zurückhalter als Last wahr, die an ihrem Rücken hängt und ihr einschränkende Botschaften sendet. Kindliche Anteile sind darunter spürbar.

Gina muss als Freiberuflerin kreative Inhalte quasi auf Knopfdruck liefern. Beim Erforschen ihrer Anteile hat sie diese vier entdeckt, die dabei oft aktiviert werden.

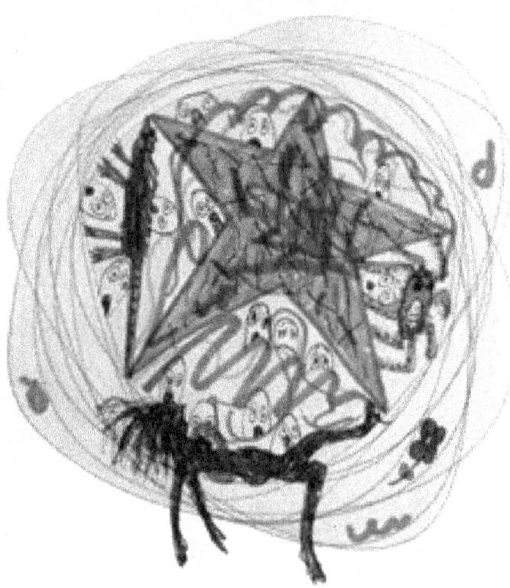

»Mein Ohr ist überfordert«: Eva hat Teile gemalt, die mit ihrem Tinnitus in Verbindung stehen.

Fallbeispiel: Wenn die Angst ihren Platz haben darf

Im folgenden Fallbeispiel möchte ich Ihnen zeigen, was sich verändern kann, wenn zuvor beiseitegedrängte Teile der Psyche wahrgenommen und anerkannt werden. Zugleich bekommen Sie einen genaueren Eindruck, wie man sich seinen Anteilen annähern und einen Dialog mit ihnen beginnen kann.

Markus ist Abteilungsleiter in einer Logistikfirma. Er hat beruflich viel erreicht und noch jede Menge Pläne. Nun ist ein konkurrierendes Unternehmen auf ihn zugekommen, das ihn abwerben möchte: eine höhere Position, mehr Personalverantwortung, ein attraktives Gehalt. Und noch mehr Druck. Markus ist sich nicht sicher, ob er das Angebot annehmen soll. Seine Frau ist aktuell schon unzufrieden damit, wie spät er nach Hause kommt. Ist er nicht die letzten Jahre ohnehin zu wenig für seine Familie da gewesen? Auf der anderen Seite: Das Angebot ist eine Riesenchance und eine, die vielleicht nie wiederkommt. Sein Gesprächspartner wartet auf eine Antwort. Wie soll er sich bloß entscheiden? Die ganze Sache liegt ihm im Magen.

Das allerdings kennt Markus schon seit seiner Jugendzeit – dass ihm Dinge auf den Magen schlagen. Der Druck wird manchmal so unangenehm, dass er sich kaum noch konzentrieren kann. Ein paarmal ist es schon passiert, dass er immer schwerer Luft bekam und sich im Büro wie gelähmt fühlte. Simple Routinetätigkeiten dauerten ein Vielfaches der normalen Zeit, und an komplexe mentale Aufgaben war in solchen Momenten überhaupt nicht mehr zu denken. Erst hatte Markus auf Herzprobleme getippt. Dann hat er sich gefragt, ob sich auf diese Weise wohl Panikattacken ankündigen. Einmal war es so schlimm, dass er sich eine Woche krankschreiben lassen musste. Der Arzt meinte, mit dem Herz sei alles in Ordnung, aber Markus solle etwas gegen seinen Stress tun.

Markus versucht, solche Zustände geheim zu halten. Die Kollegen sollen auf keinen Fall mitbekommen, dass er nicht immer top leistungs-

fähig ist. Auch seine Familie will er damit nicht beunruhigen. Aber er meldet sich für einen Achtsamkeitskurs an. Das könnte doch vielleicht helfen. Auf meiner Homepage findet er auch den Hinweis auf die Arbeit mit inneren Teilen. In ihm wird etwas hellhörig. Widerstreitende innere Seiten – das kennt er. »Ich arbeite gern. Mein Job ist spannend, und manchmal muss man sich eben zusammenreißen. Aber in letzter Zeit frage ich mich manchmal, ob ich nicht eigentlich auch immer Angst hatte vor all der Verantwortung.«

Ich schlage vor, den Teil in ihm, der sich über den Druck im Magen bemerkbar macht, näher kennenzulernen. Ich bitte Markus, sich zu erinnern, wie sich sein Körper angefühlt hat, als es das letzte Mal wieder so schlimm war. »Ein intensiver Druck, vor allem im Bauch ... Geht aber auch hoch über die Brust. Sogar der Hals ist ganz zu.«

»Wenn wir jetzt mal annehmen, dass das ein Teil in dir ist, der sich da zeigt – gibt es noch eine andere Weise, wie du ihn wahrnehmen kannst? Durch bestimmte Gedanken oder Gefühle?«

Markus lauscht eine Zeit nach innen. »Ich bin dann innerlich total unruhig, und in meinem Kopf geht alles durcheinander.«

»Und wenn der Teil in dir eine Gestalt hätte, eine Farbe, Form, Größe – wie würde er aussehen?« Markus meint, mit inneren Bildern würde er sich schwertun. »Ja, das verstehe ich«, sage ich. »Aber würdest du zum Beispiel sagen, er ist eher klein oder eher groß, dunkel oder hell?«

»Hm, eher klein. Hell, fast durchsichtig.«

»Dann stell dir mal vor, dass dieser Teil wie ein eigenständiges Wesen ist, mit dem du reden kannst. Welchen Namen könntest du ihm geben?« Markus überlegt.

»Einfach Angst.«

»Und was empfindest du der Angst gegenüber?« Da muss Markus nicht lange nachdenken: »Am liebsten will ich, dass sie verschwindet!«

Es gibt offensichtlich einen anderen Anteil im inneren System von Markus, der versucht, die Angst loszuwerden. Das ist natürlich nachvollziehbar – schließlich fühlt es sich unangenehm an, wenn sie da ist, und sie hindert Markus daran, so zu funktionieren, wie er sich das wünscht.

»Ja, das kann ich verstehen. Frag mal den Teil, der die Angst nicht mag, ob er sich vorstellen könnte, dir trotzdem etwas Raum zu geben, damit du unvoreingenommen mit der Angst in Kontakt kommen kannst. Nicht, damit sie dich ganz ausfüllt, sondern damit du herausfinden kannst, worauf sie aufmerksam machen will. Frag mal den Teil, der die Angst nicht mag, ob er einverstanden wäre, sich innerlich etwas im Hintergrund zu halten.« Das Einverständnis kommt, wenn auch zögerlich. Ich bitte Markus, sich bei dem ablehnenden Anteil zu bedanken, dass er Markus die Regie überlässt.

Der Teil ist erstaunt. »Er meint, bislang hätte ich mich noch nie für etwas bei ihm bedankt.«

Eine Sache, die man in der Arbeit mit inneren Anteilen lernen kann, ist, sich selbst gegenüber – das heißt genauer genommen seinen eigenen Persönlichkeitsanteilen gegenüber – denselben Respekt, dieselbe Wertschätzung und Sorgsamkeit an den Tag zu legen, wie wir sie uns von anderen wünschen oder wie wir sie denjenigen entgegenbringen, die uns wichtig sind. Markus hat einen Teil in sich um etwas gebeten, was diesem nicht leichtfällt, nämlich sich mit seiner Abneigung der Angst gegenüber etwas im Hintergrund zu halten. Und der Teil ist trotzdem bereit, es zu tun. Das hat sicherlich einen Dank verdient, oder?

Jetzt, da sich das, was der Angst ablehnend gegenübersteht, etwas zurückgezogen hat, kann Markus mit mehr Offenheit und Neugier auf die Angst schauen. Ich bitte Markus, sie zu fragen, was er über sie wissen soll. Markus schließt die Augen und lauscht einen Moment. »Dass sie immer da ist. Und dass ich ihr nie zuhöre.«

»Ah, das ist sicher sehr anstrengend für sie. Schau mal, ob sie merkt, dass du ihr jetzt zuhören möchtest.«

»Hm, ja, aber es fühlt sich so an, als wäre sie eingeschnappt!«

Diese Reaktion erlebe ich immer wieder, wenn Menschen sich denjenigen Anteilen ihrer Persönlichkeit zuwenden, die im System lange unerwünscht waren. Die Angst ist trotz des Interesses von Markus knatschig. So lange hat sie versucht, Markus auf sich aufmerksam zu machen, und der hat einfach nicht zugehört. Ich frage Markus, ob er diese Reaktion verstehen kann. Jeder von uns kennt das wohl aus Konflikten – dass wir in einem Streit, auch wenn der andere schon einlenkt, noch beleidigt sind und mehr Zeit brauchen, bis wir uns wieder annähern können. Der Angst geht es gerade ähnlich. Sie hat so dringend Unterstützung gebraucht, und nie hat ihr jemand Aufmerksamkeit gewidmet.

Als Markus das anerkennen kann, entspannt sich sichtlich etwas in seinem Körper. Ich schlage ihm vor, der Angst zu sagen, dass es ihm leidtäte, dass er sie nicht gehört und verstanden hat, weil er bislang nicht gewusst hatte, wie. Und dass er nun bereit sei, sie ganz neu kennenzulernen. Als er diese Botschaft nach innen sendet, meldet sich die Angst sofort. »Nicht ganz neu kennenlernen! Überhaupt kennenlernen!«, kommt die entrüstete Antwort. »Ja«, sagt Markus. »Genau. Ich muss diesen Teil in mir überhaupt erst einmal kennenlernen. Ich habe ihn nie wahrhaben wollen und immer versucht, ihn zur Seite zu drängen.« Es ist Markus' Gesicht anzusehen, dass ihn diese Erkenntnis zugleich überrascht, bewegt und erleichtert. Endlich darf dieser Anteil, der all die Zeit so viel Angst und Druck in sich getragen hat, da sein.

Es wird einen Moment still im Raum. Dann kann ich sehen, dass Markus wieder nach innen lauscht. »Da meldet sich jetzt etwas anderes zu Wort. Es ist der Teil in mir, der dafür zuständig ist, dass ich meine Arbeit schaffe. Der die Verantwortung dafür hat, dass ich meine Ziele erreiche. Das ist der ›Commander‹ in mir. Er sagt, er musste die Angst immer überhören und zur Seite drängen. Es tut ihm zwar leid, aber er konnte nicht anders, sonst hätte er ja seine Aufgabe nicht erfüllen können. Wenn die Angst kommt, dann bringt sie so viel Unruhe, und alles beginnt zu schwanken. Das konnte er nicht zulassen.«

»Oh«, sage ich, »dann hat der Commander ja wirklich eine sehr wichtige Aufgabe! Das hört sich an, als wäre er wie der Kapitän, der versucht, das Schiff durch den Sturm zu steuern?«

Der Teil in Markus, den er spontan und ohne weiter nachzudenken den Commander genannt hat, bejaht. Er versucht seit Jahren, alles unter Kontrolle zu halten, so gut er kann, weil er annimmt, sonst würde

Markus in den steigenden Wellen starker Gefühle untergehen. Doch je mehr er gegen die Angst ankämpft und versucht, sie zu ignorieren oder vor Markus kleinzureden, desto lauter wurde diese natürlich, um endlich gehört zu werden. Ich bitte Markus, dem Commander seine Anerkennung dafür zu zeigen, wie sehr er sich eingesetzt hat. Dass er die Angst zur Seite gedrängt hat, war keine Böswilligkeit, sondern der Versuch, das Schiff auf Kurs zu halten.

»Jetzt kapiere ich auch, warum ich die Angst nie richtig hören konnte. Durch die Anstrengungen des Commanders habe ich sie immer erst dann gespürt, wenn sie schon so laut und verzweifelt war, dass in meinem Kopf nur noch Chaos übrig war.« Das sind die Momente, wo Markus in der Arbeit gar nichts mehr auf die Reihe bekommt. Der Widerstreit zwischen dem Commander und der Angst führt dazu, dass Markus keinen klaren Gedanken mehr fassen und sich nicht mehr konzentrieren kann.

Aus dieser neuen Perspektive ist es Markus möglich zu erkennen, dass er eigentlich schon seit seiner Jugendzeit in einem inneren Zwiespalt lebt und gegen Gefühle von Angst und Anspannung ankämpft. So haben ihn beispielsweise seine Eltern immer ermutigt, etwas aus sich und seinen Talenten zu machen. Sie bestärkten ihn im Gymnasium zu einem Austauschjahr an einer amerikanischen Highschool. Und obwohl es durchaus Seiten in ihm gab, die Lust auf Abenteuer hatten, gab es auch Teile, die sich von all dem Fremden, Unvertrauten eingeschüchtert fühlten. »Ich hatte aber immer das Selbstbild, dass ich mutig war, dass ich mutig zu sein hätte! Dass ich mich auch ängstlich fühlte, wollte ich mir nicht eingestehen. Ich bekam ja auch jede Menge Anerkennung dafür, was ich mich alles traute. Und später dafür, wie schnell ich Karriere machte, wie viel ich schon als junger Mann verdiente.«

»Frag den Commander mal, was seine Befürchtungen waren: Was hätte aus seiner Sicht passieren können, wenn du die Angst gespürt hättest?«

Markus wendet sich nach innen. »Ich hätte womöglich in den Augen der anderen versagt, meint er ... Ich hätte vielleicht die Anerkennung meiner Eltern verloren … ihre Liebe«, sagt Markus leise. »Der Commander ist sich nicht sicher, ob die anderen sich überhaupt für mich interessieren würden, wenn ich nichts leiste.«

»Ah«, sage ich mitfühlend, »deshalb hat er sich so eingesetzt – weil er dachte, dass du sonst vielleicht die Liebe und Anerkennung der Menschen um dich herum verlieren könntest?« Markus nickt. »Und wenn du nun verstehst, dass das der Grund ist, warum er sich so angestrengt hat, dass du die Angst nicht spürst – was empfindest du dann ihm gegenüber?«

Markus hat Tränen in den Augen. »Dankbarkeit … Wertschätzung … Er hat sich immer so viel Mühe gegeben und mich angetrieben, damit ich mich nicht wertlos fühlen muss.«

»Dann lass ihn spüren, wie sehr dich das bewegt. Zeig ihm deine Wertschätzung.«

Es wird sehr still und friedlich im Raum. Markus ist in diesem Moment ganz tief mit sich selbst verbunden. Der Commander, der Teil in Markus, der versucht, alles unter Kontrolle zu halten, fühlt sich zum ersten Mal wirklich gesehen und in seiner Absicht verstanden. Markus ist kein karrierebesessener Ehrgeizling. Der Antrieb des Commanders ist letztlich Fürsorge, und das wird Markus nun klar. Dadurch kann sich die Beziehung zu diesem Teil seiner Psyche grundlegend verändern.

Das gilt ebenso für die Angst. Auch hier ist es nun möglich, eine andere Beziehung aufzubauen. Als gestandener Mann kann Markus anerkennen, dass es normal ist, auch mal Angst zu haben – etwas, was für ihn als Jugendlichen, der sich abhängig von äußerer Anerkennung fühlte, schwer möglich war. Die Angst ist nicht falsch oder schlecht. Sie hat uns oft etwas Wichtiges zu sagen. Manchmal ist sie vielleicht übertrieben, aber oft genug bringt sie eine dringend benötigte Perspektive in die Sache ein, damit wir uns nicht überfordern oder uns in Gefahr begeben. Sie braucht auf jeden Fall Respekt, wenn sie auftaucht, und sie wünscht sich, gehört und anerkannt zu werden. Kommen wir ihr mit einer solchen Haltung entgegen und hören ihr wirklich zu, können wir bessere, ausgewogenere Entscheidungen treffen. Zum Beispiel zu sagen: »Ja, da gibt es Angst in mir, und ich entscheide mich dennoch für diesen Schritt. Nicht weil ich die Angst ignoriere, sondern weil ich ihren Einwänden zugehört habe und den Schritt trotzdem für sinnvoll halte.«

Am Beispiel von Markus wird sichtbar, dass Symptome wie etwa starke Spannungszustände, Konzentrationsschwierigkeiten, Gefühle von Überforderung oder auch körperliche Beschwerden aus einem Konflikt von Teilpersönlichkeiten stammen können. Ein Teil in uns versucht mit bester Absicht, einen anderen Teil in uns zur Seite zu drängen. Daraus entwickelt sich ein fataler Kreislauf, in dem beide Seiten immer heftiger reagieren. Für Markus gilt es jetzt zu lernen, den Anzeichen, mit denen die Angst auf sich aufmerksam macht, sorgsamer zu lauschen. Je früher er mitbekommt, dass etwas in ihm unter Druck gerät, desto besser kann er sich darum kümmern. Markus kann dann den bisherigen Teufelskreis unterbrechen, der daraus bestand, dass der Commander sich anstrengt, die Angst zu unterdrücken, worauf die Angst lauter werden muss und der Commander noch rabiater. Markus kann sich immer wieder daran erinnern, dass sowohl die Angst wie auch der Commander etwas Positives beitragen wollen und dass beide Aspekte seiner Psyche sind, die dazugehören und gesehen werden wollen.[7]

Markus hat sich letztlich dafür entschieden, die neue Stelle nicht anzutreten, sondern sich mehr Zeit für sich und seine Familie zu nehmen. Weil er diese Entscheidung in Abstimmung mit dem Commander und der Angst getroffen hat und nicht über ihre Köpfe hinweg, fühlt er sich in Frieden damit: »Der Commander hätte die Herausforderung schon gerne angenommen. Aber er konnte auch sehen, dass es sowohl für meine Gesundheit wie für uns als Familie gerade besser ist, mir nicht noch mehr aufzuladen«, erzählt er mir später. »Ich kann meine ängstlichen Gefühle jetzt eher als sinnvolle Botschaft hören, damit ich nicht ständig über meine Grenzen gehe, und brauche mir nicht vorzuwerfen, ich wäre feige oder würde einfach kneifen.«

Am Beispiel von Markus sieht man, dass unsere Teile vor allem gesehen, gehört und in ihrer Intention verstanden werden wollen. Sie kennenzulernen und mehr von ihnen zu erfahren ermöglicht es, dass wir weniger mit uns selbst auf Kriegsfuß stehen. So öffnet sich der Weg zu einem Gefühl von Balance und innerer Gelassenheit.

Q & A – Fragen und Antworten

Ist das nicht irgendwie psychisch gestört, wenn man lauter Teile hat?

Innere Pluralität ist ganz normal und gehört zu einer gesunden menschlichen Entwicklung. Jeder Mensch hat unterschiedliche Aspekte, die im Verhalten und Empfinden sichtbar werden. Wenn Sie mit einem jungen Hund zusammen sind, fühlen Sie sich vielleicht verspielt und vergnügt, in Gegenwart einer Autoritätsperson höflich und respektvoll, dann aber wieder aufgebracht, wenn sich jemand vor Ihnen in die Schlange drängelt. All diese Seiten in Ihnen gibt es, aber sie kommen nicht zu jeder Gelegenheit zum Vorschein. Man könnte also sagen, dass in bestimmten Situationen unterschiedliche Seiten oder Aspekte Ihrer Persönlichkeit sichtbar werden. Wenn alles gut läuft, dann arbeiten sie weitgehend reibungslos und kooperativ zusammen. Mitunter erleben wir sie jedoch als auch als widersprüchliche Teile, die miteinander im Clinch liegen.

Diese natürliche Pluralität ist nicht das, was in der Psychologie früher Multiple Persönlichkeitsstörung genannt wurde und heute als Dissoziative Identitätsstörung bezeichnet wird. Mit diesen Begriffen ist ein Zustand gemeint, in dem Anteile so extrem fragmentiert sind, dass sie abwechselnd die Kontrolle über das Denken, Fühlen und Handeln der Person übernehmen und sich möglicherweise untereinander gar nicht kennen. Man geht davon aus, dass es dazu infolge eines sehr schweren Traumas kommt, das meist in früher Kindheit durch eine enge Bindungsperson erfolgte.[8] Eine solche Aufspaltung der Persönlichkeit ist letztlich ein Schutzvorgang der Psyche, um überwältigende traumatische Erfahrungen mithilfe von Abspaltung vom Bewusstsein fernzuhalten. Während Teile in jedem Menschen als grundlegende Elemente der psychischen Entwicklung entstehen, können sie durch sehr belastende Erfahrungen jedoch extrem werden.

Das ist doch keine neue Erkenntnis, dass es in uns verschiedene Teile gibt!

Dass Menschen auf diese Einsicht stoßen, ist allerdings keineswegs neu. Der berühmte Satz in Goethes *Faust*: »Zwei Seelen wohnen, ach, in meiner Brust« kündet ebenso davon wie das sprichwörtliche »Engelchen« und »Teufelchen« auf der Schulter. Auch umgangssprachlich drücken wir es oft aus: »Ein Teil von mir hätte schon Lust, mit dir ins Kino zu gehen, aber ein anderer will lieber auf der Couch bleiben.« Spannend wird es aber, wenn wir anfangen zu verstehen, wie wir mit den Teilen, die wir als problematisch erleben, in Kontakt treten und ihnen helfen können, sich zu verändern.

Ist das nicht dasselbe wie das Innere Team von Schulz von Thun?

Etliche Ansätze der Persönlichkeitsentfaltung beruhen auf der Annahme, dass Menschen aus verschiedenen Teilpersönlichkeiten bestehen, etwa das Modell vom Inneren Team, das Friedemann Schulz von Thun bekannt gemacht hat und das oft im Coaching oder in Gruppenprozessen zu spannenden Erkenntnissen führt.[9] Das vorliegende Buch basiert vor allem auf dem IFS-Modell von Richard C. Schwartz. Sein Grundlagenwerk

Internal Family Systems Therapy kam 1995 heraus,[10] und IFS ist heute einer der am schnellsten wachsenden Ansätze in Psychotherapie und innerer Entwicklung.

Teile, Anteile, Subpersönlichkeiten, innere Stimmen – ist das alles dasselbe?

Innerhalb der einzelnen therapeutischen Ansätze unterscheidet sich die Sichtweise auf diese Frage ein wenig. Für dieses Buch ist damit aber immer dasselbe gemeint: separate mentale Zustände oder Persönlichkeitsanteile, die in uns zum Vorschein kommen. Ich verwende dafür am liebsten das Wort Teil, weil es dem normalen Sprachgebrauch entspricht: Ein Teil in mir denkt so, ein anderer so.

Zusammenfassung Kapitel 1

- Die menschliche Psyche ist keine in sich geschlossene Einheit, sondern setzt sich aus unterschiedlichen Persönlichkeitsanteilen zusammen. Daher ist es nachvollziehbar, dass wir manchmal heftige Stimmungsumschwünge haben, es in uns diametral entgegengesetzte Ansichten zu ein und derselben Sache gibt oder wir das Gegenteil von dem tun, was wir eigentlich wollten. Jeder von uns ist eigentlich eine WG. Psychische Pluralität ist normal.
- Etliche unserer WG-Bewohner sind uns in der Regel nicht oder kaum bewusst. Sie beeinflussen unser Verhalten oft, ohne dass wir es merken.
- Wenn bestimmte Anteile bzw. ihre Gefühle oder Verhaltensweisen nicht willkommen sind, versuchen andere Teile unserer Psyche, sie zu verdrängen, zu bekämpfen

oder aus unserem Bewusstsein fernzuhalten. Daraus entstehen Gefühle wie zerrissen zu sein, mit sich im Kampf zu liegen oder sich einfach selbst nicht zu verstehen. Wir stehen uns selbst im Weg. Solche inneren Konflikte können sich bis zu heftigen emotionalen oder körperlichen Symptomen steigern.

- Wenn wir »Schatten-Teile«, also bislang ausgeschlossene Aspekte unserer Psyche, entdecken, besser kennenlernen und in uns willkommen heißen, wird Energie frei, die sonst gebraucht wird, um sie wegzusperren. Unsere Ressourcen und Kräfte stehen uns mehr zur Verfügung, und wir können bewusster darüber entscheiden, wie wir unterschiedliche Seiten unserer Persönlichkeit zum Ausdruck kommen lassen wollen.
- Innerer Frieden entsteht, wenn wir anfangen können, uns allen Teilen in uns respektvoll zuzuwenden und zu erforschen, wer sie sind und was ihre Geschichte ist.

KAPITEL 2

Macht es denn eigentlich Sinn, wie ich bin?

Die innere Logik des WG-Aufbaus

»Wir denken, wir machen Erfahrungen,
aber die Erfahrungen machen uns.«
EUGÈNE IONESCO[11]

»Jedes Leben ist auf seine
ganz besondere Weise schwierig.«
DAVID SERVAN-SCHREIBER[12]

Richard C. Schwartz, Psychologe und Psychotherapeut, ist Begründer des Internal Family Systems-Modells sowie Direktor des IFS-Instituts in den USA. Er gehört zum Lehrkörper der Harvard Medical School und hat das IFS-Modell im direkten Kontakt mit seinen Klientinnen und Klienten entwickelt. Und zwar nicht, weil es seine Absicht war, eine neue Therapieform zu entwickeln, sondern weil er im unmittelbaren Feedback mit den Menschen, die zu ihm kamen, feststellte, wie viel sich im Vergleich zu anderen Methoden wandelt und verändert, wenn es einen offenen, respektvollen Kontakt zu den inneren Anteilen gibt. In vielen seiner Bücher und Vorträge erzählt er davon, wie seine Tätigkeit als systemischer Familientherapeut ihn auf die Spur der Teile brachte.[13] Vereinfacht gesagt ist ein Therapeut mit einem systemischen Ansatz jemand, der beispielsweise eine junge Frau, die an Magersucht erkrankt ist, nicht nur für sich allein gesehen wahrnimmt, sondern das System mitberücksichtigt, in dem sie lebt. Der Kontext wird mit einbezogen, besonders die Beziehungen zwischen den Mitgliedern der Familie sowie die Beziehungen zum sozialen Umfeld.

In den 1980er-Jahren arbeitete Schwartz häufig mit Klientinnen mit Essstörungen, etwa Bulimie oder Binge-Eating. Die Frauen kämpften mit Essanfällen, in denen sie unkontrolliert Essen in sich hineinstopften (und im Fall der Bulimie hinterher wieder erbrachen), und Schwartz machte mit den therapeutischen Methoden, wie er sie in seiner Ausbildung gelernt hatte, frustrierend wenig Fortschritte. Ihm fiel jedoch irgendwann auf, dass die Frauen oft von verschiedenen »Teilen« in sich redeten, wenn sie ihm erzählten, was vor, während und nach ihrem suchtartigen Verhalten in ihnen vor sich ging. Beispielsweise berichteten sie davon, dass immer, wenn in ihrem Leben etwas schiefging, ein kritischer Teil in ihnen auftauchte, der sie beschimpfte, und dass dann ein anderer Anteil in ihnen sich ganz verzweifelt und leer fühlte. Das brachte einen weiteren Anteil zum Vorschein, der sich mit Essen vollstopfte, worauf das schlimme Gefühl kurzzeitig verschwand. Bald darauf kam jedoch der kritische Teil wieder, der sie dafür verurteilte, dass sie schon wieder einen Fressanfall gehabt hatten.

Zu Beginn war Schwartz beunruhigt, weil seine Klientinnen diese Teile in ihnen als relativ autonom und unabhängig voneinander beschrieben. Zeigte sich hier etwa eine multiple Persönlichkeitsstörung? Als er neugieriger auf dieses Phänomen wurde und sich selbst im Alltag mehr beobachtete, wurde ihm schließlich klar, dass es auch in ihm beispielsweise einen Kritiker gab und andere Teile, die auf diesen Kritiker reagierten – wenn es in seinem Fall auch nicht um das Thema Essen ging. Nun begann er damit zu experimentieren, die Klientinnen in Kontakt mit ihren Anteilen zu bringen, und zwar anfangs mit dem Versuch, dem Kritiker zu widersprechen oder den Teil zu kontrollieren, der die Essanfälle auslöste. Es stellte sich aber heraus, dass das die Situation verschlimmerte! Die Essanfälle wurden noch heftiger und der emotionale Zustand der Klientinnen noch verzweifelter.

Sobald die Frauen in seiner Praxis jedoch in eine Haltung von Offenheit, Interesse oder sogar Mitgefühl kommen konnten und sich den Teilen von dort aus zuwandten, begannen die Teile erstaunlicherweise, mit ihnen zu sprechen. Sie fingen an, alle möglichen Dinge zu erzählen, von denen die Frauen ebenso wie Richard Schwartz wirklich überrascht waren, etwa darüber, was sie eigentlich mit ihrem Verhalten erreichen wollten.

IFS: Das Modell des inneren Familien-Systems

Auf diese Weise begann Schwartz, immer mehr über Teile und ihre Rolle in der menschlichen Psyche zu lernen. Dabei wurde er besonders neugierig auf die Tatsache, dass die Anteile seiner Klienten und Klientinnen in einem ganz eigenen Beziehungsgeflecht standen und ähnlich miteinander in Wechselwirkung standen wie die Mitglieder einer Familie oder die Bestandteile eines Ökosystems – nicht zufällig, sondern in einer bestimmten Logik.

Auf der Basis dieser Erkenntnisse entwickelte Richard Schwartz schließlich das IFS-Modell. IFS steht als Abkürzung für Internal Family Systems, also System der inneren Familie. Das meint nicht, dass unsere Teile nach dem Schema Mutter, Vater, Kind in Beziehung stehen, sondern dass unsere Psyche einer Familie oder eben einer WG gleicht, deren Mitglieder über unterschiedliche Grade an Reife, Frustrationstoleranz oder Weisheit verfügen und auch unterschiedlich sind in dem Ausmaß an Anspannung oder Kummer, den sie mit sich herumtragen.

Schwartz entdeckte, dass diese Anteile miteinander ein Netzwerk oder System bilden und aufgrund ihrer Position darin oft miteinander in Konflikt geraten. Dabei haben Veränderungen eines Persönlichkeitsanteils Auswirkungen auf alle anderen im System.

Das IFS-Modell verbindet also zwei bereits bestehende Ansätze – das systemische Denken und das Verständnis, dass Multiplizität der natürliche Zustand der Psyche ist: Jeder von uns besteht aus Anteilen, die in einem ganz speziellen Muster miteinander in Beziehung stehen. Durch bestimmte Umstände kommt es zu ungünstigen Wechselwirkungen, und diese verursachen viele unserer inneren Schwierigkeiten. Man kann daher einen Teil beziehungsweise sein problematisches Verhalten besser im Zusammenhang mit den anderen Teilen verstehen, statt es isoliert zu betrachten.

Doch das war nicht alles! Schwartz erkannte auch, dass sich diese inneren Rollen, Beziehungen und Wechselwirkungen verändern können, sobald man umsichtig und respektvoll mit seinen Anteilen in Beziehung tritt.

Modelle und Landkarten: *The map is not the territory*

Ich möchte an dieser Stelle gerne darauf hinweisen, dass IFS, auf dem ein Großteil meiner Arbeit und vieles in diesem Buch beruht, ein *Modell* ist. Es gibt auch andere Modelle, die die Struktur und Funktionsweise unserer Psyche als aus Teilen zusammengesetzt beschreiben,[14] und innerhalb dieser Teile-Modelle bestehen Unterschiede und Gemeinsamkeiten. Und darüber hinaus gibt es natürlich noch viele Vorstellungen der Psyche, die die Sache vollkommen anders betrachten. Alle aber sind Modelle – nicht »die Wahrheit«.

Es ist so, wie wenn Sie beim Wandern eine Landkarte dabeihaben oder auf eine Navigations-App schauen. Manche Landkarten zeigen das Gelände in kleinem, andere in großem Maßstab. Manche zeigen Berge und Täler an, andere konzentrieren sich auf die Straßen und Verkehrswege. In Navigationsgeräten können Sie die Gegend als Foto oder als grafische Abbildung anschauen. Manche Karten sind sehr ungenau, manche auch komplett veraltet. Dann ist der neue Kreisverkehr oder die neue Umgehungsstraße noch gar nicht eingezeichnet. All das verweist auf dieselbe Landschaft, stellt sie aber doch ganz unterschiedlich dar. Eines jedoch gilt für sie alle gleichermaßen: »*The map is not the territory*«. Es gibt genauere und weniger genaue Karten, manche finden Sie für die Wanderung oder Reise, die Sie machen wollen, hilfreicher als andere. Aber keine Karte *ist* die Landschaft! In der Landschaft zu stehen und sich darin zu bewegen ist noch einmal etwas ganz anderes, als auf eine Karte zu schauen. Ebenso wenig ist die Speisekarte in einem Restaurant dasselbe wie das Menü, das Sie essen.

Wenn ich Ihnen also die »Landkarte« der inneren Teile-Arbeit näherbringe, kann es sein, dass sie sehr gut mit Ihrer Wahrnehmung Ihrer seelischen Landschaft zusammenpasst oder die Landkarte Ihnen hilft, sich im bisher unübersichtlichen Gelände besser zurechtzufinden. Es könnte auch sein, dass Sie bislang andere Karten gewohnt waren oder dass diese neue Beschreibung der Landschaft schwerer mit dem in Deckung zu bringen ist, was Sie innerlich wahrnehmen.

IFS ist ein Modell und erhebt nicht den Anspruch, »die Wahrheit« zu verkünden. Zugleich bin ich davon überzeugt, dass das, was Richard Schwartz beobachtet und zusammen mit seinen Klientinnen, Kolleginnen, Wegbegleiterinnen und der weltweiten IFS-Community immer tiefer verstanden und beschrieben hat, an den Kern dessen rührt, wer wir sind und wie die Psyche »funktioniert«. Ich erlebe für mich selbst und in der Arbeit mit Klienten, Ausbildungs- und Kursteilnehmern und im Kontakt mit den Menschen, die meinen Herzen am nächsten sind, IFS wie zuvor keine andere Perspektive als wirksam und lebensverändernd.

Vielleicht ist das ja auch für Sie der Fall.

Für mich geht es bei innerer Teile-Arbeit nicht darum, was richtig oder »die Wahrheit« ist, sondern darum, was wirkt und hilft. Wie überall würde ich daher dazu raten: Gehen Sie mit Offenheit und Interesse an die Sache heran und überprüfen Sie, was Sie lesen, anhand Ihrer eigenen Erfahrung. Lassen Sie sich dabei von Ihrer tiefen inneren Weisheit leiten und sich dann davon überraschen, was sich für Sie in Ihrer eigenen Landschaft als hilfreich erweist.

Die Grundstruktur der Psyche

Das IFS-Modell basiert auf drei einfachen Grundsätzen.

- Jeder Mensch hat Teile.
- Diese Teile lassen sich drei grundlegenden Gruppen zuordnen.
- Jeder Mensch hat ein Selbst.

Eine nützliche Metapher an dieser Stelle ist die eines Orchesters. Jeder von uns hat verschiedene Anteile, so wie ein Orchester verschiedene Musiker hat. Diese Musiker kann man je nach den Instrumenten, die sie spielen, in Gruppen einteilen: zum Beispiel Streicher, Bläser und Schlaginstrumente. Alle Musiker sind wichtig und tragen zum Gesamtklang bei. Jeder hat eigene Talente, eine elementare Rolle und ganz bestimmte Stellen, wo seine Stärken zum Einsatz kommen. Wenn aber alle Instrumente wild durcheinanderspielen, entsteht Chaos. Es wird schrecklich anstrengend, sobald jeder Musiker sein Instrument für das wichtigste hält und versucht, die anderen zu übertönen. Es braucht also eine Dirigentin.

So ähnlich ist das auch in uns. Wir *haben* Teile in unserer inneren WG, aber wir *sind* nicht nur unsere Teile. Ha! Jetzt wird es spannend. Wer sind wir dann? Mit dieser Frage beschäftigen sich Philosophinnen und Psychologinnen, Weise und Mystiker, Schamaninnen und Theologen, einfache Leute und spirituelle Sucher seit Urzeiten: Wer bin ich – in der Tiefe? Wer bin ich eigentlich? Wer bin ich wirklich?

Richard Schwartz machte dazu in der Begegnung mit seinen Klienten und ihren Anteilen eine erstaunliche Entdeckung. Wenn er seine Klienten dabei unterstützte, dass sie all den verschiedenen Teilen in sich mit Neugier und Offenheit zuhören konnten, dann gelangten sie mehr und mehr in einen ganz bestimmten Zustand, in dem sie sich ruhig, entspannt und warmherzig fühlten. Der Ausdruck ihres Gesichts, der Klang ihrer Stimme, ihre ganze Ausstrahlung veränderten sich hin zu mehr Präsenz, Klarheit und Gelassenheit. Sie waren dann in der Lage, mit den Persönlichkeitsanteilen in ihnen auf eine Art in Kontakt zu treten, die von einer tiefen Weisheit und Kreativität geprägt war. Von einem instinktiven Wissen, was der Teil brauchte, damit es ihm besser ging. Wenn Schwartz die Klienten dann fragte, welcher Teil jetzt gerade anwesend sei, antworteten sie alle erstaunlich ähnlich. Sie sagten etwas in der Art wie: »Das ist kein anderer Teil von mir. Das ist eher, wer ich wirklich bin. Das bin ich selbst.«

Schwartz machte diese Erfahrung immer wieder, mit den unterschiedlichsten Klienten und Klientinnen. Und immer wieder, selbst bei massiv beeinträchtigten Personen, solchen mit psychiatrischen Diagnosen, heftigem Suchtverhalten oder gefährlichen Wutausbrüchen, trat dasselbe Phänomen zutage: Hinter all ihren Teilen, die sich in ihrem Alltag so extrem verhielten, gab es etwas, das ruhig, heil und unbeschädigt war. Schwartz nannte es, angeregt durch seine Klienten, das Selbst.

Das Selbst

IFS geht davon aus, dass jeder Mensch aus einem System von Persönlichkeitsanteilen besteht, die ähnlich miteinander interagieren wie die Mitglieder einer Familie, eines Stammes oder eines Clans. Grundsätzlich hat jeder Anteil wertvolle Qualitäten und ist darauf ausgelegt, einen positiven Beitrag für die Gesamtpersönlichkeit zu leisten. Im Laufe bestimmter Erfahrungen können Teile jedoch in extreme Rollen hineingezwungen werden und entwickeln ungünstige Denk- und Verhaltensmuster. Möchten wir daran etwas verändern, dann ist das aus IFS-Sicht am besten dadurch möglich, dass wir in einen wertschätzenden und respektvollen Kontakt mit unseren Anteilen kommen – und zwar von unserem inneren, heilen und unverletzlichen Kern aus, der in IFS das »Selbst« genannt wird. Im alltäglichen Sprachgebrauch, in der Philosophie oder Psychologie wird dieses Wort in der Regel anders verwendet oder definiert. In diesem Buch gebrauche ich den Begriff »Selbst« mit großem S im IFS-Verständnis und meine damit die Essenz in jedem Menschen: ein Seinszustand, der alle Anteile der eigenen Persönlichkeit respektiert und sie wie ein weiser Anführer leiten kann, sodass aus einer entzweiten WG, in der jeder sein eigenes Ding macht, ein gemeinschaftlich kooperierendes Team wird.

Das Selbst ist ein uns angeborener Zustand, der gleichsam hinter oder unter den Teilen liegt. Man kann diese Selbst-Energie weder erschaffen noch zerstören. Sie ist grundsätzlich immer da, auch wenn sie nicht immer zugänglich sein mag, weil sie von unseren Persönlichkeitsanteilen verdeckt wird. Man kann es sich vorstellen wie am Himmel: Die Sonne scheint immer, aber mitunter ballen sich die Wolken so dicht zusammen, dass kein Strahl mehr auf die Erde dringt. Die Sonne wird jedoch von den Wolken nicht ausgelöscht, sondern nur überlagert.

Von unserem Selbst aus können wir mit belasteten Teilen der Psyche kommunizieren und verstehen, warum sie sich aufgrund unserer Lebensgeschichte notgedrungen auf ihre Art entwickeln mussten und was sie brauchen, um sich zu verändern.

Als typisch für den Selbst-Zustand benannte Richard Schwartz Qualitäten, die im Englischen alle mit demselben Buchstaben beginnen und deshalb oft »die acht Cs« genannt werden:

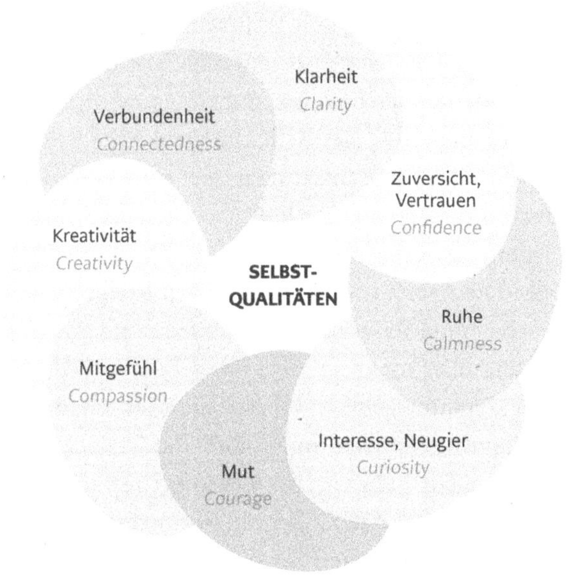

Die acht Qualitäten des Selbst nach Richard Schwartz (auch »die acht Cs« genannt, weil im Englischen alle diese Qualitäten mit einem C beginnen).

Dabei ist es nicht so, dass diese Qualitäten nur dem Selbst »gehören« würden oder sie unseren Persönlichkeitsanteilen fremd wären. Auch unsere Teile können sie an den Tag legen, vor allem, wenn sie nicht von schwierigen Erfahrungen belastet oder in extremen Rollen gefangen sind. Doch in unserem Kern, in unserem Selbst, *bestehen* wir aus diesen Qualitäten. Weitere Aspekte sind Humor, Leichtigkeit und Verspieltheit, Liebe, Dankbarkeit, Geduld, Perspektive und Unvoreingenommenheit.

Wer Erfahrung mit Meditation, Kontemplation oder anderen inneren Wegen hat, wird hier vielleicht aufhorchen. Das, was heute oft mit dem Begriff Achtsamkeit bezeichnet wird, hat auffallend viele Parallelen mit der Erfahrung, in einem Selbst-Zustand zu sein. Achtsamkeit in der Definition von Jon Kabat-Zinn, Pionier der modernen Achtsamkeitsbewegung, ist die Energie, die entsteht, wenn wir auf eine bestimmte Weise aufmerksam sind, nämlich bewusst, mit Güte und nicht wertend.[15]

Manchmal dauert es vielleicht eine ganze Weile, bis jemand diese Energie, die man Achtsamkeit oder eben auch das Erleben von Selbst-Qualitäten nennen könnte, in sich aufspürt. Doch ist sie in jedem unverlierbar vorhanden. Dazu meint Richard Schwartz: »Die Arbeit mit Hunderten von Klienten, von denen manche schweren Missbrauch erlebt hatten und massive Symptome zeigten, über mehr als zwei Jahrzehnte hinweg, hat mich zu der Überzeugung gebracht, dass jeder Mensch dieses gesunde und heilende Selbst hat, ungeachtet der Tatsache, dass viele Menschen zunächst sehr wenig Zugang dazu spüren.«[16]

Ohne dass es Schwartz zu Beginn bewusst gewesen war, war er in seiner therapeutischen Arbeit über etwas gestolpert, was alle Weisheitstraditionen und viele Philosophen überall auf der Welt sagen: Wir sind nicht die, für die sich die meisten von uns halten. Wir sind nicht unsere Teile mit all ihren mitunter extremen Verhaltensweisen. Unsere wahre Wesensnatur ist hell, heil und unverletzlich.

Manchmal, wenn Menschen zum ersten Mal von Selbst und Teilen hören, entsteht in ihnen der Eindruck: »Aha, das Selbst ist gut, und die Teile sind schlecht. Ich will also alle meine Teile loswerden und nur noch im Selbst sein.« Das ist jedoch ein

Missverständnis – so als würde man sagen, der Dirigent ist gut, und die Musiker sind schlecht. Ein Dirigent ohne die Musiker wäre ja einfach nur jemand mit einem Taktstock alleine auf der Bühne. Um das Musikstück unseres Lebens zum Klingen zu bringen, brauchen wir unser Selbst *und* unsere Teile. Ist unser System in der Balance, führt unser Selbst die Anteile in einer mitfühlenden, kraftvollen und gelassenen Art und Weise. Dann können sie ihre Stärken und Qualitäten dort einsetzen, wo sie gebraucht werden, damit wir blühen und gedeihen.

Wenn wir aber eigentlich alle in der Tiefe aus Selbst-Energie bestehen (in manchen spirituellen Traditionen auch das Höhere oder Wahre Selbst genannt), warum verhalten wir uns denn dann nicht den acht Cs gemäß? Bei vielen Menschen ist von diesen wunderbaren Qualitäten ja oft gar nichts zu spüren! Man braucht nur an bestimmte Leute im eigenen Umkreis oder an Personen des politischen Weltgeschehens zu denken. Und, na ja, auch bei uns selbst ist von diesen Eigenschaften oft genug wenig zu merken …

Das liegt daran, wie sich unsere Anteile während unseres Heranwachsens entwickeln. Die grundlegende Aufgabe des Selbst im System eines Menschen ist es, die Teile wie eine gute und wertschätzende Dirigentin zu führen. Doch diese *Selbst-Führung*, also die Fähigkeit, die eigenen Teile aus dem Selbst heraus zu führen, kann sich bei vielen Menschen nicht stabil entwickeln oder geht im Laufe der Zeit verloren. Das heißt aber nicht, dass das Selbst verloren geht! Uns kommt nur der Zugang abhanden, weil bestimmte Teile in uns stattdessen die Regie übernehmen. Mit diesen identifizieren wir uns, und dann beginnen wir zu glauben, dass wir *sie* sind. Um das zu verstehen, hilft es, wenn wir auf die Idee zurückkommen, dass sich alle Teile in uns verschiedenen Gruppen zuordnen lassen.

Das dritte Kapitel ist noch einmal ganz ausführlich dem Zustand des Selbst gewidmet sowie der Frage, wie man dazu besseren Zugang finden kann. Doch betrachten wir erst einmal genauer die typischen Merkmale der drei Arten von Persönlichkeitsanteilen.

Schützer und Beschützte

Als wesenseigene Ebene oder Seinszustand in jedem Menschen liegt hinter allen Persönlichkeitsanteilen das Selbst.

Unsere Anteile wiederum lassen sich aus IFS-Perspektive drei Gruppen zuordnen:

- Verletzliche oder verbannte Teile
- Schützende Teile, die vorausschauend handeln
- Schützende Teile, die reaktiv handeln

Demnach gibt es also zwei Sorten von *schützenden* Teilen in uns. Sie entstehen von Geburt an als Reaktion oder Anpassungsversuch auf unsere Umgebung. Wenn wir nicht bekommen, was wir für unsere gesunde Entwicklung brauchen, oder wenn unsere kindliche Verletzlichkeit, Zartheit, Offenheit und Lebendigkeit beschämt, abgewiesen, kritisiert oder misshandelt werden, dann entwickeln sie Schutzstrategien. Ihnen gegenüber stehen Teile, die die schmerzlichen Gefühle, Gedanken und Überzeugungen aus solchen Erfahrungen in sich tragen. Diese nannte Richard Schwartz Verbannte *(exisles)*, weil die schützenden Anteile in uns versuchen, sie möglichst aus dem Bewusstsein fernzuhalten: entweder zu ihrer eigenen Sicherheit, damit ihnen niemand mehr wehtun kann, oder damit ihr emotionaler Schmerz nicht mehr gespürt werden muss.

Diese Anteile in uns fühlen sich oft jung oder kindlich an, und ich bezeichne sie statt als Verbannte lieber als *verletzliche* oder *empfindsame Teile*, denn sie leben durchaus nicht immer in der Verbannung. Wenn man im Bild der WG bleibt, stehen sie in manchen Wohngemeinschaften sogar relativ weit vorne. Vielleicht kennen Sie auch Menschen, die, obwohl erwachsen, sehr an einen kleinen Jungen oder ein kleines Mädchen erinnern? Und es muss auch nicht jeder empfindsame, verletz*liche* Teil tatsächlich verletzt sein. Manche sind einfach nur berührbar und bereichern unser Leben mit ihrer Offenheit und Lebensfreude. Manchmal sind also verletzliche Teile für uns und andere spürbar, manche sind aber auch aus dem Bewusstsein abgedrängt. Dann würde es sich um Schatten-Anteile handeln, von denen wir im ersten Kapitel gesprochen haben.

Auf der Seite der Schützer gibt es solche, die vor allem vorausschauend handeln. Sie versuchen, unser Leben zu managen, damit wir mit den Anforderungen, die unsere Umgebung an uns stellt, umgehen können und auf möglichst positive Resonanz stoßen. In IFS werden sie daher passenderweise als *Manager* bezeichnet. Ihnen geht es vor allem um Sicherheit und darum, dass niemand an die Schmerzen der verletzlichen Teile rührt. Daher wollen uns die Manager dazu bringen, möglichst ein solches Verhalten an den Tag zu legen, dass wir von anderen gemocht oder akzeptiert werden.

Wenn die Manager mit ihren vorsorglichen Strategien allerdings nicht verhindern können, dass Erinnerungen, Emotionen oder schmerzliche Überzeugungen der verletzlichen Teile im Bewusstsein auftauchen, greift quasi die Feuerwehr ein, um die Flammen zu löschen: Das sind die reaktiven Schützer. Während die Manager in der Regel *proaktiv* handeln – also vorausschauend, um Schwierigkeiten zu vermeiden –, kommen nun die *reaktiven* Schützer auf den Plan. Sie agieren oft heftig und impulsiv, um von emotionalem Schmerz abzulenken, ihn zu unterbinden oder uns zu verteidigen. Über die Konsequenzen ihres Verhaltens denken sie nicht weiter nach, ihnen geht es nur darum, dass wir schnell Erleichterung verspüren oder aus der Gefahrenzone kommen: Richard Schwartz nannte sie *Feuerbekämpfer*.

All diese Anteile können in einem Spektrum von mild bis extrem auftreten. Manche sind wunderbar integriert und helfen uns, gut durch unseren Alltag zu steuern, andere verstricken sich über die Jahre in so heftige Reaktionsweisen, dass sie uns oder anderen Menschen Schaden zufügen.

Jeder Mensch besteht im Kern aus Selbst-Energie sowie inneren Anteilen, die man drei Gruppen zuordnen kann.[17]

Manager: Proaktive Schützer für langfristige Sicherheit

Unsere Manager wollen uns helfen, gut durchs Leben zu kommen, und uns vor unangenehmen Erfahrungen bewahren. Dafür ist es für uns von klein auf wichtig, dass wir uns an unser Umfeld anpassen. Daher strengen sich unsere Manager oft an, um die Erwartungen anderer Menschen vorauszuahnen: Wie sollen wir sein, damit wir gemocht oder respektiert werden und dazugehören dürfen?

Anpassungsfähigkeit ist für uns Menschen einer der stärksten evolutionären Vorteile, und sie ist am höchsten, wenn wir am kleinsten sind. Die Natur hat es so eingerichtet, dass wir uns in den ersten Jahren nach der Geburt besonders gut auf die Umstände unserer Umgebung einstellen können. Wir alle haben (und brauchen!) daher Manager, die sich als Anpassung an unsere Familie, Kultur oder Community formen.

Wenn wir innerlich nach Manager-Teilen Ausschau halten, bemerken wir vermutlich zuerst diejenigen mit Verhaltensweisen, die uns zu schaffen machen, beispielsweise Konfliktvermeider, Es-anderen-recht-Macher, innere Kritiker, Perfektionisten oder Übervorsichtige. Doch haben unsere Manager oft auch grandiose Fähigkeiten und können beispielsweise hervorragende Planer, tolle Diplomaten und analysestarke Denker sein. Da sich unsere Persönlichkeitsanteile jedoch im Zusammenspiel mit den positiven und besonders auch den schmerzlichen Erfahrungen entwickeln, die wir in unserer frühen Lebenszeit machen, geschieht es leicht, dass sie sich in ungünstige Verhaltensweisen verstricken. Und dann kann statt eines zuverlässigen To-do-Listen-Managers, der uns freundlich daran erinnert, was es noch zu erledigen gilt, auch ein heftiger innerer Antreiber entstehen, der uns kaum einen Moment Ruhe gönnt.

Manager wollen möglichst alles unterbinden, wodurch wir beschämt, zurückgewiesen oder kritisiert werden könnten. Dabei treten in einem Menschen oft Manager auf, die sehr *unterschiedliche* Ansichten darüber haben, wie wir sein sollen. Wenn ein Leistungsantreiber (also ein Manager) uns im Büro zu einem möglichst durchsetzungsstarken Verhalten drängt und wir dieses Auftreten dann auch zu Hause an den Tag legen, ruft das möglicherweise die perfekte Mutter gemeinsam mit einer inneren Kritikerin (zwei andere Manager) auf den Plan, die uns unempathisches Verhalten den Kindern gegenüber vorwerfen. Um im Kontakt mit den vielen Menschen um uns herum und all unseren privaten und beruflichen Aufgaben zurechtzukommen, haben wir in der Regel eine große Bandbreite an Managern, die uns helfen wollen, diese Anforderungen zu bewältigen.

Es gibt daher unterschiedliche Arten von Managern. Manche sind beständig wachsam und vorsichtig, andere hingegen energisch und willensstark. Die Aufgabe von Managern ist es, sich *proaktiv* darum zu kümmern, dass wir in unserem Umfeld auf möglichst positive Resonanz stoßen. In IFS werden diese Anteile unserer Persönlichkeit manchmal als unerkannte Helden bezeichnet: »Sie organisieren unser tägliches Leben, sie arbeiten hart und sind oft erschöpft, und sie erhalten selten die Anerkennung, die sie verdienen.«[18]

Wie unsere Manager sich von klein auf entwickeln, hat damit zu tun, was in unseren Lebensumständen gefragt war – und das sieht natürlich nicht überall gleich aus. In manchen Familien ist Wertschätzung strikt an Leistung und Erfolg gekoppelt: ohne gute Noten keine Anerkennung. Aus dieser Erfahrung können Manager entstehen, die uns harsch antreiben, damit wir gut in der Schule sind und es zu etwas bringen. In anderen Familien hingegen ist es für Kinder essenziell, sich möglichst unsichtbar zu machen, um nicht den elterlichen Zorn auf sich zu ziehen.

Dann entwickeln wir eher Manager, die dafür sorgen, dass wir still und unauffällig bleiben. Manche Manager beschützen uns, indem sie sich um andere kümmern und sie zufriedenstellen, andere, indem sie uns ständig beschäftigt halten, damit wir den Kummer unserer verletzlichen Teile nicht bemerken.

Oft fühlt sich das Verhalten unserer Manager so vertraut an, dass wir uns etwas anderes gar nicht vorstellen können.

Angenommen, Ihre Mutter war stark belastet und mit den Verantwortlichkeiten der Kindererziehung häufig überfordert. Vielleicht hatte sie Depressionen oder eine schwere körperliche Erkrankung. Dann ist in Ihnen, als Sie klein waren, möglicherweise ein Teil entstanden, den man Rechtmacher nennen könnte, und der wurde zu einem wichtigen Verbündeten in Ihrem Leben. Mithilfe des Rechtmachers haben Sie starke Antennen entwickelt, um vorauszuahnen, wie gut oder schlecht es Ihrer Mutter wohl an diesem Tag geht, und Ihr Verhalten entsprechend darauf abgestimmt. Sie haben tatkräftig bei der Versorgung der Geschwister geholfen und Verantwortung übernommen, für die Sie viel zu jung waren. All das in einem unbewussten Versuch, Ihre Mutter zu unterstützen, damit sie im Gegenzug zumindest ein bisschen mehr für Sie verfügbar war. Vielleicht hat Sie Ihr Vater auch dafür gelobt: »Weil du schon so groß und verständig bist und der Mama immer so lieb hilfst!« Dann hat der Rechtmacher sich weiter tapfer bemüht, alles zu tun, um Anerkennung zu finden, obwohl so viele andere Dinge in Ihrem Kinderleben auf der Strecke blieben. Lebendig, unvernünftig oder mal wild und laut sein, das ging ja alles nicht.

Während des Älterwerdens blieb der Rechtmacher weiterhin eine bestimmende Kraft in Ihrem Leben, vor allem, wenn Sie beispielsweise auch in der Schule für Ihre Hilfsbereitschaft und Rücksichtnahme geschätzt wurden. Vielleicht haben Sie dann einen Beruf ergriffen, in dem die Stärken des Rechtmachers gefragt waren, etwa im sozialen Bereich. Mit einem ausgeprägten Rechtmacher stellen Sie heute vermutlich die Bedürfnisse von Familie, Freunden, Kollegen oder Patienten regelmäßig vor Ihre eigenen. Entsprechend fühlen Sie sich oft erschöpft, nicht wirklich wertgeschätzt, und womöglich nehmen Sie das den anderen im Stillen übel. Das alles würde sich für Sie jedoch völlig normal anfühlen, weil es eben schon Ihr gesamtes Leben so abläuft.[19]

Im besten Fall halten unsere Manager uns organisiert, produktiv und verlässlich. Wenn es weniger gut läuft und sie aufgrund unserer Erfahrungen mit anderen Menschen in ungünstige Verhaltensmuster gedrängt wurden, machen sie uns beständig Vorwürfe und bescheren uns ein schlechtes Gewissen, wenn wir uns mal ausruhen oder Spaß haben möchten. Sie sorgen, so gut sie können, dafür, dass wir sozial integriert sind und uns »benehmen«. Um uns dazu zu bringen, nutzen sie mitunter Strategien, die sie sich von unseren Eltern, Lehrern oder anderen Autoritätspersonen abgeschaut haben. Je nachdem, wie radikal die Rollen sind, die die Manager angenommen haben, kann sich das unterschiedlich ausdrücken. Extreme Manager haben eine Person mitunter so fest im Griff, dass sie ihre eigenen Bedürfnisse bis zur Selbstverleugnung aufgibt oder sich krank arbeitet.

Wie extrem das Verhalten ist, das die Manager an den Tag legen, steht jeweils in direktem Zusammenhang damit, wie viel Schmerz unsere verletzlichen Teile tragen.

ÜBUNG: Eigene Manager aufspüren

Schauen Sie einmal auf Ihre Teile-Landkarte oder Ihr Verhalten im Alltag. Welche Ihrer Persönlichkeitsanteile könnten Manager sein, also Teile in Ihrer inneren WG, die *im Vorfeld* dafür sorgen wollen, dass Sie gut »funktionieren«, nicht anecken oder kritisiert werden? Durch welches Verhalten machen sie sich bemerkbar?

Empfindsame und verletzliche Teile

Werden Kinder kritisiert, beschämt, lächerlich gemacht oder bestraft, werden ihre Bedürfnisse oft nicht gesehen und erfüllt, dann entwickeln sie schmerzliche Überzeugungen: *Ich bin wertlos. Ich kann nichts. Ich bin nicht willkommen. Ich bin nicht liebenswert. Mich will keiner haben. Ich gehöre nicht dazu. Meine Bedürfnisse zählen nicht. Ich bin falsch so, wie ich bin.* Manchmal hören sie sogar die entsprechenden Worte aus dem Umfeld oder sie leiten sie aus dem Verhalten der Menschen um sie herum ab. Die zugehörigen schmerzlichen Gefühle, Gedanken und Glaubenssätze sammeln sich dann als Lasten in den Teilen der menschlichen Psyche, die am sensibelsten, empfindsamsten und offensten sind: in unseren verletzlichen Teilen oder, wie Richard Schwartz sie nennt, den »Verbannten«.

Besonders wenn ein Kind etwas sehr Schmerzliches erlebt, was seine Möglichkeiten zur Bewältigung übersteigt, bleiben diese Erfahrungen in der Regel unverdaut gespeichert. Unverdaut deshalb, weil niemand da war, dem das Kind sich in dieser Situation anvertrauen und der bei der Verarbeitung helfen konnte, oder weil es sich für das Kind nicht möglich anfühlte, Unterstützung zu suchen. Und zudem tun die Manager ihr Bestes, um diese Erlebnisse und die dazugehörigen Gefühle aus dem Bewusstsein fernzuhalten, damit das Kind weiter einigermaßen normal sein Leben führen kann: zur Schule gehen, mit den Freunden spielen, den Hund ausführen. Wenn man es dann fragt, wie es ihm geht oder ob es Hilfe braucht, sagt es vielleicht: »Kein Problem, alles in Ordnung.«

Dabei prägen sich nicht nur alle Formen von Trauma, Gewalt oder Vernachlässigung tief in uns ein und bilden so die Lasten, die unsere verletzlichen Teile tragen. Auch all die nicht zu vermeidenden Schicksalsschläge sowie Bindungs- und Beziehungsverletzungen hinterlassen Spuren. Erfahrungen, die selbst die liebevollsten Eltern von einem Kind nicht fernhalten können, wie etwa der Verlust einer wichtigen Bezugsperson durch Tod, Krankheit, Umzug, Trennung der Eltern, Schulwechsel oder etwa die Rivalitäten und Verletzungen, die uns Geschwister oder Klassenkameraden zufügen können … Unweigerlich machen alle von uns Erfahrungen von Angst, Ohnmacht, Hilflosigkeit, Einsamkeit, Scham, Überforderung, Trauer, Verzweiflung, Wut oder Kummer, die sich in unseren verletzlichen Teilen ansammeln und dann oft ihre ursprüngliche Lebensfreude unter sich begraben. Da wir nahezu alle von Generationen abstammen, für die der Ausdruck schwieriger Gefühle ein eindeutiges Zeichen von Schwäche und entsprechend sanktioniert war, fällt es den meisten von uns enorm schwer, uns Unterstützung zu holen. Das führt dazu, dass wir als Kinder solche Erfahrungen oft nur unzureichend bewältigen können. Wie etwas Unverdauliches in unserem Verdauungstrakt liegen bleibt, so lagern sich solche unverarbeiteten Erfahrungen – in IFS werden sie *Lasten* genannt – in unserer Psyche ab: eben in unseren verletzlichen Teilen.

Auch Erfahrungen von gesellschaftlicher Ausgrenzung, Abwertung und Benachteiligung, wenn wir nicht in die Erwartungen derer passen, die das Sagen haben, schlagen tiefe Wunden: Rassismus, Abwertung von Weiblichkeit, Fremdenfeindlichkeit, Unterdrückung von Minderheiten, Homophobie, Diskriminierung gegen Menschen mit Behinderungen oder untypischem Verhalten etc. etc. – was sich leicht wie eine lange Liste abstrakter Begriffe liest, verweist auf Lebensgeschichten von Menschen, deren empfindsame Teile massive Verletzungen davontragen. Das gesellschaftliche Bewusstsein dafür, wie gerade auch gesellschaftliche Ungerechtigkeit Menschen traumatisiert, wächst erst langsam.

Die empfindsamen Teile in uns sind es, die sich Kritik furchtbar zu Herzen nehmen, die unter dem beißenden Spott oder

der Herabsetzung durch andere leiden. Sie sind es, die in der zweiten Klasse für eine falsche Antwort lächerlich gemacht wurden, für die eine Blamage auf dem Schulhof einer Katastrophe gleichkommt oder die noch im Erwachsenenalter mit dem Gefühl kämpfen, nicht dazuzugehören. Sie sind es, die sich dafür schämen, dass sie sind, wie sie sind.

Was versteht man unter Trauma?

Ein Trauma ist eine seelische Verletzung nach sehr belastenden Erfahrungen. Das Gefühl der Sicherheit, Verbundenheit und des Aufgehobenseins in der Welt wird nachhaltig erschüttert. Ein Trauma kann sich entwickeln, wenn eine Person etwas erlebt, was starke Hilflosigkeit, Schutzlosigkeit oder Überwältigung bis hin zu Todesangst auslöst. Je weniger Bewältigungsmöglichkeiten der Person zur Verfügung stehen, desto stärker traumatisierend können Erfahrungen wirken. Daher kann beispielsweise ein Baby ein Trauma von einer Situation davontragen, die ein Jugendlicher stabil verarbeiten könnte.
Traumata können durch extreme oder lebensbedrohliche Ereignisse entstehen (Gewalt, Missbrauch, Krieg, Unfälle etc.). Seit einigen Jahren rückt in der Traumaforschung jedoch immer stärker in den Fokus, wie viele Menschen unter seelischen Wunden infolge von verbaler oder emotionaler Gewalt, Vernachlässigung oder chronischen Bindungsverletzungen leiden oder schlicht, weil über Jahre elementare kindliche Bedürfnisse unerfüllt geblieben sind. Man spricht in diesem Zusammenhang auch von Entwicklungstrauma.
Aus Teile-Sicht bedeutet ein Trauma, dass die überwältigenden Gefühle, Empfindungen sowie die damit zusammenhän-

genden Überzeugungen (wie zum Beispiel *Ich bin wertlos; Ich bin selbst schuld; Ich bin schwach; Ich bin hilflos; Ich sollte gar nicht existieren* etc.) als Lasten in einem verletzlichen Teil unverdaut weiterleben, als wäre die Gefahr noch immer in der Gegenwart real. Daher sind schützende Teile permanent damit beschäftigt, die Person gegen die Bedrohung zu wappnen, während andere Schützer dafür sorgen wollen, dass von all dem nichts gespürt werden muss, um weiterleben zu können. (Mehr über Trauma finden Sie in Kapitel 6.)

Wie empfindsame Teile in die Verbannung geraten

Wenn unsere empfindsamen, kindlichen Teile die Lasten aus schmerzhaften Erfahrungen tragen und wir keine Unterstützung aus dem Umfeld bekommen, um gut damit umzugehen und das Erlebte zu verarbeiten, wenden wir uns in der Regel von diesen Anteilen in uns ab. Wir wollen mit all den Gefühlen und Erinnerungen nichts mehr zu tun haben – wir wollen es vergessen oder, wie man so schön sagt, hinter uns lassen. Daher sorgen unsere Manager, so gut sie können, dafür, dass diese verletzten Teile außer Sichtweite bleiben: in ein Verlies verbannt oder im WG-Keller weggesperrt. Dabei ist uns jedoch nicht klar, dass wir uns nicht nur von den belastenden Gefühlen und Erinnerungen abwenden, sondern dass wir uns von *den* Teilen in uns abtrennen, die eigentlich eine Quelle unserer Vitalität, Unschuld und Lebensfreude sind. Die entstandenen Lasten sind ja nicht ihr tatsächliches Wesen, sondern etwas, was ihnen aufgebürdet wurde.

Das ist mit der Grund dafür, warum manche Menschen im Laufe ihres Älterwerdens immer ernster und steifer werden: Die Lebendigkeit ihrer empfindsamen Teile wird zusammen mit dem Kummer hinter die Kellertüren verbannt. Allerdings ist die Tür meist nicht besonders dick. Kommen wir nämlich in eine Situation, die uns an die ursprünglichen schmerzlichen Umstände erinnert, gibt es quasi einen Kurzschluss zu den Gefühlen der verletzten Teile, und sie stehen plötzlich im Wohnzimmer. Das sind die Momente, wo wir uns auf einmal wieder wie kleine Kinder fühlen – genauso unverstanden, empört, überfordert, wütend, hilflos oder ängstlich wie damals. Man geht davon aus, dass auch auf der neurophysiologischen Ebene dieselben Nervenschaltkreise aktiviert werden wie in den ursprünglichen Situationen.

Oft gehen solche Momente mit spezifischen körperlichen Empfindungen einher. Vielleicht kennen Sie bei sich selbst einen ganz charakteristischen Schmerz, Druck oder ein ganz typisches flaues Gefühl oder Unwohlsein, das Sie in bestimmten Situationen haben? Bei mir ist es zum Beispiel ein ganz eigener Schmerz im Hals, den ich früher sehr oft, heute noch gelegentlich habe, wenn ich mich unverstanden und ungerecht behandelt fühle. Er ist eindeutig körperlich spürbar, kommt plötzlich und kann ebenso plötzlich verschwinden. Das ist eine der Weisen, wie sich unsere verletzlichen Teile zeigen können.

Steigen uns dann zum Beispiel die Tränen in die Augen, bemühen sich die Schützer in der Regel angestrengt, die Gefühle unten zu halten, indem sie uns etwa die Kehle zuschnüren. Gelingt ihnen das, ist die Gefühlsaufwallung oft so schnell, wie sie aufschien, wieder verschwunden. Ist der verletzliche Teil in seinem Kummer aber zu stark aktiviert und überflutet er die Person mit seinen Gefühlen, erleben die Schützer das als gefährlich und reagieren mit harscher Kritik. Innerlich hören wir dann vielleicht Botschaften wie: »Du bist ein solches Baby«,

»Wie kann man sich nur so gehen lassen«, »Du bist so peinlich« oder »Ich hasse mich, wenn ich mich so verhalte«.

Wenn viele unserer empfindsamen Teile mit ihren schmerzhaften Gefühlen und Überzeugungen, etwa wertlos oder nicht liebenswert zu sein, vor unserer bewussten Wahrnehmung verborgen werden, hat das für die menschliche Psyche einen großen Vorteil: Es wird möglich, trotz schlimmer Erfahrungen klarzukommen und sich ein Leben aufzubauen, ohne ständig von alten Gefühlen überwältigt zu werden. Es ist also ein sinnvoller Weg zur Emotionsregulation. Der führt allerdings auch oft dazu, dass die verbannten Teile vergessen werden, allein bleiben und keine Chance auf Heilung oder Veränderung bekommen. Menschen sagen dann vielleicht: »Ach, das ist doch lange vorbei. So schlimm war das ja alles gar nicht. Man muss das einfach hinter sich lassen.« Oder: »Ich erinnere mich gar nicht mehr richtig an meine Kindheit.« Und das stimmt ja auch, wenn die Manager sicherstellen, dass keine schmerzlichen Erinnerungen zugänglich sind.

Wenn unsere empfindsamen, verletzten Teile nach einer schlimmen Erfahrung aus unserem Bewusstsein verbannt werden, erleben sie auf diese Weise jedoch nach der seelischen Verletzung, die sie erleiden mussten, auch noch, dass sie alleingelassen und ins Exil geschickt werden. Statt Hilfe zu bekommen, landen sie in der Verbannung.

Sorgen die Manager dafür, dass die verbannten Teile und ihr Schmerz weitgehend außerhalb des Bewusstseins bleiben, verschließt sich für uns mehr und mehr der Zugang zu den Qualitäten, die die ursprüngliche Natur unserer empfindsamen Teile darstellen: Verspieltheit, kindliche Unschuld, Vertrauen, Kreativität, Unbefangenheit sowie die Fähigkeit zu Nähe und Verbundenheit. Das Leben fühlt sich dann oft trocken und erstarrt an, und es fällt schwer, eine nahe und tiefe Verbindung mit jemandem einzugehen. Auch wenn wir den Eindruck haben, nicht authentisch zu sein, liegt das oft daran, dass Teile von uns in der Verbannung gelandet sind und ihre besonderen Gaben und Talente nicht in die Gesamtpersönlichkeit einbringen können. Wir leben dann viel von dem nicht, was eigentlich in uns angelegt wäre.

Natürlich sind aber nicht alle empfindsamen Teile jedes Menschen aus seinem Bewusstsein verbannt. Wenn wir uns sicher fühlen, können unsere Manager entspannen, und dann kommen oft auch unsere verspielten, kindlichen Teile zum Vorschein. Das ist auch der Grund dafür, warum wir häufig mit kleinen Kindern oder manchen Tieren so freudig und ausgelassen sind. Wir fühlen uns mit ihnen sicher und haben (zumindest, wenn wir uns unbeobachtet fühlen) keine Angst davor, uns zum Narren zu machen. Und vielleicht kennen Sie auch die Erfahrung, jemand zu treffen, mit dem Sie vom allerersten Moment an ganz entspannt und locker waren oder so, als würden Sie sich schon ewig kennen? Das könnte damit zusammenhängen, dass Ihre kindlichen Teile die kindlichen Teile Ihres Gegenübers erkannt und spontan gemocht haben.

Wenn unsere empfindsamen Teile über die Jahre immer mehr Verletzungen in sich anhäufen, erscheinen sie sich selbst und anderen Teilen in uns irgendwann als hoffnungslos, tief verletzt und unglücklich. Im schlimmsten Fall können sie einen Menschen in der Überzeugung absoluter Wertlosigkeit gefangen halten. In Krisenzeiten, etwa wenn wir durch eine Krankheit oder einen Verlust aus der Balance geraten und die Manager nicht mehr in der Lage sind, die Kontrolle aufrechtzuerhalten, können verbannte Teile immer verzweifelter werden in ihren Versuchen, Hilfe und Zuwendung zu bekommen und gehört zu werden.

Je mehr Heilung unsere empfindsamen Teile erfahren und ihre alten Lasten und Überzeugungen ablegen können, desto mehr bereichern sie uns wieder mit ihrer Lebendigkeit. Im besten Fall erfüllen sie unser Leben mit kindlichem Staunen angesichts des ersten Schmetterlings im Frühling und mit der Fähigkeit, anderen nah, ganz unverstellt und in der Gegenwart zu sein.

Manager und Feuerbekämpfer in Aktion

Eine wichtige Aufgabe der Manager ist es also, durch vorausschauendes Verhalten zu verhindern, dass die Schmerzen der verletzlichen Teile getriggert werden (vom englischen Wort *to trigger* = auslösen). Helfen ihre Strategien nicht (mehr) oder fühlt sich der aufkommende Schmerz für das System zu intensiv an, übernehmen die Feuerbekämpfer. Das kann sich dann so auswirken wie in diesem Beispiel meines Freundes Stefan. Er erzählte mir davon, wie schlimm es für ihn ist, wenn er sich mit seiner Frau streitet.

»Am Anfang der Auseinandersetzung versuche ich immer noch, mich zusammenzureißen und ruhig zu bleiben. Aber je länger es geht, desto ungeduldiger werde ich, und irgendwann schießt es richtig aus mir heraus. Ich reagiere dann total heftig, schreie sie an oder werfe ihr verletzende Worte an den Kopf. Ich liebe sie doch und will überhaupt nicht so mit ihr reden! Außerdem sollte gerade mir das nicht passieren, wo ich selber in meiner Abteilung so darauf zu achten versuche, dass wir eine vernünftige Gesprächskultur haben. Auch meine Kinder schimpfe ich, wenn sie gemeine Worte gebrauchen. Und dann mache ich es selber! Das ist überhaupt nicht, was ich will! Dann bin ich total ärgerlich auf mich selbst, weil ich wieder so unbeherrscht war. Ich kann mir manchmal selbst nicht mehr in die Augen schauen.«

Stefan versteht sich in diesen Situationen selbst nicht. Betrachten wir die Sache jedoch aus der Perspektive von Managern, verletzlichen Teilen und Feuerbekämpfern, wird es nachvollziehbarer.

Stefan hat Manager, denen ein gutes Miteinander wichtig ist. Sie achten auf angemessene Kommunikationsformen, wollen Streit vermeiden und dafür sorgen, dass Stefan ruhig und vernünftig bleibt. Doch in bestimmten Gesprächen mit seiner Frau werden offensichtlich verletzliche Teile in Stefan getriggert. Dann fühlt er sich kritisiert, herabgesetzt oder eines Fehlers bezichtigt, und das tut ihm so weh, dass ein wütender Feuerbekämpfer hochschießt, um das, was sich in Stefan so verletzlich anfühlt, zu verteidigen und abzuschirmen. Eine Zeit lang schaffen es die Manager noch mühsam, den Feuerbekämpfer mit ihren Ermahnungen zu Vernunft und Gelassenheit in Zaum zu halten, aber dann wird der Schmerz der verletzlichen Teile zu groß, und der wütende Schützer übernimmt die Regie.

Dabei korrespondiert der Schmerz in der Regel nicht so sehr mit der aktuellen Situation, sondern rührt an ältere Erfahrungen. Deshalb erscheint die Reaktion von außen gesehen auch oft übertrieben. Denken Sie daran, dass die verletzlichen Teile in uns die Erinnerungen, schmerzlichen Gefühle, beschämten Gedanken und Überzeugungen tragen, die aus alten Erlebnissen stammen: sich nicht liebenswert zu fühlen, ausgestoßen oder nicht gewollt zu sein, sich als wertlos, unfähig oder ohnmächtig zu erleben. Kurz gesagt: in innerer Not allein zu sein. Wenn es den Managern nicht gelingt, diese Gefühle durch ihre Anstrengungen im Vorfeld aus unserem Erleben fernzuhalten, greifen die Feuerbekämpfer ein. Und das tun sie, weil es eben ein Notfall ist, heftig und mit den ihnen zur Verfügung stehenden Mitteln. Es ist also überhaupt kein Widerspruch, dass Stefan seine Frau aus tiefstem Herzen liebt und ihr gegenüber dennoch manchmal so abwertende Worte benutzt.

Am Ende eines solchen Streits stürmen die Feuerbekämpfer mit Stefan aus dem Zimmer, greifen sich eine Tafel Schokolade und betäuben die aufgewühlten Gefühle der verletzlichen Teile mit Süßigkeiten und ein paar Runden Videospielen. Und anschließend? Wenn sich der Sturm gelegt hat, machen die Manager Stefan schwere Vorwürfe für das Verhalten der Feuerbekämpfer: was er für ein schlechter Ehemann ist und wie verlogen seine angeblich so hehren Vorsätze zu gewaltfreier

Kommunikation sind. Die Feuerbekämpfer begehren innerlich noch einmal auf, dass seine Frau schließlich angefangen hätte und er völlig im Recht sei, aber der innere Kritiker packt noch eins drauf und legt Stefan fein säuberlich dar, an wie vielen anderen Stellen er sich nicht im Griff hat und dass er sich nicht mal bei den Süßigkeiten beherrschen kann. Dann schämen sich die verletzlichen Teile in Stefan so, dass er sich stundenlang vor dem Computer verkriecht und sich vor lauter Scham nicht einmal bei seiner Frau entschuldigen kann.

Feuerbekämpfer: Impulsive Schützer für schnelle Erleichterung

Am Beispiel von Stefan sieht man einen der typischen Aspekte der Feuerbekämpfer: Sie tauchen plötzlich auf und bringen uns dazu, impulsiv zu reagieren. Wir sagen dann: »Da habe ich die Beherrschung verloren.« Es sind die Manager, die die Beherrschung *aufrechterhalten* wollen. Doch wenn es in uns »brennt« – wenn der Schmerz der verletzlichen Teile auflodert –, dann durchbrechen die Feuerbekämpfer diese Beherrschung, um den Brand zu löschen. Und so wie ein Feuerwehrmann in einem brennenden Haus keine Rücksicht auf die Tür nimmt, die er mit einer Axt einschlägt, um die Menschen in der dahinterliegenden Wohnung zu retten, so kümmern sich auch die Feuerbekämpfer in uns wenig darum, ob ihre Strategien Kollateralschäden verursachen.

Feuerbekämpfer und Manager haben grundsätzlich dasselbe Ziel, nämlich uns zu schützen. Während Manager das oft über strategisches, kontrollierendes Verhalten versuchen, haben Feuerbekämpfer eine ganz andere Herangehensweise. Sie denken nicht langfristig, sondern suchen nach einer schnell wirksamen Erleichterung, wenn es unangenehm wird oder bedrohliche Gefühle auftauchen.

Wie bei allen Persönlichkeitsanteilen treten auch Feuerbekämpfer in Abstufungen von mild bis extrem auf. Im besten Fall sorgen Feuerbekämpfer dafür, dass wir Dinge nicht zu ernst sehen, auch mal alle fünfe gerade sein lassen und Spaß im Leben haben. Sie wollen uns Druck vom Leib halten, helfen uns bei der Abgrenzung und Selbstverteidigung und sorgen für Entspannung, wenn es eng wird. Dann essen wir zum Trost die ganze Packung Eiscreme aus dem Tiefkühlfach oder bestellen uns ein paar neue Schuhe, um uns wieder besser zu fühlen. Leider schaffen aber manche Feuerbekämpfer-Strategien, die dazu da sind, die Gefühle der verletzlichen Teile abzuwehren, weit mehr Schwierigkeiten, als sie lösen. Ein paar Stückchen Schokolade oder ein Glas Wein, die trösten, wenn man traurig ist, sind ja völlig unproblematisch. Wenn auf diese Weise aber immer mehr Schmerz abgehalten werden soll, kann ein Teufelskreis entstehen. Im schlimmsten Fall ertränken oder begraben Feuerbekämpfer unangenehme Gefühle durch betäubendes Verhalten, etwa mit Alkohol, Drogen oder Essen. Alle Formen von Ablenkung, Fernsehen, Computerspiele, Sex, Arbeit oder Shoppen können auf diese Weise genutzt werden.

Das folgende Beispiel einer meiner Klientinnen zeigt, wie es passieren kann, dass man immer wieder in ein Verhalten hineinrutscht, mit dem man selbst unzufrieden ist – und wie durch den Kontakt mit den eigenen inneren Anteilen eine Veränderung in Gang gesetzt werden kann.

Wenn Verena von der Arbeit nach Hause kommt, geht oft der erste Griff in die Süßigkeitenschublade. Mit Keksen oder Schokolade legt sie sich auf die Couch, um ein bisschen runterzukommen. Oft schaltet sie dazu noch den Fernseher an. Nicht selten ist der Abend dann jedoch gelaufen, denn irgendwann kann sie sich zu etwas anderem nicht mehr aufraffen. Das Urteil in ihrem Kopf, wenn sie schließlich ins Bett geht, ist harsch: »Wieder mal nichts geschafft als fressen und glotzen.«

Ich schlage ihr vor, folgende Hypothese aufzustellen: Das, was sie dazu bringt, sich mit Schokolade und Fernbedienung auf die Couch zu legen, könnte ein Teil sein – und dieser hätte eine gute Absicht. Wofür möchte der Teil wohl sorgen? Wir bitten den kritischen Manager, der in Verenas Kopf normalerweise scharfe Urteile in Bezug auf dieses Verhalten austeilt, sich etwas zurückzuhalten.

Als Verena sich auf den Couch-und-Süßigkeiten-Teil konzentriert, sieht sie ein kleines wuscheliges Wesen vor ihrem inneren Auge, für das ihr spontan der Name Fuchor einfällt. Er ist anfangs darüber erschrocken, bemerkt zu werden, denn eigentlich will er lieber unterhalb des Radars bleiben – damit er nicht gleich wieder geschimpft wird. Das kennt er schließlich schon. Als Verena ihm versichert, dass sie ihn bloß näher kennenlernen will, wird klar, dass Verena erstens meist sehr erschöpft ist, wenn sie zu Hause ankommt. Fuchor möchte ihr dann etwas Gutes tun – sie soll sich ausruhen dürfen und nach dem eng durchgetakteten Berufsalltag Leichtigkeit erleben. Außerdem gibt es da oft eine unterschwellige Traurigkeit, denn Verena betritt eine leere Wohnung, in der niemand auf sie wartet. Bevor sie die Gefühle von verletzlichen Teilen in ihr, die sich eine Beziehung wünschen, aber richtig spüren kann, hilft Fuchor, indem er sie mit Schokolade tröstet. Wenn es schon so wenig emotionale Süße in ihrem Leben gibt, soll sie wenigstens auf diese Weise etwas Süßes bekommen.

Fuchor erzählt das ganz unbedarft. Als Verena ihn fragt, ob ihm denn klar sei, dass sie am Ende eines solchen Abends oft unzufrieden ist, ist er überrascht. Das war ihm tatsächlich nicht bewusst. Eher war sein Eindruck, er müsse sie gegen die Strenge des Kritikers verteidigen, der, wie Fuchor findet, »dir nie was gönnt«.

Verena ist berührt, als sie diese Zusammenhänge besser versteht. Der Anteil in sich, den sie Fuchor nennt, hat nicht so viel mit Gier oder Undiszipliniertheit zu tun, sondern eher mit einem nachvollziehbaren Wunsch, Wohlbefinden in ihr Leben zu bringen. Fuchor nickt enthusiastisch, als sie das so formuliert, und ist erleichtert, dass jemand versteht, was seine Absicht ist.

Von nun an kann Verena zusammen mit ihm überlegen, ob es auch Alternativen gibt, die zu Wohlgefühl führen, mit denen sie aber am Ende des Abends zufriedener ist. Wenn sie sich beispielsweise bewusst mit einer Freundin verabredet, um tanzen zu gehen, dann haben die Anteile in ihr etwas davon, die sich nach Kontakt und Verbundenheit sehnen, der kritische Teil muss nicht mehr schimpfen, dass der Abend sinnlos auf der Couch verplempert sei, und Fuchor ist zufrieden, weil es Leichtigkeit gibt und Verena Spaß hat. So können die Bedürfnisse ganz unterschiedlicher Persönlichkeitsanteile zu ihrem Recht kommen, und es entstehen mehr Gefühle von Stimmigkeit und innerer Balance.

ÜBUNG: Einen Feuerbekämpfer entdecken

Kennen Sie Feuerbekämpfer in Ihrer WG? Betrachten Sie einmal Ihr eigenes Verhalten: Gibt es etwas, was Sie tun, um sich zu beruhigen, zu trösten, abzulenken oder Dampf abzulassen, wenn Sie gestresst sind oder Ihnen alles zu viel wird?

Angenommen, dieses Verhalten wäre Ausdruck eines Feuerbekämpfers. Können Sie dann sehen, dass er Ihnen dadurch helfen will – selbst wenn seine Strategie auf lange Sicht mitunter mehr schadet als nützt?

Möglicherweise verwahrt sich ein Manager in Ihnen gegen diesen Gedanken und erklärt in Ihrem Kopf empört, was falsch oder unangemessen an dem ist, was der Feuerbekämpfer tut. Und vermutlich ist da auch etwas dran – denn die Art und Weise, *wie* Feuerbekämpfer für unsere Bedürfnisse zu sorgen versuchen, sind oft nicht gerade ideal. Aber wenn man anfängt, sie näher kennenzulernen, wird deutlich, dass sie eine gute Absicht haben. Gemeinsam könnte man dann herausfinden, ob es vielleicht günstigere Strategien gibt, um dasselbe Ziel zu erreichen. (In den Praxiskapiteln 4 und 5 finden Sie weitere Übungen dazu.)

Wenn Feuerbekämpfer extrem werden

Während viele Feuerbekämpfer lediglich unangenehme Nebenwirkungen haben, können sie uns im schlimmsten Fall dazu bringen, extreme Dinge zu tun, um inneren Schmerz abzuwehren: Dann geht jemand auf andere los, wird sprachlich oder körperlich gewalttätig, verspielt sein ganzes Geld an einem Glücksspiel-Automaten oder richtet in dem Versuch, Druck abzubauen, sogar Aggression gegen sich selbst, wie es Menschen tun, die sich selbst schneiden oder ritzen. Bei all diesen Verhalten ist es nicht das eigentliche Ziel der Feuerbekämpfer, der Person oder anderen Menschen zu schaden. Vielmehr ist es der Versuch, den emotionalen Schmerz der verletzlichen Teile zu minimieren.

Erinnern Sie sich an den Anfang des Kapitels und die Erfahrungen von Richard Schwartz mit seinen Patientinnen, die an Bulimie erkrankt waren? Wenn etwas Schwieriges in ihrem Leben passierte, kamen die schmerzlichen Gefühle verletzter Teile hoch, was gleichzeitig Manager wie zum Beispiel den inneren Kritiker auf den Plan rief, der sich bemühte, sie durch Selbstkritik zur Räson zu bringen. Dadurch wurden die verletzten Teile noch verzweifelter und daraufhin die Manager noch harscher. Der darauffolgende Essanfall ist ein typischer Feuerbekämpfer-Versuch, dieses schmerzliche Pingpong zu beenden. Das funktioniert auch – aber leider nur sehr kurzzeitig. Denn sobald die Erleichterung verflogen ist, kehrt der kritische Teil mit neuer Schärfe zurück.

Fallbeispiel: Migräne als radikaler Lösungsversuch

Manchmal haben auch körperliche Symptomatiken mit den Lösungsversuchen von Feuerbekämpfern zu tun. Meine Klientin Anne leidet schon seit ihrer Jugend unter Migräneanfällen. Die Veranlagung dazu scheint durch die Familie zu laufen, auch beide Eltern werden immer wieder von heftigen Kopfschmerzattacken heimgesucht. Nachdem selbst der Aufenthalt in einer Schmerzklinik nichts Wesentliches verändert hat und Anne mehrmals im Monat durch die Migräneanfälle außer Gefecht gesetzt wird, macht sie einen Versuch mit IFS.

Ich bitte sie, mit der Migräne Kontakt aufzunehmen, als wäre sie ein eigenständiges Wesen. Wie fühlt es sich an, wenn sie da ist? Anne erlebt sie wie einen Kobold, der in ihrem Kopf ein Höllenfeuer schmiedet. Sie findet den Namen Gremlin dafür. Ich bitte sie, Gremlin zu fragen, was geschehen würde, wenn er seine Schmiedearbeit nicht ausführt – denn ich nehme an, er hat einen guten Grund für das, was er da tut. Gremlin ist zu Beginn wenig gesprächig. Mit der Zeit, als es uns jedoch gelingt, etwas Vertrauen aufzubauen, sagt er: »Wenn ich nicht komme, macht der Pusher wieder, was er will.«

Der Pusher ist ein Manager in Anne. Sie ist beruflich sehr eingespannt und am liebsten auf Achse. Ständig neue Projekte halten sie enorm beschäftigt, und wie es scheint, ist Gremlin damit nicht einverstanden: »Wenn der so weitermacht, landen wir noch im Burn-out!«, meint er. Es haben offenbar mindestens zwei Teile mit der Migräne zu tun: Gremlin und der Pusher. Also ist es nötig, sie beide besser kennenzulernen, und so kommen wir nach und nach ihrer Entstehungsgeschichte auf die Spur – und dem, was diese beiden Schützer in Anne zu tun versuchen.

Anne war in ihrer Familie von klein auf das schwarze Schaf: ungebärdig, wild und überhaupt nicht so, wie sich ihre Eltern ein Mädchen vorstellten. Neben ihren »braven« Geschwistern fiel sie immer aus dem Rahmen. Sie passte nicht dazu und fühlte sich stets wie eine unwillkom-

mene Außenseiterin. Das änderte sich in der Schulzeit. Zu ihrer eigenen Überraschung wie auch der ihrer Eltern fielen ihr gerade die naturwissenschaftlichen Fächer sehr leicht. Endlich gab es etwas, was Anne konnte, worin sie gut war! Gute Noten brachten ihr die so schmerzlich vermisste Anerkennung der Eltern ein. So entwickelte sich ein Teil in Anne, der sie beständig antrieb, mehr und mehr zu leisten: der Pusher. Und der Pusher kannte keine Kompromisse. Eine Zwei reichte nicht, es musste eine Eins sein. Mit einer Zwei konnte man bei Annes Eltern nicht punkten. Auch im Leichtathletikverein brachte Anne es mithilfe des Pushers bis zur Wettkampfreife – und als sie vor lauter innerem Druck einen Qualifikationswettkampf verpatzte, war das für die Zwölfjährige eine Katastrophe.

In Annes innerer Welt gab es zu diesem Zeitpunkt keine andere vorstellbare Möglichkeit für Wertschätzung und Gesehenwerden als Leistung und Erfolg. Und auch wenn die erwachsene Anne das heute durchaus differenzierter sieht: In ihr existiert noch immer das junge Mädchen, für das Versagen Schmach und Schande bedeutet. Dieser verlorene Wettkampf, auf den sie monatelang trainiert hatte, um in den Augen ihrer Familie, ihres Trainers und der Teamkolleginnen ihren Wert unter Beweis zu stellen, war eine zutiefst prägende Erfahrung. Trotz all seiner Anstrengungen hatte der pushende Teil in ihr es nicht geschafft, ihr das sehnlichst erhoffte Erfolgserlebnis zu verschaffen. Die verletzlichen Anteile in Anne schämten sich in Grund und Boden. Nun war für alle sichtbar, dass sie doch ein Niemand war, nichts wert, eine Versagerin … Wie unendlich peinlich, dass sie sich Hoffnungen auf den Sieg gemacht hatte! All diese Gefühle von Scham, Ohnmacht und Wertlosigkeit überschwemmten Anne damals. Und diese Zwölfjährige lebt, gleichsam in der Zeit eingefroren und aus Annes bewusster Wahrnehmung verbannt, noch immer in diesem Zustand verzweifelter Schmach und Einsamkeit.

Sich jemandem anzuvertrauen und sich damit womöglich noch verletzlicher zu machen, war für Anne damals keine Option. Die Manager in ihr drückten daher die Gefühle beiseite und brachten Anne dazu, sich eben noch mehr anzustrengen. Vermutlich lag es an dieser Mischung aus unverarbeitetem, ungesehenem Schmerz, fehlender Unterstützung und ständigem Leistungsdruck, die irgendwann so heftig wurde, dass Anne ihren ersten schlimmen Migräneanfall bekam.

Als wir den Gremlin dazu befragen, antwortet er, dass er seither versucht, dem Druck etwas entgegenzusetzen und auf die Überforderung aufmerksam zu machen, dabei aber kein Gehör findet. Stattdessen würde man versuchen, ihn mit Medikamenten ruhigzustellen, während er sich anstrengt, die Leistungsantreiber in Anne zu bremsen. Diese Spirale eskalierte mit den Jahren immer heftiger. Der Preis ist hoch – Anne ist zwar beruflich sehr erfolgreich, aber während der Migräneattacken manchmal Tage am Stück ausgeknockt und nur mehr in der Lage, in einem abgedunkelten Zimmer darauf zu warten, dass die Schmerzblitze endlich nachlassen. Doch aus Sicht des Gremlins ist das die einzige Möglichkeit, Anne dazu zu bringen, einmal Ruhe zu geben.

In unseren Sitzungen unterstütze ich Anne dabei, sich von einem Zustand von Selbst-Energie aus ihren Teilen zuzuwenden und allen mit Respekt und Mitgefühl zuzuhören. Der Pusher ebenso wie der Gremlin versuchen, die verletzlichen, einsamen Teile in Anne zu schützen, die sich wertlos und ungeliebt fühlen – allerdings mit komplett gegensätzlichen Mitteln. Der Pusher will Anne »besser« machen, damit sie Anerkennung bekommt. Und der Gremlin bemüht sich, den Pusher zu bremsen, damit er Anne nicht bis in die totale Erschöpfung treibt. Entscheidend ist, beide dafür anzuerkennen, dass sie ihr Bestes geben, um Anne zu helfen. Und die Zwölfjährige in Anne braucht Trost und das Verständnis, das sie damals so schmerzlich vermisst hat. Dann lässt sich der Teufelskreis unterbrechen.

Am Ende dieser Sitzung ist der Gremlin grummelig. Er bringt deutlich seine Skepsis zum Ausdruck, ob all dieses gefühlsduselige Zeug etwas nützt. Doch bei unserem nächsten Termin einige Wochen später erzählt Anne, dass sie seither jeden Tag Kontakt zum Gremlin aufgenommen hat, um zu hören, wie es ihm geht. Er grummelt nach *wie vor oft und zeigt sich unzufrieden, weil er findet, dass Anne sich immer noch zu viel auflädt. Manchmal tauchen weiterhin Anflüge von Migräne auf, aber bislang keine mehr so stark, dass Medikamente nötig gewesen wären. Anne sagt: »Ich will nicht behaupten, dass ich jetzt nie mehr heftig Migräne bekomme. Es fühlt sich schon noch ziemlich instabil an. Aber es ist total erstaunlich. Ich hatte Migräne seit meiner Jugendzeit. Ich habe das immer als mein Schicksal angesehen, meine Mutter hatte das ja auch. Entweder man drückt es mit immer stärkeren Medikamenten weg oder muss es eben aushalten, wenn wieder eine Attacke kommt. Ich hatte schon alles ausprobiert wie Schmerztagebuch und so weiter. Aber ich habe mich meiner Migräne vorher nie zugewendet. Jetzt spreche ich mit dem Gremlin und versuche, seine Perspektive mit einzubeziehen, damit er nicht mehr so radikale Maßnahmen ergreifen muss.«*

Mit diesem Fallbeispiel will ich weder andeuten, dass alle körperlichen Symptomatiken auf psychische Ursachen zurückzuführen sind, noch dass Migräne immer mit einer solchen inneren Dynamik zu tun hat. Sie kann völlig andere Ursachen haben. Außerdem kommt immer eine Vielzahl von Umständen zusammen, wenn wir seelische oder körperliche Beschwerden entwickeln. Bei einer anders gelagerten erblichen Disposition oder körperlichen Konstitution wäre bei Anne vielleicht auch statt Migräne eine Gastritis entstanden. Oder ihre Feuerbekämpfer hätten gänzlich andere Wege gefunden, um die Notbremse zu ziehen.

Doch gerade wenn medizinische Ansätze nicht weiterhelfen, kann es sinnvoll sein, sich körperlichen Schwierigkeiten auf eine ungewohnte Weise zuzuwenden: interessiert, offen und mit der Frage, ob die Symptome nicht möglicherweise einem Lösungsversuch entspringen, der aus dem Ruder gelaufen ist.

Suchtverhalten als Versuch, Schmerz zu verringern oder Druck abzubauen

Ob körperliche Problematiken, behandlungsresistente, sich wiederholende Symptome oder selbstschädigendes, destruktives Verhalten: In jedem Fall ist es gut, sich daran zu erinnern, dass all dies von Feuerbekämpfern ausgehen kann. Der Ursprung liegt oft in einem verständlichen Ausweichversuch. So viele der Verhaltensweisen, für die wir uns schämen, sind eigentlich Strategien von Feuerbekämpfern, die für Erleichterung, Ablenkung oder den Abbau von Spannung sorgen wollen, um verletzliche Teile zu beruhigen: essen oder trinken, um sich selbst zu trösten; sich aus unangenehmen Gefühlen herausbewegen durch exzessives Spielen am Computer, Sport, Internetsurfen oder Masturbieren; Nägelkauen, Skin Picking oder sogar sich selbst ritzen zur Spannungsabfuhr ... All das, was sich über die Zeit zu einem hartnäckigen, dysfunktionalen Verhaltensmuster verfestigt, beginnt als anfänglich hilfreicher Ausweg aus einer schwierigen Situation, der in vielen Fällen unproblematisch wäre, wenn man ihn nur gelegentlich einsetzt. Weil die verletzlichen Teile, die dadurch beruhigt oder aus dem Bewusstsein herausgehalten werden sollen, auf diese Weise aber keine wirkliche Beachtung und Unterstützung finden, drängen sie immer wieder nach oben und müssen daher oft mit noch höheren »Dosen« der Abwehrmaßnahme betäubt werden.

Aus der Teile-Perspektive ist Suchtverhalten ein Teufelskreis, in dem zwei (oder noch mehr) polarisierte Schützer mit extremen und gegensätzlichen Mitteln versuchen, das System vor der Überflutung durch die emotionale Not verletzlicher Teile zu bewahren. Wenn wir sie aus dieser Perspektive betrachten und versuchen zu verstehen, was die Feuerbekämpfer beitragen wollen, statt uns oder eine andere Person für solches Verhalten zu verurteilen, ergeben sich ganz neue Ansätze für Veränderung und Entwicklung. Weil viele Gegenmaßnahmen und auch manche therapeutischen Interventionen jedoch nicht anerkennen, dass das Suchtverhalten, wie etwa unkontrolliert zu essen und dann zu erbrechen, eigentlich ein Versuch zur Problemlösung ist, bleiben sie nicht selten wirkungslos oder lassen die Symptome noch weiter eskalieren.

Mit Logik oder Willensstärke kommt man nicht gegen Feuerbekämpfer an. Es ist stattdessen nötig, ihnen mit Interesse und Respekt zu begegnen, um sie wirklich in der Tiefe zu verstehen. Wenn man schließlich ihr Verhalten im Kontext der ursprünglichen prägenden Erfahrungen sehen kann, wird sich der Sinn auch noch so widersinnig scheinenden Verhaltens offenbaren. Weil jedoch ihre Strategien häufig so frustrierend, für andere schmerzhaft oder sogar beängstigend sind, ist das alleine oft schwer. Um einen Kontakt zu extremen Schützern aufzubauen, der nachhaltige Veränderungen ermöglicht, braucht es in der Regel einen erfahrenen Therapeuten, der die Sprache der Teile versteht.[20]

Die Erscheinungsform ist nicht das Wesen

Wie auch bei verletzten Teilen und Managern ist es wichtig, sich klarzumachen, dass eine maladaptive, also ungünstig angepasste Verhaltensweise, die ein Feuerbekämpfer an den Tag legt, nicht sein eigentliches Wesen darstellt. Es ist schlicht und ergreifend ein Anpassungsversuch, der irgendwann einmal hilfreich war, inzwischen aber leider mehr Probleme schafft, als er lindert. Weil das Verhalten jedoch im ersten Augenblick nach wie vor wirkt, verfestigt es sich oft immer weiter: Auch wenn der Chirurg weiß, dass es problematisch ist, wenn er seine zitternden Hände vor der OP mit einem Schnaps beruhigen muss, fühlt er sich dadurch eben im Moment gelassener. Innerer oder äußerer Widerstand oder Versuche, das Verhalten zu unterbinden, können die Dynamik dann noch weiter eskalieren lassen. In einer Begegnung mit einem Feuerbekämpfer ist das Ziel daher nicht, ihn loszuwerden, sondern ihn von der ungünstigen Rolle zu befreien, in die er sich verstrickt hat.

Ähnlich wie bei unseren empfindsamen oder verletzlichen Teilen ist auch die ursprüngliche Qualität unserer Feuerbekämpfer lebendig, spontan und sehr präsent im Hier und Jetzt. Wenn sie nicht in selbstschädigenden Mustern gefangen sind, können gut integrierte Feuerbekämpfer Frische, Leidenschaft, Genussfähigkeit, einen guten Sinn für Gerechtigkeit oder Abenteuerlust in die Persönlichkeit einbringen: die richtige Würze.

ÜBUNG: Ein neuer Blick auf die WG

Nachdem Sie nun die drei Arten innerer Anteile – Feuerbekämpfer, Manager und verletzliche Teile – etwas näher kennengelernt haben, sind Sie vielleicht neugierig, wie es sich da in Bezug auf Ihre eigene WG verhält.

- Betrachten Sie noch einmal Ihre Teile-Landkarte (oder fertigen Sie ggf. eine an). Welche Teile würden Sie welcher Gruppe zuordnen?
- Können Sie bei manchen ahnen oder wissen vielleicht schon, aufgrund welcher Umstände sich schützende Anteile so entwickelt haben, ja, entwickeln mussten?
- Geraten bestimmte Teile oft miteinander in Konflikt? Beispielsweise solche, die Sie antreiben, etwas zu erreichen, und solche, die Ihnen mehr Freiraum verschaffen wollen und dann Dinge aufschieben? Teile, die gesünder leben wollen, und Teile, die sich nach Entspannung oder Genuss sehnen? Teile, die etwas

Neues ausprobieren wollen, und solche, die sich vor Veränderung scheuen?
- Ist Ihre WG mit Blick auf die schützenden Teile eher von Managern oder eher von Feuerbekämpfern geprägt? (Zur Erinnerung: Manager haben oft vorausschauende, kontrollierende oder planende Qualitäten, während Feuerbekämpfer eher impulsiv, momentgeprägt und mit wenig Rücksicht auf die Folgen handeln.)
- Oder halten sie sich in Ihrem inneren System in etwa die Waage?

Es ist übrigens nicht entscheidend, dass Sie im Alltag Manager und Feuerbekämpfer auseinanderhalten können. Beide sind Schützer. Sie verwenden im Versuch, Sie zu schützen, nur unterschiedliche Strategien.

Vielleicht können Sie mittlerweile auch mit ein wenig mehr Verständnis auf sich und Ihre Teile schauen? Es wird im Verlaufe der kommenden Kapitel noch mehr Gelegenheit geben, Kontakt aufzunehmen und etwas über die Entwicklungsgeschichte mancher Ihrer Anteile zu erfahren. Auf diese Weise werden sehr wahrscheinlich auch Mitgefühl, Akzeptanz, vielleicht sogar Respekt wachsen. Und auch Trauer darüber, dass sich Dinge so und nicht anders entwickelt haben, kann auftauchen. Wenn davon jetzt schon etwas spürbar wird, überspringen Sie diese Erfahrungen nicht. Sie gehören dazu, wenn Sie sich wünschen, dass das Zusammenleben in Ihrer WG langfristig harmonischer wird. Versuchen Sie, solche Gefühle möglichst liebevoll und selbstfürsorglich anzunehmen.

Wenn Sie schon einige Ihrer schützenden und beschützten Teile entdeckt haben, wurde Ihnen angesichts der Beispiele im Buch vermutlich auch schon manches darüber bewusst, wie sich Ihre Teile aufgrund Ihrer eigenen Geschichte entwickelt haben. Normalerweise sehen wir die Teile in uns, die wir nicht so gern mögen, *aus den Augen anderer Teile*: Dann schauen wir beispielsweise aus dem Blickwinkel der Manager auf unsere verletzlichen Teile oder auf die Feuerbekämpfer und schämen uns für ihre Gefühle oder kritisieren ihr Verhalten. Wir schauen aus den Augen der Feuerbekämpfer auf unsere Manager und ärgern uns vielleicht über ihre Angepasstheit, ihren Kontrollwahn oder Perfektionismus. Wir schauen aus den Augen der verletzlichen Teile auf unsere Schützer und fürchten uns vielleicht vor ihrem Urteil oder ihrem harschen oder unberechenbaren Auftreten.

Was dann fehlt, ist eine übergeordnete Perspektive, aus der heraus wir einerseits Selbstakzeptanz, Mitgefühl und Wohlwollen für uns selbst entwickeln und andererseits den verstrickten Anteilen in uns helfen können, sich zu verändern. In IFS wird diese Perspektive Selbst genannt: der unzerstörbare Kern in jedem Menschen, dem das dritte Kapitel gewidmet ist.

ÜBUNG: Bei anderen sieht man manchmal mehr

Was uns bei uns selbst manchmal verborgen bleibt, können wir oft leichter bei anderen sehen. Es kann sehr erhellend sein, beispielsweise in Filmen, Romanen oder auch einfach im Alltag zu beobachten, wie sich in Stimmungswechseln anderer Menschen ihre unterschiedlichen Anteile zeigen. Betrachten Sie einmal Liebespaare auf der Leinwand, die in Streit geraten, aus diesem Blickwinkel: In einem Moment ist ein empfindsamer Teil sichtbar, der sich Nähe wünscht. Das Gesicht und die Stimme der Person sind weich und zärtlich. Doch wenn dieser Persönlichkeitsanteil zurückgewiesen wird, taucht sofort darauf ein anderer auf: Die Gemütslage der Person schlägt um, und von der Weichheit und Verletzlichkeit, die eben noch da waren, ist nichts mehr zu spüren. Um den empfindsamen Teil vor Beschämung zu bewahren, übernimmt ein Schützer die Regie. Dann kann man unterschiedliche Schutzstrategien beobachten: wütend zum Angriff übergehen, sich gekränkt zurückziehen, einen Witz machen, sich cool geben und so tun, als würde es einem nichts ausmachen etc.

Vielleicht verändert sich auch Ihr Blick auf das manchmal anstrengende Verhalten Ihres Partners, Ihres Sohnes oder Ihrer Kollegin, wenn Sie es als Versuch eines Schützers betrachten, der sein Bestes tut, um die Person vor Schmerz, Kummer oder Abwertung zu bewahren oder für ihre Bedürfnisse zu sorgen?

Grundprinzipien unserer WG

Walt Whitman, der große amerikanische Dichter, schrieb 1855 in seinem Gedicht »Song of Myself«: »Wie? Ich widerspreche mir selbst? Nun gut, ich widerspreche mir selbst. Ich bin weiträumig, enthalte Vielheit.«[21]

Mit der menschlichen Grundkonstante unserer psychischen Pluralität umgehen zu lernen ist ein Schlüssel für Lebenszufriedenheit.

Ebenso ermöglicht es uns, unsere Potenziale auszuschöpfen und uns als Mensch zu entwickeln und zu reifen. Wenn wir lernen, uns mit all unseren Persönlichkeitsanteilen anzufreunden, werden wir nämlich entdecken, dass Anteile, die wir bislang als extrem wahrnehmen, die uns aus dem Gleichgewicht bringen oder die wir loswerden wollen, auf erstaunliche Weise zu Verbündeten mit ganz eigenen Stärken und Qualitäten werden können.

Die Vielheit, von der Whitman schreibt und die wir selbst innerlich oft als so merkwürdig und unverständlich erleben, entwickelt sich weder zufällig noch chaotisch, auch wenn es auf den ersten Blick so aussehen mag. Das IFS-Modell beschreibt eine innere Logik und bestimmte Strukturprinzipien, die wir uns im Folgenden anschauen wollen.

Teile entstehen, um mit den Anforderungen des Lebens zurechtzukommen

Jeder von uns kommt mit Selbst-Energie und der Anlage für Teile auf die Welt – wobei es unterschiedliche Ansichten darüber gibt, ob manche Teile bereits bei der Geburt manifestiert sind oder ob sie grundsätzlich als Potenzial vorhanden sind, sich zu manifestieren, wenn es die Umstände erfordern.[22] Teile entstehen im Laufe unserer Entwicklung je nach Bedarf als Antwort auf unsere Lebensumstände. Während wir heranwachsen, übernimmt im Idealfall das Selbst (also der in uns angelegte grundlegende Seinszustand mit Qualitäten wie Klarheit, Mitgefühl, Zuversicht, Verbundenheit etc.) seine kompetente, weise Führungsrolle im System. Dann entwickeln die Teile immer mehr Vertrauen in die Weisheit des Selbst und können ihre Stärken und Ressourcen für die Gesamtpersönlichkeit einsetzen, sodass die innere WG sich in einem harmonischen und ausgeglichenen Zusammenspiel entfaltet.

Leider sind die Umstände unserer Kindheit allerdings oft nicht so, dass das Selbst in seine angemessene Führungsrolle für unser System hineinwachsen kann. Wir haben in den ersten Wochen, Monaten und Jahren unseres Lebens weder die körperlichen oder kognitiven Fähigkeiten noch die Erfahrung, die wir bräuchten, um uns vom Selbst aus gegen ungute Erfahrungen zu schützen oder uns um unsere Teile zu kümmern. Unser Selbst ist zwar von Anfang an vorhanden, befindet sich aber in einem verletzlichen Babykörper. Sind die Menschen in unserem frühen Umfeld überwiegend in ihrer eigenen Selbst-

Energie, dann machen wir weniger schmerzliche Erfahrungen, denen wir hilflos ausgesetzt sind, und wir haben ein gutes Vorbild, um unsere eigene Selbst-Energie zum Ausdruck zu bringen. Ansonsten werden durch schwierige Erfahrungen mehr und mehr unserer Teile belastet: Die einen geraten in Verbannung und die anderen in mehr oder minder extreme Schutzhaltungen, um das Gesamtsystem zu stabilisieren und zu schützen. Das Vertrauen in die eigene Selbst-Energie geht immer weiter verloren, und die Schützer rangeln um Einfluss auf unser Verhalten, um die Führungsposition auszufüllen. So entstehen wachsende innere Konflikte und Polarisierungen, Entfremdung und Ablehnung der Anteile untereinander. Ohne Selbst-Führung finden sie keine Anerkennung für ihre Bemühungen, sondern bekämpfen sich gegenseitig.[23]

Die schützenden Teile, also die Manager und Feuerbekämpfer, helfen uns, mit den Anforderungen unseres Umfelds umzugehen – zu Beginn sind das die Erwartungen und Umstände der familiären Umgebung, später auch von Kindergarten, der Schule, dem Freundeskreis, unserer beruflichen Umstände, unseren Beziehungen und generell der Gesellschaft und der Kultur, in der wir leben.

Die verletzlichen Teile oder unsere belasteten, oft verbannten inneren Kinder tragen die Gefühle, die in Momenten, die uns überfordert haben, nicht richtig verdaut werden konnten. Die Manager und Feuerbekämpfer versuchen dann, diese Teile aus dem Bewusstsein fernzuhalten – entweder damit sie nicht wieder verletzt werden oder damit sie uns nicht mit ihren schmerzlichen Gefühlen überschwemmen. Die Schützer haben also eine zentrale Rolle in unserer Emotionsregulation und sind damit Bestandteil eines grundsätzlich gesunden und sinnvollen psychischen Mechanismus, der aber, wie gezeigt, aus dem Ruder laufen kann.

Zwar können Teile auch im späteren Lebensalter entstehen,

doch die meisten Bewohner unserer WG formen sich im Baby-, Kleinkind- und Schulalter bis in die Jugendzeit. Sogar im Mutterleib bilden sich bereits erste Teile beziehungsweise Ansätze dafür. Denn natürlich hinterlässt die Erfahrung, ob wir etwa willkommen oder nicht willkommen sind, bereits im Embryo Spuren. Unsere psychische Entwicklung wird beeinflusst davon, ob wir (innerhalb oder auch später außerhalb des Mutterleibs) mit Liebe und Freude empfangen werden oder ob uns Angst, Überfordertsein oder Wut entgegenschlägt oder sogar der Wunsch, wir sollten am besten gar nicht da sein. Im Erwachsenenalter entstehen neue Teile oder neue extreme Verhaltensmuster bestehender Teile, wenn wir mit einer sehr herausfordernden Situation konfrontiert und nicht in der Lage sind, mit unseren vorhandenen Ressourcen damit umzugehen, beispielsweise durch eine Erfahrung wie Gemobbtwerden am Arbeitsplatz oder das Erleben von Gewalt. Mein Großvater etwa ging als lebensfroher junger Mann in den Krieg und kam als jemand zurück, den seine Frau kaum wiedererkannte.

Nicht alle Teile bereiten uns Schwierigkeiten oder haben extreme Rollen inne

Teile sind nicht immer oder grundsätzlich belastet. Hatten wir zum Beispiel Glück, was unsere schulische Entwicklung anging, haben wir vielleicht keinen inneren Antreiber entwickelt, der uns ständig vorwirft, nicht genug gelernt zu haben, sondern eher einen wissensdurstigen Teil, der sich freudig an die Bücher setzt. Manche Teile erfüllen ihre Aufgaben überwiegend entspannt und im Einklang mit der restlichen WG. Weil es dann weniger innere Konflikte gibt, treten diese Anteile auch nicht so deutlich sichtbar in Erscheinung. Wir sagen dann einfach: »Ach, das ist mir schon immer leichtgefallen.« Da wir mit diesen Teilen unserer Persönlichkeit in der Regel keine Probleme haben, ist von ihnen in diesem Buch seltener die Rede. Ich nehme an, Sie möchten ja vor allem wissen, wie Sie sinnvoll mit denjenigen Ihrer WG-Bewohner umgehen können, die Ihnen Schwierigkeiten bereiten.

Allerdings freuen sich auch unsere gut integrierten Teile, wenn wir sie nicht als gegeben hinnehmen, sondern ihnen auch einmal für all die wertvolle Arbeit, die sie für uns leisten, Anerkennung ausdrücken.

ÜBUNG: Wertschätzung aussprechen

Sicher haben Sie Eigenschaften oder Verhaltensweisen an sich, die Sie schätzen. Schauen Sie einmal, ob Sie einen Persönlichkeitsanteil ausmachen können, der Ihnen im Alltag behilflich ist oder dessen Qualitäten bereichernd für Sie sind. Vielleicht jemand, der Ihnen hilft, pünktlich zu sein, selbst wenn Sie im Stress sind. Oder jemand, der gerne andere Menschen unterstützt und liebevoll umsorgt. Lassen Sie sich überraschen, was geschieht, wenn Sie das nicht einfach als selbstverständlich hinnehmen, sondern diesem Anteil Ihrer Persönlichkeit explizit dafür danken.

Man kann mit Teilen Kontakt aufnehmen und mit ihnen sprechen

Auch wenn es sich anfangs seltsam anhört: Es ist möglich, mit Teilen zu sprechen, als wären es eigenständige Wesen. Wenn wir das tun, erhalten wir Informationen aus unserem eigenen Inneren, die uns auf andere Weise kaum zugänglich wären. Das ist der riesige Vorteil, wenn wir all die in uns durcheinanderpurzelnden Gedanken, Gefühle, Impulse und Sichtweisen nicht einfach als einzelne Phänomene oder Charaktereigenschaften betrachten, sondern sie bestimmten Persönlichkeitsanteilen zuordnen, ihnen einen Namen geben und anfangen, mit ihnen Kontakt aufzunehmen. So wie es hier im Beispiel einer meiner Klientinnen geschieht.

»Ich fühle mich oft so hin und her gerissen – manchmal wie eine Kriegerin, die sich gegen alles und jedes verteidigen muss, und manchmal so hilflos, klein und dumm, als wäre ich zu gar nichts zu gebrauchen.« Petra ist Personalreferentin, und sie liebt ihren Hund und den Kontakt mit den Auszubildenden, für die sie in ihrem Unternehmen zuständig ist. Zugleich fühlt sie sich oft erschöpft und sehr angestrengt durch die Arbeit. »Ich reibe mich in ständigen Konflikten mit meiner Vorgesetzten auf. Als würde ich bis an die Zähne bewaffnet in einen Krieg ziehen und sie wollte mir ständig etwas anhaben. Wir geraten dann ganz schnell in eine Auseinandersetzung, die ich eigentlich gar nicht führen will.« Petra war Teilnehmerin in einem meiner Kurse zum Thema Selbstmitgefühl, und seit sie angefangen hat, sich mehr nach innen zu wenden, erkennt sie immer öfter, dass sie in einem Verhaltensmuster gefangen ist – eines, das sie nicht richtig versteht und von dem sie auch nicht weiß, wie sie es unterbrechen kann. Daher interessiert sie sich für die Arbeit mit inneren Anteilen.

»Das hört sich so an, als wären an den Konflikten mit deiner Chefin zwei Seiten in dir beteiligt, die Kriegerin und etwas, was sich ganz klein anfühlt, richtig?«, frage ich. »Ja, genau, und zwischen diesen beiden Gefühlen reißt es mich ständig hin und her.«

Ich frage Petra, ob sie Interesse hätte, zuerst einmal die Kriegerin näher kennenzulernen. Als sie bejaht, bitte ich sie, sich daran zu erinnern, wie es sich anfühlt, in diesem Zustand zu sein. »Wo in oder um deinen Körper herum spürst du die Kriegerin? Wie zeigt sie sich in dir?« Petra lauscht eine Zeit nach innen und nimmt dabei wahr, wie die Muskelspannung in ihren Oberarmen und ihrem Brustkorb zunimmt. »Es ist wie eine Habtachtstellung. Wie ein Panzer, ganz hart und angespannt.« Ich bitte Petra, noch etwas intensiver mit der Kriegerin in sich in Kon-

takt zu gehen. »Hast du ein inneres Bild von ihr? Wie sieht sie aus?« Nach einiger Zeit erscheint vor Petras geistigem Auge eine Gestalt, die sie an eine Figur aus einer alten TV-Serie erinnert – Xena, die Kriegerprinzessin. Eine große, kraftvolle Kämpferin, jederzeit bereit, in Auseinandersetzung zu gehen. Die Symbolik, die Petras Psyche findet, zeigt deutlich, dass es sich um eine Schützerin handelt. »Was empfindest du ihr gegenüber?«, frage ich Petra, deren Gesicht einen überraschten und auch beeindruckten Ausdruck angenommen hat. »Cool finde ich die! Wie unerschrocken und wehrhaft sie ist! Aber eigentlich wirkt sie auch total erschöpft.«

Dieser Anteil in Petra, die Kriegerin, scheint in beruflichen Situationen häufig in Erscheinung zu treten. Um herauszufinden, warum, bitte ich Petra: »Frag die Kriegerin, was sie befürchtet, was passieren würde, wenn sie nicht auftaucht. Es scheint ja aus ihrer Sicht wichtig zu sein, dass sie kommt. Warum? Was würde geschehen, wenn sie nicht käme?« Petra stellt die Frage nach innen und lauscht. »Andere Leute würden mich überrennen. Ich würde mich total mickrig fühlen, ganz klein und unfähig ...« Petras Augen füllen sich mit Tränen. »Im Selbstmitgefühlskurs hattest du uns mal ein Foto von einem kleinen, dünnen Affenbaby gezeigt. Es sah so erbärmlich aus, fast nackt und mit diesen riesigen runden Augen ...« Petra schluckt.

»Und in dir gibt es etwas, das fühlt sich so ähnlich an?«, frage ich sie leise. Mittlerweile rinnen ihr die Tränen über die Wangen. Sie nickt. »Es gibt einen Teil in dir, der ist ganz traurig, nicht wahr? Und das zeigt er dir gerade. Ist es okay, diese Traurigkeit zu spüren?« Petra nickt wieder. »Dann sag ihm, dass es okay ist, dass er da ist.« Petra schließt die Augen und wendet sich nach innen. Kurze Zeit später sehe ich, dass sie tiefer durchatmet und etwas in ihr ein wenig ruhiger wird.

»Dieser Teil in dir, was würdest du sagen, wie alt ist der? Fühlt es sich eher so wie etwas Kindliches oder wie etwas Erwachsenes an?« »Ganz klein ist das«, sagt Petra, »wie ein Baby.«

»Und dieses Baby, wo spürst du das in dir, in deinem Körper?« Petra *konzentriert sich wieder nach innen. »Das sitzt vor allem in meinem Bauch. Wie ein großes schwarzes Loch.«*

»Okay«, sage ich, »dann erlaub dir, dieses Loch zu spüren. Sag ihm, dass du merkst, dass es da ist.« Wieder entsteht bei Petra spontan ein tiefer Atemzug der Erleichterung. Etwas, das bislang aus dem Bewusstsein herausgehalten werden sollte – ein verletzlicher Teil, den die Schützer so gut als möglich unsichtbar machen wollten –, darf nun da sein.

Im weiteren Verlauf begleite ich Petra dabei, sich dem Baby liebevoll zuzuwenden, es innerlich auf den Arm zu nehmen, zu wiegen und zu trösten. Dieser Teil in ihr, den sie zwar latent als schmerzliches Loch in sich spüren, aber zuvor nicht bewusst und mit Akzeptanz hatte wahrnehmen können, kann nun aus seinem Schattendasein hervorkommen. Und als Petra anfängt, sich dem Baby mit Fürsorge zu widmen, kann sich nach und nach auch die Kriegerin entspannen. Denn die hatte bislang versucht, andere Menschen abzuwehren, damit dieses schmerzhafte Gefühl, klein und unfähig zu sein, nicht angestoßen wurde.

Als die Kriegerin miterlebt, wie liebevoll sich Petra um die Kleine kümmert, ist sie erleichtert. Sie greift nicht mehr so schnell zu den Waffen. Das körperliche Gefühl, einen Panzer zu tragen, lässt nach. Einige Tage später schreibt mir Petra in einer Mail: »Wir sitzen jetzt oft zusammen :-) Vieles ganz neu: die Kriegerin ohne Rüstung in der Hängematte mit einem großen Stück Himbeersahnetorte, und die dünne Kleine braucht viel Liebe und Zuwendung. Bin gespannt auf die weiteren Mitbewohner!«

Alle Teile haben eine gute Absicht

Eine der verblüffendsten Einsichten, die Sie machen werden, wenn Sie nähere Bekanntschaft mit Ihren WG-Bewohnern schließen, lautet: *Alle Teile haben eine gute Absicht.*

Eine gute Absicht? Selbst der innere Kritiker oder Abwerter?! Ja, auch der. Falls diese Aussage Sie im Moment noch sehr skeptisch stimmt, kann ich Sie gut verstehen. Und doch machen Menschen immer wieder genau diese Erfahrung, wenn sie ihren Anteilen tatsächlich begegnen und deren Geschichte kennenlernen. Richard Schwartz schreibt: »Selbst die schlimmsten Impulse und Gefühle – der Drang zu trinken, der Zwang, sich zu schneiden, die paranoiden Verdächtigungen, die mörderischen Fantasien – entspringen Teilen einer Person, die sowohl eine eigene Geschichte zu erzählen haben als auch die Fähigkeit besitzen, etwas Positives und Hilfreiches für das Leben des Klienten zu werden.«[24] Daher geht es in jeder Form innerer Entwicklung als Mensch nicht darum, etwas *loszuwerden.* Sondern darum, es zu *integrieren* und zu *transformieren.*

Alle Teile sind ursprünglich aus gutem Grund in uns entstanden. Auch und ganz besonders diejenigen, die wir lieber los wären, sind als Antwort auf schwierige Situationen entstanden, die wir zu einem früheren Zeitpunkt durchlebt haben. Damals waren sie nützliche und intelligente Reaktionen, um unsere Verletzlichkeit zu schützen, und angesichts der uns zur Verfügung stehenden Ressourcen sinnvoll. Selbst die Teile, die destruktiv handeln, haben daher grundsätzlich eine positive Intention. Wenn wir nicht länger versuchen, sie zu unterdrücken oder schnell loszuwerden, sondern auf sie neugierig werden, entdecken wir, wie sie versuchen, zu unserem Leben beizutragen – so wie in diesem Fall:

Katharina leidet seit Jahren an starker Antriebslosigkeit. Wann immer sie einen Impuls hat, etwas zu unternehmen oder zu erledigen, kommen Gedanken auf wie »Was soll das denn bringen?«, »Das wird eh nix« oder »Hat ja doch keinen Sinn«. Diese Gedanken rauben ihr den Lebensmut und verhindern, dass sie ein aktives, zufriedenes Leben führen kann. Sie ist wütend und verzweifelt, weil sie gegen die Gedanken nicht ankommt. Sie hat schon alles versucht: sich zusammenzureißen,

Selbstbewusstseinstraining, gegen die Gedanken anzukämpfen bis hin zu Antidepressiva. Nichts davon nützt wirklich.

Katharina besucht einen meiner Meditationskurse und hört dort von der Teile-Perspektive. Sie wird neugierig. Was könnte das für ein Teil sein, der die Gedanken schickt, und warum wohl macht er das? Ich helfe ihr dabei, ihn in sich aufzuspüren und sich ihm zuzuwenden, mit Offenheit und Interesse und der Annahme, dass es sich dabei vielleicht nicht einfach um Selbstsabotage handelt, sondern dass es einen verständlichen Grund geben könnte, warum die Gedanken auftauchen.

Auf die Frage, was denn Schlimmes passieren könnte, wenn der Teil aufhören würde, solche Gedanken zu schicken, lässt er in Katharina Bilder ihrer Kindheit aufsteigen. In ihrem Elternhaus hatte eine Atmosphäre emotionaler Kälte geherrscht. Hatte Katharina beispielsweise etwas Selbstgebasteltes aus dem Werkunterricht mitgebracht, schnauzte ihr Vater sie an: »Was willst du denn mit dem Mist?« Als sie Gitarrespielen lernen wollte, stellte ihre Mutter sie vor ihren Geschwistern bloß. Eine solche Katzenmusik, wie bei ihrer Ungeschicklichkeit zu erwarten, sollte sie der Familie doch bitte ersparen. So ging das über Jahre: Katharinas Ideen wurden lächerlich gemacht, auf ihre Vorschläge hagelte es Kritik. Schließlich stimmten auch ihre Geschwister in diesen perfiden Chor mit ein. Bis Katharina mehr und mehr verstummte. In ihr hatte sich offensichtlich ein schützender Manager gebildet, der sie vor der ständigen Abwertung bewahrte – nämlich indem er sie daran hinderte, überhaupt Initiative zu zeigen. Wann immer sie in ihrer Lebendigkeit und ihrem Ideenreichtum Gefahr lief, erneut von ihrer Familie kritisiert zu werden, schickte er Gedanken wie »Lass es lieber. Das wird ja doch nichts«.

Katharina ist verblüfft. Was sie die ganze Zeit wie einen Feind im eigenen Kopf wahrgenommen hatte – könnte es sich dabei tatsächlich um einen Beschützer handeln? Dieser Teil in ihr, Katharina nennt ihn »den Dämpfer«, hat offensichtlich eine gute Absicht: nämlich sie vor Kummer, Scham und Abgewiesenwerden zu bewahren.

Teile können sich verändern

Teile, die wir als schwierig erleben, haben ihre Rolle nicht freiwillig gewählt. Sie sind aufgrund von Lebensumständen in diese Denk- und Verhaltensmuster hineingedrängt worden. Hätte Katharina beispielsweise eine andere Person in ihrem Umfeld gehabt, die sie trotz der Abwertung ihrer Familie unterstützt und gefördert hätte, beispielsweise eine Lehrerin oder einen Patenonkel, dann hätte sich der Dämpfer vermutlich nicht oder nicht in so heftiger Form entwickeln müssen. Doch so, wie ihre Kindheit war, hat Katharinas Psyche innerhalb der ihr zur Verfügung stehenden Möglichkeiten eine intelligente Art gefunden, mit den schmerzlichen Umständen umzugehen. Sie war ja noch ein Kind, sie konnte nicht einfach weggehen und sich eine andere Familie suchen. Sie musste bleiben, wo sie war, und dort überleben. Dafür haben sich Teile in ihr entwickelt, deren Absicht es war, ihr dabei zu helfen.

Wenn wir in einer konstant liebevollen, stabilen, förderlichen Umgebung aufwachsen, es keine schmerzhaften Risse oder Brüche in unserem Aufwachsen gibt, die Menschen um uns herum vornehmlich in Selbst-Führung leben und uns dabei unterstützen, dass wir das auch tun, dann werden sich unter Führung unseres Selbst lauter entspannte, selbstbewusste, mitfühlende und unbeschwerte Teile in uns entwickeln. Aber wie viele Menschen wachsen schon unter so idealen Rahmenbedingungen auf? Sind die Umstände unserer Entwicklung komplizierter, wie es wohl für alle von uns der Fall ist, dann müssen die Teile auch komplexere Wege finden, damit umzugehen. Unsere Selbst-Führung prägt sich nur in geringerem Maße aus, und unsere Teile geraten im Zusammenspiel all der unterschiedlichen Gegebenheiten in Rollen, Denk- und Verhaltensweisen, die zwar einen wichtigen Zweck erfüllen, aber einen hohen Preis haben – so wie bei Katharina. Wenn man die Teile jedoch näher kennenlernt und fragt, würden sie fast immer viel lieber etwas anderes tun. Doch sie sind bislang überzeugt, dass das nicht möglich ist.

Daher ist es ein riesengroßer erster Schritt, ihre gute Absicht zu erkennen. Doch gleichzeitig macht die Strategie, die der Dämpfer in Katharinas Kindheit entwickelt hat, um sie vor den Abwertungen ihrer Eltern zu bewahren, ihr ja heute ganz konkret das Leben schwer! Was früher einmal sinnvoll war (in Katharinas Fall beispielsweise zu verstummen und keine Initiative mehr zu zeigen), wird in späteren Zeiten hinderlich. Katharina ist ja heute erwachsen und lebt gar nicht mehr in einem Umfeld voller Kritik und Demütigung. Der Dämpfer könnte doch aufhören, sie in ihrer Lebendigkeit zu bremsen. Warum bloß macht er immer weiter, auch noch vierzig Jahre später?

Hier kommt das Verblüffende, was sich wieder und wieder in der inneren Arbeit mit Anteilen beobachten lässt: Unsere Persönlichkeitsanteile sind sich in der Regel nicht bewusst, dass sich unsere Lebensumstände verändert haben! Sie kennen unsere Selbst-Energie nicht oder vertrauen dem Selbst nicht, dass es in der Lage ist, die Führung zu übernehmen. Daher verhalten sie sich immer noch so, wie es uns zu einem bestimmten Zeitpunkt unseres Lebens geholfen hat. Ihre Verhaltensweisen waren tatsächlich einmal Stärken, intelligente Reaktionen angesichts der Umstände und unserer damaligen Ressourcen, aber heute sind sie uns oft nicht mehr dienlich. Doch sie werden unverändert weiter ausgeführt.

Warum? Weil viele Teile in uns quasi in der Vergangenheit eingefroren sind.

In der Zeitspanne, die es dauert, bis wir erwachsen werden, sind die Teile so versiert darin geworden zu tun, was sie tun, dass sie gleichsam nicht bemerken, dass wir nicht mehr in unserer Herkunftsfamilie leben, die damaligen Umstände verlassen haben und daher ihre heftige Unterstützung gar nicht mehr benötigen.

Man kann sich das vorstellen wie ein früher hilfreiches, heute aber überholtes Computerprogramm: eine Software, die einmal installiert wurde und dann nie wieder ein Update bekommen hat. Diese Verhaltensmuster laufen sozusagen auf Autopilot und ohne dass jemand einmal überprüft hätte, ob sie eigentlich noch sinnvoll sind oder dem System möglicherweise heute sogar Schaden zufügen – und ob es nicht mittlerweile viel effektivere Programme gibt.

Werden jedoch die verletzlichen Teile entlastet, werden also die ursprünglich auslösenden Erfahrungen erkannt, mit Mitgefühl bezeugt, auf diese Weise integriert und können mit neuen, tröstlichen Erfahrungen verknüpft und so neu abgespeichert werden, können sich auch die Schützer verändern. So kann irgendwann aus einer inneren Kritikerin eine weise Mentorin werden, aus einem Panikschieber, der überall Katastrophen sieht, ein vorausschauender Lotse, aus einem strengen Moralprediger ein integrer Ratgeber, der für die eigenen Wertmaßstäbe eintritt. Wenn wir beginnen, eine freundschaftliche, respektvolle Beziehung zu unseren Schützern aufzubauen, wird das, was sich bislang eher fragmentiert oder widerstreitend anfühlt, harmonischer. Wir können dann mit mehr Wohlwollen auch auf das schauen, was in uns vielleicht nicht immer so rundläuft, und es liebevoller als zu uns gehörig anerkennen.

Sobald die empfindsamen Teile in uns, die so lange die Lasten unserer früheren schmerzlichen Erfahrungen getragen haben, Heilung finden, werden auch sie sich verändern und zu ihren eigentlichen Qualitäten zurückfinden. Denn die Lasten überdecken nur, wie diese Teile eigentlich sind: lebendig, kreativ, spielerisch und frei. Diese Eigenschaften gehen nicht verloren. Alle Teile, die schützenden und diejenigen, die beschützt werden, haben ihre ganz eigenen Fähigkeiten und Geschenke, die sie in unser Leben bringen möchten und auch wieder können, wenn sie entlastet sind.

Widerstand lässt Teile oft stärker werden

Wenn allerdings die nicht länger hilfreiche Software läuft und läuft und läuft und uns das Leben schwer macht, ist es nachvollziehbar, wenn wir uns voller Unmut und Widerstand gegen sie wenden. Wir wollen diese Muster und die mit ihnen verbundenen Verhaltensweisen, Gefühle und Gedanken loswerden! Endlich frei sein davon!

So geht es auch Katharina, die alles versucht hatte, um ihre resignative Einstellung und Antriebslosigkeit zu überwinden. Bloß: Der Dämpfer ist überzeugt davon, dass es nach wie vor unbedingt notwendig ist, Katharina weiter zu beschützen. Wenn sie also anfängt, gegen seine Strategien anzugehen, ohne zu erkennen, wofür er sorgen möchte, wird ihn das oft nicht abschwächen, sondern im Gegenteil dazu führen, dass er seine Anstrengungen noch intensiviert.

Versetzen Sie sich in seine Perspektive: Für ihn hat es nach wie vor oberste Priorität, dass Katharina nichts tut, was wieder den Kindheitsschmerz aktivieren könnte. Sie soll nichts tun, was Kritik hervorrufen könnte, sie soll keine Ideen umsetzen, sie soll still und unauffällig bleiben. Um ihre natürliche Lebendigkeit und Unternehmungslust zu schwächen, sendet er, seinem Namen gemäß, jedes Mal, wenn in Katharina Initiative aufkommt, Dämpfer: »Das klappt ja ohnehin nicht. Das ist der Mühe doch gar nicht wert. Was du machst, will doch eh keiner.« Viele dieser Botschaften hat sich der Dämpfer von Katharinas Eltern abgeschaut. Doch er sendet sie nicht, um Katharina zu kränken, sondern weil er die Erfahrung gemacht hat: Wenn sie aktiv wird, wird sie verletzt. Und darum hindert er sie, so gut er kann, daran, überhaupt etwas zu tun.

Wenn Katharina daher Bücher über Willensstärke liest oder eine Therapie beginnt, die darauf abzielt, ihre Antriebsschwäche zu durchbrechen, gerät der Dämpfer in Aufruhr. Wenn Katharina versucht, aktiv zu werden, dann muss er noch heftiger agieren, denn aus seiner Sicht gerät sie dadurch ja in Gefahr, wieder verletzt zu werden. Solange niemand erkennt, was der Dämpfer zu tun versucht, und ihn in die Veränderung einbezieht, werden die Bemühungen, ihn loszuwerden, eher dazu führen, dass er noch massiver zutage tritt. Widerstand erzeugt Widerstand.

Wir können unsere Teile nicht loswerden

Man kann Teile nicht auflösen oder loswerden. Vielleicht erinnern Sie sich an die Worte des Klienten, der formulierte: »Alle Bewohner haben lebenslanges Wohnrecht im Haus meiner Psyche, ob mir das gefällt oder nicht.« Auch wenn die Vorstellung vielleicht erst einmal verführerisch scheint, man könnte beispielsweise den inneren Perfektionisten, der uns mit seinen überhöhten Ansprüchen quält, einfach in Luft auflösen. Wer ihn genauer kennenlernt, wird jedoch feststellen, dass er mit seiner Strategie vor allem aus dem Gleichgewicht geraten ist. Er ist über die Zeit in eine immer extremere Rolle hineingeraten. Wir können ihm aber helfen, sich zu entwickeln und zu verändern, sodass er seine Qualitäten, Fähigkeiten und Talente in gutem Sinne für uns einsetzen kann. Und es wäre ja schade, wenn wir die Ressourcen einfach über Bord werfen würden, die uns der Perfektionist zur Verfügung stellt. Wenn er nämlich an der richtigen Stelle und zum richtigen Zeitpunkt das tut, was er gut kann, ohne dabei extrem zu agieren, dann stehen uns Ressourcen zur Verfügung wie ein Sinn für Gründlichkeit, Präzision oder hohe Qualität.

Ein gut integrierter ehemaliger Perfektionist kann uns beispielsweise die Diszipliniertheit und Beharrlichkeit zur Verfügung stellen, die es braucht, um etwas Besonderes zu schaffen, etwa in der Gestaltung unseres Gartens, bei der Zubereitung einer Mahlzeit, in einer künstlerischen Tätigkeit oder wenn wir eine berufliche Herausforderung meistern. Er wäre dann kein Perfektionist mehr, der überall exorbitant hohe Messlatten anlegt, sondern eher ein liebevoll-anspruchsvoller Coach, der uns hilft, bei Schwierigkeiten nicht gleich aufzugeben und dort, wo es uns sinnvoll erscheint, mit vollem Einsatz unsere Ziele zu verfolgen.

Teile versuchen, sich Gehör zu verschaffen

Kennen Sie all die Stimmen in Ihrem Kopf, die um Ihre Aufmerksamkeit konkurrieren? Dieses innere Durcheinander, das mentale Hin und Her, das uns nachts im Gedankenkarussell fahren lässt? Was wir da hören, sind die Stimmen unserer Teile.

Alle WG-Bewohner, ob sie unserem Bewusstsein normalerweise zugänglich sind oder nicht, bemühen sich darum, sich mit ihrem Anliegen Gehör zu verschaffen. Weil wir in der Regel nicht wissen, wie wir ihnen zuhören können, oder völlig mit unseren Aufgaben des täglichen Lebens beschäftigt sind, tun sie das vorzugsweise dann, wenn wir versuchen, ein wenig zur Ruhe zu kommen – wenn wir einschlafen wollen, wenn wir meditieren, wenn wir im Liegestuhl ausspannen. Statt dass die friedliche Stille einkehren würde, die wir uns ersehnen, reden oft jede Menge Teile durcheinander.

Das folgende Beispiel habe ich nach den Selbstbeobachtungen eines Klienten formuliert.

Andreas liegt wieder einmal wach. Der Blick auf den Wecker: halb vier. Andreas wälzt sich schon über eine Stunde von einer auf die andere Seite. Wenn er um elf oder halb zwölf ins Bett geht, fällt er vor Erschöpfung oft rasch in einen unruhigen Schlaf, doch meist wacht er gegen zwei oder drei auf, und dann ist bis zum Morgen nicht mehr an Einschlafen zu denken. Es kommt ihm so vor, als ob das Gedankenkarussell in dieser Zeit keinen Moment stillstünde.

Das Projekt in der Arbeit läuft einfach überhaupt nicht, sein Chef hat ihm mehr als deutlich gemacht, wie unzufrieden er damit ist. Bei dem Gedanken an die nächste Standpauke zieht Andreas unwillkürlich den Kopf ein. Wenn sein Chef zu poltern beginnt, fühlt er sich wie ein kleiner Junge, über den ein Donnerwetter hinwegbraust. Er bekommt Magenschmerzen, wenn er an die Arbeit denkt, doch wenn er die Gedanken davon weglenkt, landet er sofort bei einem Thema, das mindestens so belastend ist: Die Vergesslichkeit seiner Mutter wird immer extremer, und es ist wohl nur eine Frage der Zeit, bis er und sein Vater sich eingestehen müssen, dass sie dement ist. Wie soll es dann weitergehen? Ein Pflegeheim? Aber das geht doch nicht! Sein Vater wird ja allein nicht lange klarkommen, und Andreas kann sich doch nicht auch noch um ihn kümmern, er kommt ja mit sich selbst kaum zurecht. Außerdem ist die Qualität der Heime oft schrecklich, oder? Neulich hatten sie im Fernsehen erst wieder davon berichtet. Und was das außerdem kostet! Das können sie sich doch überhaupt nicht leisten!

Erneut drängt sich das Bild seines Chefs vor sein inneres Auge. Schon eine Weile hat Andreas das Gefühl, dass er dem Druck nicht mehr lange gewachsen ist, dass sein Chef über kurz oder lang feststellen wird, dass er nicht den richtigen Biss hat. Er muss endlich zielorientierter und schneller werden. Wieder schaut Andreas auf den Wecker. Fast vier. Er muss doch schlafen! Wie soll er sonst den nächsten Tag überstehen! Verzweifelt boxt er das Kissen zurecht. Er fühlt sich ohnmächtig und ist zugleich wütend auf sich selbst. Diese ständigen Grübeleien führen doch zu nichts! Kein Wunder, dass er dabei nicht schlafen kann. Warum kann er bloß nicht damit aufhören!?

Solche schrecklichen Nächte haben Sie vielleicht auch schon erlebt. Sich Sorgen machen, Unruhe, Ohnmacht, Pläneschmieden, Frustration, Ärger und die verzweifelte Suche nach einer Lösung wechseln sich ab. Wir versuchen alles Mögliche – Schäfchenzählen, uns ablenken, verschiedenste Methoden zur Gedankenberuhigung –, aber nichts hilft. Was passiert hier aus der Teile-Perspektive?

Mindestens ein Teil in Andreas hat Angst. Er hat Angst vor dem Chef, davor, seine Aufgabe nicht gut genug zu erledigen, davor, kritisiert, geschimpft oder beschämt zu werden. Und da ist die Angst um seine Mutter, was die mögliche Demenz für sie, für seinen Vater und für ihn selbst bedeuten könnte. Ein anderer Teil in Andreas sucht angestrengt nach Lösungen.

Dieser Teil, ein Manager, findet, Andreas sollte sich mehr anstrengen und sich zusammenreißen. Andere schaffen das doch auch – und außerdem führt dieses ständige Sich-Sorgen-Machen ja nur dazu, dass er nicht schlafen kann und noch weniger leistungsfähig ist! Also Schluss damit!

Doch wie soll sich der ängstliche Teil beruhigen und aufhören, sich zu ängstigen, solange niemand seinen Sorgen zuhört? Also weist er immer wieder darauf hin, was ihn alles beunruhigt. Und je unruhiger er ist und je lauter er ruft, desto angestrengter versucht der innere Antreiber in Andreas, einen Ausweg zu finden. Er zählt Andreas auf, was er besser machen soll, und kritisiert ihn dafür, dass er es nicht schafft. Dadurch wird der ängstliche Teil noch ängstlicher, was wiederum den kritischen Teil noch mehr aufbringt. Und der Schlaf entfernt sich immer weiter.

Alle Teile haben eine gute Absicht – erinnern Sie sich? Um diesen Kreislauf zu durchbrechen, ist es wichtig zu verstehen, dass der kritische, antreibende Teil tut, was er tut, weil er versucht, Andreas zu helfen. Auch wenn es sich für Andreas überhaupt nicht hilfreich anfühlt, sondern ihn im Gegenteil weiter unter Druck setzt. Der kritische Teil hat jedoch folgende Einstellung: »Wenn ich ihn antreibe, dann findet er eine Lösung. Wenn er sich nur richtig anstrengt, dann wird es endlich besser, und dann können wir wieder ruhig schlafen.«

Unsere Anteile können die Welt oft nur aus ihrer Perspektive sehen und sind sich nicht im Klaren darüber, welche Auswirkung ihr Verhalten auf die anderen Mitbewohner in der WG hat.

Unsere Gedanken sind Perspektiven unserer Teile

Viele der hin und her wirbelnden Gedanken in unserem Kopf sind also die Stimmen unserer Teile, die versuchen, sich Gehör zu verschaffen. Deshalb sind Gedanken oft so widersprüchlich. In kürzester Zeit können sich sorgenvolle, wütende, beschwichtigende, analytische, unbekümmerte, verständnisvolle oder empörte Botschaften in unserem mentalen Raum abwechseln oder einander gleichsam ins Wort fallen.

Die Fähigkeit, unsere Gedanken zu bemerken und sie mit etwas Abstand zu betrachten, ist enorm wichtig, wenn wir anfangen wollen, unsere Teile kennenzulernen. Sobald wir der Gedankentätigkeit etwas mehr bewusste Aufmerksamkeit schenken, können wir eine erstaunliche Entdeckung machen. Nämlich dass wir Gedanken *haben*, aber eben nicht unsere Gedanken *sind*. Gedanken entspringen sehr häufig der Perspektive unserer inneren Anteile. Daher sind unsere Gedanken auch nicht zwangsläufig wahr. Denn die Perspektiven unserer Teile sind oft einseitig und mitunter unserer Lebenssituation gar nicht mehr angemessen. Denken Sie an die Metapher vom fehlenden Software-Update: einmal aufgespielt und dann nie mehr aktualisiert. Die Sichtweisen unserer WG-Mitglieder haben sich oft vor Jahrzehnten gebildet und entsprechen daher häufig nicht mehr unseren jetzigen Lebensumständen. Weil wir eben verschiedene Anteile mit ihren ganz eigenen Ansichten, Wertvorstellungen und Gefühlen in uns tragen, widersprechen sich diese Perspektiven in uns häufig. Das zeigt auch das Beispiel von Thea:

Für Theas Eltern hatte die Einhaltung von Regeln, Ordnung und Anstand hohe Priorität. Freiraum, Leichtigkeit oder Platz für sich selbst gab es in ihrer Kindheit kaum. »Du wirst schon sehen, wo du damit endest«, murmelte ihre Mutter oft, wenn Thea etwas tun wollte, was ihre

Mutter als »ungezogen« ansah, und begleitet wurde diese ominöse Drohung mit einem strafenden Zeigefinger. In ihren ersten zwei Jahrzehnten bestand für Thea das Leben vor allem aus Müssen und Sollen. Mittlerweile hat sie sich freigeschwommen aus ihren engen Anfängen, hat gegen die Wünsche ihrer Eltern studiert und einen liebevollen Mann geheiratet. Und doch … Immer wieder merkt sie, dass die Mahnungen ihrer Mutter in ihr nachhallen. »In meinem Kopf ist nach wie vor ganz vieles verboten. Das macht man nicht, das soll man nicht, was sollen da die Nachbarn denken. Wie eine leiernde Schallplatte dreht sich das«, erzählt sie. »Dabei ist meine Mutter doch schon Jahre tot!«

Nachdem Achtsamkeitstraining gegen Gedankenkreisen helfen soll, hat Thea mit Meditation begonnen. Und obwohl die Übungen sie entspannen, hat sich bislang wenig geändert an dem Gefühl, dass sie ständig unter Beobachtung steht und immer Gefahr läuft, etwas Verbotenes zu tun. Sie kommt zu mir, um dieses Muster loszuwerden.

Das Modell der inneren Anteile verhilft ihr zu mehr Einblick in das, was hier eigentlich geschieht. Denn ja, Theas Mutter ist schon lange tot. Und Thea findet es völlig in Ordnung, wenn die Fenster ihrer Nachbarin nicht spiegelblank sind oder ihr schwuler Kollege seinen Partner heiratet. Dinge, die für ihre Mutter gleichermaßen katastrophal gewesen wären. Thea hat eine ganz andere Weltsicht als ihre Mutter. Und doch merkt sie, wie ihr der Atem stockt und ihr Herz aufgeregt zu klopfen beginnt, wenn sie etwas tun will, was ihre Mutter abgelehnt hätte, beispielsweise am Wochenende noch am späten Vormittag mit der Zeitung im Bett liegen. »Verboten, verboten, verboten! Es ist so schrecklich, dass ich diese Gedanken und die innere Anspannung nicht abstellen kann. Ich glaube das doch selbst überhaupt nicht!« Es stimmt, vieles in Thea glaubt das nicht. Aber ein Teil in ihr offensichtlich sehr wohl. In Theas Psyche hat ein Anteil die Ansichten und Überzeugungen ihrer Mutter übernommen. Wie kommt das?

Wenn wir klein sind, lernen wir von den Menschen in unserem Umfeld. Wir ahmen anhand ihres Vorbilds nach, wie man Worte und Sätze bildet, Löffel, Gabel und Messer benutzt und sich die Schuhe zubindet.

Ebenso lernen wir von unseren Eltern, Geschwistern und anderen wichtigen Personen in unserer Umgebung, wie man mit Gefühlen umgeht, etwa ob man sich zusammenreißt und seine Tränen unterdrückt oder ob man ihnen freien Lauf lassen darf. Wir schließen aus dem Verhalten der anderen, was anständig und was unanständig ist, gut und schlecht, erwünscht und unerwünscht. Und uns kommt es selbstverständlich vor – was unser Umfeld tut, wie es reagiert und sich verhält. Wir stellen das als Kinder nicht infrage. Gibt es zum Essen Knödel oder rohen Fisch? Österreichische Kinder finden das eine alltäglich, japanische das andere. So, wie es bei uns ist, erleben wir es als normal. Erst wenn wir älter werden, entdecken wir, dass es ganz andere Möglichkeiten gibt als die, die uns von zu Hause vertraut sind. Obwohl also Thea unter den ständigen Verboten ihrer Mutter gelitten hat und über die Jahre ganz andere Ansichten entwickelt hat als diese, bestehen die früh erlebten Erfahrungen und Überzeugungen zumindest in einem Teil in ihr weiter.

»Hm, dann könnte man das so sehen, als wäre etwas von meiner Mutter in mich reingeschlüpft«, überlegt Thea, als ich ihr die Zusammenhänge aufzeige, »und das ist jetzt in mir. Das ist nicht meine Mutter, sondern etwas in mir, was ähnlich wie meine Mutter denkt und reagiert!«

In IFS nennt man so etwas eine Erblast. Wir tragen etwas, das uns belastet und eigentlich nicht zu uns gehört. Dass wir von außen kommende Gefühle, Werte und Überzeugungen oder auch traumatische Erfahrungen unserer Vorfahren verinnerlichen, geschieht ohne unsere freie Entscheidung als Kind. Wir können uns nicht dagegen wehren. Auf diese Weise kann sich also ein Teil in uns bilden, der sich sehr anders verhält als der Rest unserer Persönlichkeit und sogar zu ihr konträre Ansichten vertritt. Wenn wir dann gegen die Normen und Vorstellungen dieses Persönlichkeitsanteils verstoßen, empfinden wir Scham, Schuld oder ein schlechtes Gewissen. Deshalb befindet sich Thea oft in einem inneren Konflikt. Ein Teil in ihr – der, der die Ansichten ihrer Mutter übernommen hat – droht mit erhobenem Zeigefinger, wenn sie sonntagnachmittags im Schlafanzug herumläuft, während andere Teile ihrer Persönlichkeit damit völlig einverstanden und von dem Spielverderber entnervt sind.

Um an diesem Konflikt und den anstrengenden Gedanken und Gefühlen etwas zu verändern, hilft es nicht viel, sich darüber zu ärgern oder zu versuchen, sie abzustellen. Auch eine Abgrenzung von den Eltern oder das Verlassen der Umgebung, die diese Normen vertritt (beispielsweise eine religiöse Gemeinschaft, eine bestimmte Kultur oder das Heimatland), sorgt nicht unbedingt dafür, dass sich das Ganze erledigt. Denn der Teil ist ja etwas in uns, und wir nehmen ihn mit, auch wenn wir das Umfeld, von wo er die Last übernommen hat, verlassen.

Ebenso bringen Methoden wie das Hinterfragen der eigenen Gedanken nicht unbedingt eine Veränderung. Bei dieser Vorgehensweise, auch sokratischer Dialog genannt, werden Überzeugung oder Glaubenssätze auf ihre Stichhaltigkeit überprüft und Widersprüche aufgedeckt. Thea ist sich ja bewusst, dass es nicht logisch oder vernünftig ist, dass etwas in ihr so denkt. Doch dem lässt sich nicht mit rationalen Argumenten beikommen. Denn es gibt einen Anteil in Thea, sie nennt ihn »den Zeigefinger«, der ganz ähnlich auf die Welt blickt wie ihre Mutter, und den kann sie nicht einfach herausschneiden oder ausmerzen. Er ändert seine Meinung auch nicht bloß deshalb, weil man ihm sagt, dass es unpassend ist, so zu denken. Hilfreicher, als ihn zu bekämpfen oder gegen ihn anzureden, wäre es, ihn vom Selbst aus kennenzulernen und zu schauen, wie man ihm helfen kann, seine Erblast loszulassen, damit er sich in der WG integrieren kann. Bislang ist er nämlich in Theas innerem Zuhause recht isoliert. Thea hat sich als Gesamtpersönlichkeit entwickelt und sich aus der engen, kleinbürgerlichen Lebenswelt ihrer Eltern herausbewegt, doch der Zeigefinger ist an diese Entwicklung nicht angeschlossen. Er ist quasi in der Zeit eingefroren.

Abstand zu schwierigen Gedanken gewinnen

Wenn auch Sie belastende Gedanken plagen, ist es hilfreich, zuerst einmal ein wenig Abstand zu finden, damit Sie sich anschließend dem Anteil, der sie Ihnen immer schickt, zuwenden können. Die folgende Anleitung zielt also *nicht* darauf ab, die Gedanken zu ignorieren oder loszuwerden. Es gibt ja Ansätze, wo man den Gedanken ein herzhaftes »Stopp!« entgegenruft, und wenn Sie damit gute Erfahrungen machen, dann nur zu! Doch in vielen Fällen führt der Versuch, Gedanken zu unterdrücken oder zum Schweigen zu bringen, bloß dazu, dass sie noch bedrängender werden. Wenn Sie sich klarmachen, dass Gedanken Perspektiven unserer Anteile sind, ist das auch nachvollziehbar. Teile wollen gehört werden. So wie bei einem aufgebrachten kleinen Kind, das man ignoriert, werden seine Versuche, sich bemerkbar zu machen, dadurch in vielen Fällen nur noch hartnäckiger. Erinnern Sie sich an Andreas' nächtliche Angst, die so dringend gehört werden wollte?

Die Gedanken bewusst hören und dann sinnvoll mit ihnen umgehen können wir jedoch nur, wenn wir einen gesunden Abstand zu ihnen einnehmen, sodass sie uns nicht völlig überfluten oder besetzen. Wir brauchen ein Stück Selbst-Energie.

Nehmen wir zum Beispiel an, dass Sie in einem Meeting ein wichtiges Projekt präsentieren sollen und all die Zeit vorher Gedanken auftauchen wie: »Das schaffe ich nie!« oder »Das wird eine Katastrophe!«. Einen gesunden Abstand, der solche Gedanken wahrnimmt, ohne in ihnen unterzugehen und ohne sie unterdrücken zu wollen, können Sie mit den folgenden Schritten fördern:

- Machen Sie sich bewusst, dass Sie diese Gedanken *haben*, aber nicht diese Gedanken *sind*. So vorherrschend oder bedrängend die Gedanken sein mögen, sie sind erst einmal nur die Perspektive eines Teils (oder auch mehrerer Teile) von Ihnen.

- Indem Sie einen Gedanken bewusst bemerken und ihn innerlich benennen, rücken Sie etwas mehr von ihm ab. Sagen Sie sich: »Ich denke gerade: ›Das schaffe ich nie.‹« Noch mehr gute Distanz entsteht, wenn Sie sagen: »Ein Teil von mir denkt, dass ich es nicht schaffen kann«, oder für noch mehr Abstand: »Ich bemerke, dass ein Teil von mir denkt, dass ich es nicht schaffen kann.«

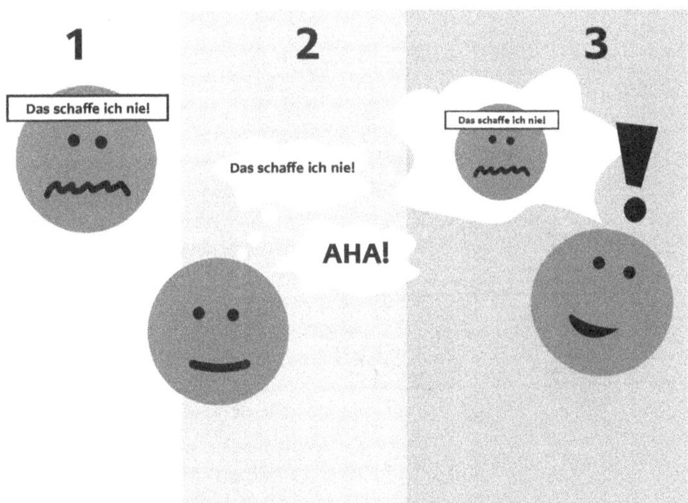

1) Schwierige Gedanken nehmen uns oft völlig ein: Wir sind komplett mit den Anteilen identifiziert oder verschmolzen, die so denken. Die Gedanken fühlen sich wie »die Wahrheit« an.
2) Sobald wir bemerken, dass es sich dabei um einen Gedanken handelt, können wir mehr Selbst-Energie aktivieren und bewusster damit umgehen.
3) Wir können uns dann darüber klar werden, dass *ein Teil* in uns so denkt. Wir nehmen diesen Teil in uns wahr, sind aber nicht identisch mit ihm.

Wenn es in Ihrem Kopf besonders lautstark zugeht, liegt das häufig daran, dass durch die Gedanken des ersten Anteils ein zweiter auf den Plan gerufen wird. Der versucht dann oft, die des ersten zu widerlegen, einzudämmen oder beispielsweise durch Strenge oder Kritik eine Verhaltensänderung zu erreichen. Wenn beispielsweise ein resignierter oder überforderter Anteil in Ihnen denkt: »Das schaffe ich nie!«, taucht womöglich ein Antreiber auf, der fordert: »Hör auf, so rumzuheulen, und streng dich gefälligst mehr an!« Aus den polarisierten Perspektiven der beiden Teile entsteht ein sich aufschaukelndes Pingpong.

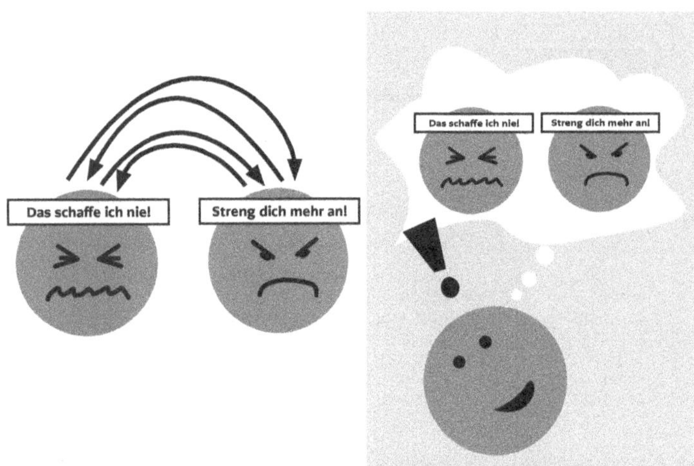

1) Statt dem Teil, der sich Sorgen macht, zuzuhören, springt ein anderer Teil dazu, der versucht, ihn zur Räson zu bringen. Durch den gefühlten Druck, es »hinkriegen zu müssen«, wird der Sorgen-Teil noch angespannter, was wiederum den Antreiber noch mehr aufbringt. Die beiden schaukeln sich gegenseitig auf.
2) Es hilft, zu erkennen, dass die beiden Anteile aufeinander reagieren und dass beide Gehör brauchen, um sich zu beruhigen. Der erste braucht Verständnis für seine Sorgen, der zweite Wertschätzung für seinen Lösungsversuch.

Es könnte auch sein, dass statt eines strengen Antreibers ein Beschwichtiger dazukommt, der den Sorgen-Teil beruhigen will, indem er versucht, ihm die Ängste auszureden. Oder dass sowohl der Antreiber als auch der Beschwichtiger auf den Sorgen-Teil einreden. Solche inneren Dialoge können sich dann über Stunden oder Tage in uns im Kreis drehen. Solange wir uns quasi mittendrin befinden, werden wir hilflos hin und her geschleudert. Sobald wir ein Stück Abstand gewinnen und erkennen, was geschieht, können wir anfangen, auf hilfreiche Weise mit den Teilen zu interagieren, statt unbewusst und automatisch auf sie zu reagieren.

Wenn wir genauer erkennen, was in uns miteinander interagiert, haben wir die Chance, bewusst damit umzugehen. Wenden wir uns den Teilen zu, sind wir ihren Reaktionen nicht mehr ausgeliefert.

Aus meiner Sicht ist es ohne ein konzeptionelles Verständnis von Teilen in Bezug auf unser Innenleben, als wolle man in einem Theaterstück mit dreißig Personen den Überblick behalten, wenn alle Charaktere Paul heißen. Im Stück unseres eigenen Lebens tragen bisher auch alle denselben Namen: Ich. Das Ineinanderfließen all der verschiedenen Gefühle, Gedanken, Perspektiven, Überzeugungen und inneren Zustände geht so schnell, dass wir den Übergang gar nicht bemerken. Jeder Zustand heißt wieder *Ich*, sodass gar nicht auffällt, dass *Ich* einmal harsch, scharf und kritisch ist, dann plötzlich schüchtern und unsicher. Im einen Moment ist *Ich* heiter und lebensfroh, kurze Zeit später wie taub, einmal risikofreudig und dann wieder komplett sicherheitsbedürftig.

Zu bemerken, dass all diese manchmal so komplizierten Gedanken, Gefühle und Verhaltensweisen zu *Teilen* in uns gehören, aber nicht alles ausmachen, was wir sind, ist für die meisten Menschen eine enorme Erleichterung. Wir werden zentrierter und handlungsfähiger, wenn wir erleben, dass wir dem inneren Durcheinander nicht machtlos ausgeliefert sind und dass ein Sinn in dem liegt, was da geschieht. Wir können beginnen zu verstehen, dass in dem, was sich in uns vielleicht chaotisch, zwanghaft oder sogar gefährlich anfühlt, oft eine Not steckt, die gesehen werden und sich wandeln will. Wenn Menschen beginnen, sich ihren Anteilen mit Mut und Respekt zuzuwenden und aus einer unvoreingenommenen Selbst-Perspektive in dieses innere Meer einzutauchen, kommen sie oft mit Schätzen wieder an die Oberfläche. Schauen Sie mit mir in Kapitel 3 genauer darauf, was dieses Selbst ist, und in Kapitel 4 lernen Sie dann konkrete Möglichkeiten kennen, mit Ihren Teilen Kontakt aufzunehmen.

Q & A – Fragen und Antworten

Mich stört das irgendwie, dass alles immer nur an der Kindheit liegen soll. Wir machen doch später auch noch Erfahrungen!

Auch wenn uns das nicht gefällt: Unsere Kindheit prägt uns, und zwar stärker, als viele von uns meinen. Wir lernen in den ersten Jahren, wie Leben funktioniert, und wir lernen das implizit, also nicht bewusst oder vom Verstand her, sondern vor allem durch unsere Erfahrungen mit anderen Menschen: wie sie mit uns umgehen, was wir mit ihnen erleben, was sie uns widerspiegeln. In Beziehung mit anderen lernen wir, ob wir uns wertvoll fühlen, ob wir uns etwas zutrauen, ob es okay ist, andere um Hilfe zu bitten – oder eben nicht. Die Basis unseres Lebensgefühls ist unsere Geschichte, selbst wenn wir diese Geschichte nicht erinnern.

Auch wenn wir im späteren Leben vielleicht ganz andere Erfahrungen machen, so fallen diese auf die vorgeprägten Verhaltensmuster und Glaubenssätze unserer Kindheit, und wir erleben sie daher durch eine Brille, von der wir in der Regel nicht wissen, dass wir sie aufhaben. Das ist die überholte Software, die in uns läuft, ohne dass wir uns dessen bewusst sind. Wir meinen, wir sehen die Realität, wie sie eben ist, doch das ist meist nicht der Fall.

Das bedeutet nicht, dass wir durch unsere frühen Erfahrungen determiniert wären oder wir uns nicht mehr ändern könnten. Allerdings braucht es starke neue Prägungen, damit die alten verändert oder überschrieben werden: Jemand, der in seiner Kindheit eine WG mit vielen Teilen voller Optimismus und Urvertrauen entwickelt hat, muss schon eine Menge schrecklicher Erfahrungen machen, damit das unwiederbringlich erschüttert wird. Ebenso muss ein Mensch, in dem sich aufgrund traumatischer Erfahrungen in der Kindheit viele misstrauische

Teile herausgebildet haben, die überall Gefahren wittern, viele starke positive Erlebnisse machen, damit sich an dieser frühen Prägung etwas nachhaltig wandelt. Das geht nicht in ein paar Wochen oder Monaten, sondern ist ein Prozess, für den es Geduld, Mut und oft auch gute Wegbegleitung braucht.

Man hört oft vom »inneren Kind«. Wo passt das in dieses Modell vom Aufbau der Psyche?

Viele unserer verletzlichen oder verbannten Teile sind innere Kinder – also empfindsame Teile in uns, die oftmals schmerzliche Gefühle, Gedanken und Überzeugungen aus Erfahrungen in unserer Kindheit tragen und in diesen quasi eingefroren sind. Doch es gibt aus IFS-Perspektive nicht nur *ein* inneres Kind, sondern viele, und je nachdem können sie in sehr unterschiedlichen Altersstufen in uns auffindbar sein: als innere Säuglinge, innere Kleinkinder oder innere Teenager, und sie können störrisch oder brav, laut oder leise, traurig oder fröhlich, wütend oder resigniert sein. Und wenn wir im reiferen Alter schlimme Erfahrungen machen, können auch Teile, die sich in unserer Wahrnehmung »erwachsen« anfühlen, verbannt werden oder schmerzliche Lasten tragen. (Mehr zum Umgang mit kindlichen Anteilen finden Sie in Kapitel 4.)

»Alle Teile haben eine gute Absicht« – damit kann man doch jedes Verhalten rechtfertigen. Ist das nicht ein Freibrief für Gewalt und Bösartigkeit?

Mit Blick auf die Teile nachvollziehbar zu machen, wie sich schädigende Verhaltensmuster entwickeln, ist nicht dasselbe, wie ein solches Verhalten zu entschuldigen. Und in der Tiefe zu verstehen, wie diese Verhaltensmuster sich entwickeln, aufrechterhalten werden und warum sie eskalieren, bedeutet ja nicht, dass man keine Wege finden sollte, andere vor ihren Auswirkungen zu beschützen – im Gegenteil. Die wichtige Frage ist doch: Wie können wir dazu beitragen, dass Menschen sich und anderen mit Achtung und Respekt begegnen und sich und anderen weniger schaden? Warum entstehen ungute Verhaltensweisen, und was führt dazu, dass sie seltener entstehen?

Die vorherrschende Perspektive aus Gesellschaft, Kirche, Politik lautete über weite Strecken der letzten Jahrhunderte: Der Mensch an sich ist eigentlich schlecht oder sündhaft (oder zumindest sind bestimmte Gruppen von Menschen das), und wenn wir unsere zügellosen Instinkte nicht bändigen, sind wir ihnen ausgeliefert, und unsere böse Natur überkommt uns. Und auch wenn diese Begriffe uns heute vielleicht altertümlich vorkommen, so basiert doch das Weltbild großer, einflussreicher Denker wie Kant, Machiavelli, Hobbes, Luther, Calvin, Schopenhauer oder Freud auf dieser Vorstellung. Die Wirtschaftswissenschaften und die neoliberalistische Marktwirtschaft gehen davon aus, dass der Mensch grundlegend egoistisch ist und letztlich immer nur seinen eigenen Vorteil sucht. Immer mehr Forschende widersprechen dieser Ansicht mittlerweile vehement.[25] Man kann in wissenschaftlichen Studien zeigen, dass Kinder mit einem angeborenen Sinn für prosoziales Verhalten und Empathie auf die Welt kommen.[26] Wie wichtig ist es also, zu verstehen, wodurch wir diese Grundhaltung – die in unserer Selbst-Energie begründet ist – *verlieren*!

Zudem zeigt sich immer deutlicher, dass die Wege, die wir als Gesellschaft bislang dafür gefunden haben, Menschen durch Strafe von schädigendem Verhalten abzuhalten und sie zu »bessern«, gelinde gesagt wenig effektiv sind. Unser Strafvollzugssystem führt oft dazu, dass Menschen noch wütender, mit mehr krimineller Energie, Drogenproblemen oder gebrochener aus dem Gefängnis herauskommen, als sie hineingegangen sind. Haftanstalten wie das Halden-Gefängnis in Norwegen etwa, das Menschen dabei unterstützt, sich selbst und andere verstehen zu lernen und mit Respekt zu behandeln, bringen hingegen bei

Weitem mehr Menschen dazu, sich wieder als wertvollen Teil der Gesellschaft anzusehen, und sind, alle Nachfolgekosten mit einberechnet, zudem auch noch kostengünstiger.[27] Aus Teile-Perspektive würde ich behaupten, dass bislang die meisten Gefängnisse eher dazu führen, dass die verletzten Teile der Insassen sich noch mehr schämen und sich für wertlos halten, was dann in der Regel das Verhalten der Schützer noch extremer werden lässt. Menschen hingegen dabei zu unterstützen, ihre eigene Selbst-Energie wiederzufinden und ihr Leben von dort aus zu führen, hat aus meiner Sicht eher eine Chance, diese Spirale zu unterbrechen.

Ich verstehe nicht, wie eine so hasserfüllte Stimme wie die, die ich in meinem Kopf höre, eine gute Absicht haben soll. Ich finde sie einfach nur bösartig und will sie endlich los sein.
Eine solche Reaktion ist absolut verständlich, und es ist oft schwer vorstellbar, wie hinter einer beschämenden, abwertenden oder anklagenden Stimme eine positive Absicht stecken könnte. Manche Teile haben sich so extrem entwickelt, dass es alleine kaum möglich ist, ihre gute Absicht oder den nachvollziehbaren Grund für ihr Verhalten zu entdecken. Wenn wir schon lange unter unseren extremen Schützern leiden, braucht es in der Regel therapeutische Unterstützung, um ihnen mit so viel Offenheit und Unvoreingenommenheit zuhören zu können, dass sie ihre Geschichte offenbaren und warum sie bislang an der Überzeugung festhalten, dass es dringend nötig ist, sich so zu verhalten. Vielleicht bringen auch die folgenden Kapitel und vor allem die Hinweise zum inneren Kritiker in Kapitel 5 noch aufschlussreiche Perspektiven.

Zusammenfassung Kapitel 2

- Jeder Mensch besteht aus unterschiedlichen Persönlichkeitsanteilen, die in bestimmten Rollen und Konstellationen miteinander interagieren.
- Jeder Mensch hat ein »Selbst«: eine unverwundbare Essenz, einen angeborenen inneren Kompass, dem Weisheit und die Fähigkeit innewohnen, die eigenen inneren Anteile in gutem Sinne zu führen und aus ihren ungünstigen Rollen zu befreien.
- Aus Sicht des IFS-Modells kann man die sich im Lauf des Lebens entwickelnden Persönlichkeitsanteile drei Gruppen zuordnen: verletzliche, empfindsame Teile, die häufig durch schmerzliche Gefühle und Erinnerungen belastet sind (und oft aus der bewussten Wahrnehmung verbannt werden), sowie Schützer-Teile, die uns helfen wollen, solche Gefühle nicht mehr zu erleben. Manche der Schützer sind vorausschauend tätig (Manager). Wenn ihre Strategien nicht wirken und schmerzliche Gefühle ausgelöst werden, treten die reaktiven Schützer auf den Plan (Feuerbekämpfer).
- Alle Teile in uns sind grundlegend wichtig und wertvoll, so, wie alle Teile eines Ökosystems gebraucht werden, damit das ganze System in Einklang funktionieren kann.
- Jeder Teil hat Potenziale und Stärken und will etwas Positives für das Individuum beitragen. Es gibt keine »bösen« oder »schlechten« Anteile. Ihr Verhalten ist ein (manchmal aus dem Ruder gelaufener) Lösungsversuch, auch wenn das oft nicht auf den ersten Blick erkennbar ist.
- Manche Anteile stehen in unserer WG im Vordergrund und bestimmen unser Verhalten spürbar. Andere befinden sich eher im Hintergrund oder leben im Keller. Wir

nehmen sie erst wahr, wenn sie durch einen bestimmten Reiz auf den Plan gerufen werden und plötzlich hochkommen.

- Persönlichkeitsanteile werden manchmal durch schwierige Erfahrungen in unserem Leben in extreme Rollen gezwungen und wenden dann extreme Strategien an, die uns oder anderen Schaden zufügen.
- Teile können nicht eliminiert werden. Aber sie können sich entwickeln und verändern.
- Wenn die Teile von ihren ungünstigen Rollen entlastet werden, sich entspannen und lernen, dem Selbst zu vertrauen, kommt das innere System wieder in die Balance. Unsere Persönlichkeitsanteile können dann Rollen einnehmen, die ihrer wahren Natur entsprechen, und das Selbst kann die ihm ursprünglich zukommende Führungsrolle einnehmen.

KAPITEL 3

Das Selbst

Wer sind wir – wirklich?

»Jeder Mensch ist ein Geschenk.
Manche sind einfach schon mehr ausgepackt.«
UNBEKANNT

In Bangkok steht eine riesige Buddhastatue, über fünf Tonnen schwer und aus reinem Gold. Vermutlich im 15. Jahrhundert erbaut, wurde sie lange Zeit von vielen Menschen verehrt. Als im 18. Jahrhundert die burmesische Armee in Thailand einmarschierte, begannen die Mönche des Klosters, den goldenen Buddha mit Schlamm und Ton zu überziehen. Sie verzierten ihn mit billigen bunten Glasscherben, um ihn für die feindlichen Truppen wertlos erscheinen zu lassen. Während der Invasion wurden alle Mönche ermordet, doch der goldene Buddha blieb unentdeckt.

Zweihundert Jahre später wurde ein ganzes Kloster in Thailand von einigen Mönchen umgesiedelt. Eines Tages waren sie dabei, einen riesigen Stein-Buddha zu verlegen, als einer der Mönche einen Riss bemerkte. Bei näherer Betrachtung entdeckte er, dass daraus goldenes Licht hervortrat. Vorsichtig gingen die Mönche daran, die äußere Hülle abzutragen, bis die ursprüngliche Statue zum Vorschein kam: Sie war aus massivem Gold.

Diese Geschichte lässt sich als Metapher für unsere eigene menschliche Entwicklung lesen: Jeder von uns ist von Natur aus golden. Wir werden golden geboren, reich gesegnet mit Kreativität, Verbundenheit, tiefem Wissen, unserer Seligkeit.

Jede spirituelle Tradition besagt, dass wir eins sind mit dem, was manche das Göttliche nennen, andere sagen auch einfach Leben oder Lebenskraft dazu. Aber wir vergessen es. Wir wachsen heran und lernen, uns auf eine bestimmte Art zu verhalten, um mit unserem Umfeld zurechtzukommen. Wir gehen in den Kindergarten und zur Schule, und man sagt uns, wir müssten so und so sein, und so legt sich eine Hülle aus Lehm und Stein über uns. »Bis wir irgendwann – im Alter von vier oder fünf oder sechs oder sieben – überzeugt sind«, so beschreibt es der Autor Alan Cohen, »dass wir der steinerne Buddha sind, nicht der goldene.«[28]

Viele Menschen, die einen inneren Entwicklungsweg gegangen sind, erzählen eine eigene Version dieser Geschichte. Ich beispielsweise war viele Jahre überzeugt, in mir würde etwas Grundlegendes fehlen. Dass in mir irgendetwas nicht eingebaut worden war, was Menschen, die mit ihrem Leben augenscheinlich glücklich und zufrieden sind, besaßen, ich aber nicht. Ich hatte dazu das Bild einer »himmlischen Fertigungsstraße«, bloß dass da nicht an einem langen Fließband Autoteile zu Autos zusammengesetzt wurden, sondern es war eine Fertigungsstraße, wo man Menschen quasi vor ihrer Geburt mit all dem ausstattet, was man braucht, um ein frohes und erfülltes Leben zu führen. Und bei mir hatten sie an einer Stelle offensichtlich etwas vergessen. Etwas ganz Wichtiges ging mir ab. Ich hätte nicht sagen können, was. Nur dass etwas an mir falsch war. Zutiefst mangelhaft, und das würde sich auch nicht mehr ändern.

Diese innere Überzeugung, falsch oder irgendwie defizitär zu sein, kenne ich von vielen meiner Klientinnen und Kursteilnehmern. Manche erklären sich das aus ihrer Geschichte, weil ihre Kindheit war, wie sie war. Manchmal tragen traumatische Erfahrungen oder gesellschaftliche Umstände wie Ausgrenzung, Armut oder eine Vielzahl anderer Formen von Abwertung dazu bei. Andere können nicht wirklich einen Grund nennen, sie erleben einfach einen tiefen, schmerzlichen Mangel. Viele meinen dann, das, was ihnen fehlen würde, sei eine glückliche Beziehung. Oder Anerkennung von außen. Vielleicht würde es helfen, wenn sie besser aussehen oder mehr verdienen würden oder einen anderen Job hätten. Ich glaube allerdings, das, woran es den meisten von uns mangelt, ist etwas anderes. Es ist das, was damals auch mir abging in meiner Überzeugung, nicht richtig zusammengebaut worden zu sein.

Was mir fehlte, war ich selbst. Was mir fehlte, war der Zugang zu dem, was ich in der Tiefe war: mein Selbst. Aus IFS-Perspektive könnte man sagen: Wie so viele von uns war ich mit meinen *Teilen* identifiziert – mit dem, was sich über das Gold gelegt hatte, um akzeptabel und weniger verletzlich zu sein.

Eine psychospirituelle Sicht auf den Menschen

Der Blick auf den Menschen aus Sicht des IFS-Modells ist ganzheitlich, wertschätzend und gesellschaftlich wie individuell stärkend. IFS geht davon aus, dass wir zwar Persönlichkeitsanteile haben, die sich mitunter in einer Weise verhalten, die uns und anderen Schaden zufügt, dass dies aber weder in ihrer eigentlichen Absicht liegt noch ihre ursprüngliche Natur darstellt. Unsere Teile sind nicht schlecht oder böse, und sie ändern sich nicht dadurch, dass man sie bestraft oder zu eliminieren versucht. Sie sind in mitunter extreme Rollen geraten und haben ungute und manchmal geradezu schreckliche Verhaltensweisen entwickelt. Doch gleichsam hinter oder unter all diesen Anteilen unserer Persönlichkeit liegt das Selbst, das sie im guten Sinne führen kann und sollte. Ziel ist es also, diese Selbst-Führung zu ermöglichen.

Als Erinnerungshilfe wird in IFS häufig die Eselsbrücke der acht Cs gebraucht, um eine Kerngruppe heilsamer Qualitäten zu identifizieren, die im Zustand des Selbst gegenwärtig sind. Ich habe sie in Kapitel 2 schon angesprochen: Gelassenheit (calmness), Klarheit (clarity), Interesse (curiosity), Mitgefühl (compassion), Vertrauen (confidence), Mut (courage), Kreativität (creativity) und Verbundenheit (connectedness). Auch weitere positive Qualitäten, etwa Liebe, Freude, Humor, Akzeptanz und Dankbarkeit, sind dem Selbst eigen.[29]

Doch leider sind für viele von uns das Selbst und seine Qualitäten nicht so leicht zugänglich – besonders wenn wir aufgrund von Kindheitserfahrungen viele verbannte Teile und stark belastete Manager und Feuerbekämpfer haben. Nichtsdestotrotz ist aus IFS-Sicht die Essenz eines jeden Menschen Selbst-Energie, und diese ist unzerstörbar, egal, was uns widerfahren sein mag oder widerfahren wird.

Dabei beschreibt Richard Schwartz das Selbst in zwei unterschiedlichen Aspekten: als expansiven, unbegrenzten Geisteszustand und als aktive, mitfühlende innere Führung. Wenn man im Sinne von IFS davon spricht, »im Selbst« oder »in einem selbstnahen Zustand« zu sein, ist damit also einerseits eine innere Verfassung gemeint, in der wir uns gelassen, zuversichtlich, zentriert und mit uns selbst und anderen verbunden fühlen. Zugleich bedeutet es aber auch die Fähigkeit, die eigenen Teile zu trösten, zu beruhigen oder innere Konflikte zu klären – also aktiv die Führung zu übernehmen, wenn die WG im unvermeidlichen Wellengang des Lebens in Turbulenzen gerät.

Das IFS-Modell bietet einen Verständnisrahmen und eine Sprache, um fundamentale Zusammenhänge und Abläufe menschlicher Entwicklung zu erfassen. Über die Zeiten ist menschliche Entwicklung je nach Kontext und Zeitalter eher spirituell, religiös, philosophisch, materialistisch, soziologisch, biologisch oder psychologisch gesehen worden. Das Hervorstechende am Menschenbild von IFS ist, dass es eine psychospirituelle Perspektive anbietet. Zugleich legt es niemanden auf irgendeine Form von Weltanschauung, spiritueller Gesinnung geschweige denn religiöser Ausrichtung fest. Ob man für sich eher die alltagspraktischen, die psychologischen oder die spirituellen Aspekte betonen möchte, bleibt der eigenen Vorliebe überlassen. In jedem Fall eröffnet der Blick auf das eigene Innere im Sinne von Selbst und Teilen Möglichkeiten für tiefgreifende heilsame Veränderungen und gibt klare, praktische Hinweise, wie diese eingeleitet werden können.

Mit schwierigen Gefühlen umgehen lernen

Von einer rein psychologischen Warte aus betrachtet, könnte man sagen, dass jeder Mensch viele Persönlichkeitsanteile hat und dass es zu ungünstigen emotionalen Reaktionsweisen kommt, wenn diese sich in konflikthafte Denkweisen und Verhaltensmuster verstricken. Mit der Zeit erfolgt eine Überidentifikation mit bestimmten Teilen, die zu immer stärker reflexhaften Versuchen führt, unerwünschte Gefühle zu vermeiden oder abzuwehren.

Aus IFS-Sicht besteht aber zugleich für jede Person die Möglichkeit, Zugang zu einem Aspekt menschlicher Identität zu erlangen, der angeborenes Wissen und die Fähigkeit hat, die eigenen verwundeten oder in ungünstigen Rollen verhafteten Anteile der Persönlichkeit mitfühlend wahrzunehmen. Indem wir lernen, auch den Gefühlen, die wir nicht mögen, mit Akzeptanz und Interesse zu begegnen, sind wir immer mehr in der Lage, uns gut um uns selbst zu kümmern und zu unserer Heilung beizutragen. Wir werden resilienter und können besser mit unseren Emotionen umgehen. Es bildet sich gleichsam ein weiter werdender innerer Raum, in dem wir in schwierigen Momenten mit einer liebevoll haltenden Präsenz so für uns da sein können, wie unsere Eltern es früher vielleicht nicht konnten.

Sich auf diesen Pfad der inneren Zuwendung zu begeben, ist ein nachhaltig wirksamer Weg für persönliches Wachstum ebenso wie für Coaching oder Psychotherapie. Doch IFS ist in meinen Augen noch weit mehr als das. Als Ausdruck eines Paradigmenwechsels steht IFS an der Schnittstelle von Psychologie, Spiritualität und sozialem Wandel. Ich sehe die Prinzipien von IFS als Teil einer Veränderung innerer ebenso wie äußerer Systeme und damit als Element einer übergreifenden Transformation, die weltweit im Gange ist. Unser Blick darauf, wer wir sind und wie wir miteinander auskommen können (und welche Qualitäten wir in uns freilegen müssen, wenn wir als Spezies überleben wollen), verändert sich. Richard Schwartz schreibt: »Im Kern ist IFS eine liebevolle Art, in Beziehung zu treten – nach innen (zu unseren Teilen) und nach außen (zu den Menschen in unserem Leben).«[30] IFS ist daher nicht nur eine therapeutische Technik oder ein Werkzeug für Persönlichkeitsentwicklung. Es ist ein gedanklicher Rahmen und praktischer Weg, um Liebe zu sich selbst und zueinander zu entwickeln.

Selbst-Führung und wie sie verloren geht

Aus meiner Sicht, und dabei mögen Sie mir beim Lesen zustimmen oder auch nicht, geht es bei allen Wegen innerer Entwicklung letztlich darum, uns wieder an unser ursprüngliches Selbst zu erinnern. Es ist über die Jahrtausende und je nach Kontext mit unterschiedlichen Namen versehen worden: Höheres Selbst, Wahre Natur, Ursprüngliches Sein, Buddha-Natur, Christus-Essenz, Chi, Atman, Seele, All-eins-Bewusstsein, unser Seinsgrund … Doch ist es nichts, was wir angestrengt erreichen, wohin wir uns verbessern oder optimieren müssten. Und es ist nichts, was uns besser oder besonderer macht als andere. Jemand, der meint, er habe sein »wahres Selbst« gefunden und sei deshalb besonders erleuchtet, und der sich damit über andere stellen will, ist ganz sicher auf dem Holzweg. Das Selbst ist in diesem Sinne *überpersönlich*, nichts, was uns »gehört« oder uns persönlich besonders auszeichnet. Es ist nichts, was wir zu unserem vermeintlich »schlechten Ego« hinzufügen müssten, damit wir endlich gut oder richtig werden. Eher geht es darum, etwas wegzunehmen – wie in der Geschichte vom goldenen Buddha: nämlich das tragische Missverständnis, dass wir uns selbst nicht mehr als golden erkennen.

Vielleicht lesen Sie diese Zeilen mit hochgezogenen Augenbrauen und halten sie für esoterisches Tralala. Oder Sie denken, dass es ja gut sein kann, dass dieses ursprüngliche Goldensein für alle anderen Menschen gilt, aber ganz sicher nicht für Sie. Dann kann ich Sie gut verstehen. Weil ich auch viele Jahre Ähnliches in Büchern gelesen oder auf Seminaren gehört habe und nicht in der Lage war, das zu glauben. Schlicht und ergreifend, weil es sich nicht mit meiner eigenen Erfahrung deckte. Daher kann ich Sie beziehungsweise die Skepsis Ihrer Teile wirklich verstehen. Und vielleicht mögen Sie es beim Weiterlesen zumindest als Arbeitshypothese gelten lassen, dass doch etwas daran sein könnte.

Wie geschieht es nun, dass so viele von uns den Zugang zu ihrem Selbst verlieren, zu dem, was wir in der Tiefe sind?

Obschon wir alle mit unzerstörbarer Selbst-Energie auf die Welt kommen, sind wir in unseren ersten Jahren von anderen zu abhängig, als dass wir diese Qualitäten selbstbestimmt in Handlung umsetzen könnten. Wir sind schlichtweg zu klein. Und dazu oft von Menschen umgeben, die selbst wenig Zugang zu *ihrer* Selbst-Energie haben und *uns* nicht darin unterstützen, *unserer* zu vertrauen. Wenn uns dann etwas Schwieriges widerfährt und wir zu jung sind, als dass unser noch nicht voll ausgebildetes Selbst in einem noch nicht voll ausgebildeten Körper mit eingeschränkten kognitiven und emotionalen Kompetenzen die Führung übernehmen könnte, um diese Herausforderung zu meistern, springen uns unsere Teile zu Hilfe. Sie tun das oft in großer Tapferkeit und mit all ihren Kräften, um uns zu unterstützen und uns zu beschützen. Und sie tun es eben mit den Fähigkeiten und Ressourcen, die uns *zu diesem Zeitpunkt in unserem Leben zur Verfügung stehen.*

Es können scheinbar unspektakuläre Vorkommnisse sein, die aber trotz ihrer »Normalität« die kindliche Entwicklung beeinträchtigen oder dazu führen, dass wichtige Bedürfnisse nicht erfüllt werden, sodass sich Teile bilden, um das zu kompensieren: etwa, wenn Babys nicht hochgenommen werden, wenn sie weinen, weil sie sonst »tyrannisch« würden. Wenn sie sich im Vergleich zu Bruder oder Schwester permanent als unterlegen wahrnehmen, sie zu viel Fürsorge für die Geschwister übernehmen müssen oder sich für die Eltern verantwortlich fühlen. Wenn sie von anderen Kindern ausgelacht werden. Wenn es Anerkennung und Zuwendung nur für Leistung gibt. Wenn sie in Momenten von Traurigkeit keinen Trost erhalten, weil ein Indianer keinen Schmerz kennt …

Durch solche prägenden Lernerfahrungen können sich Verhaltensmuster entwickeln, die die Jahre überdauern. Seien es »nur« chronisch verletzende oder der gesunden kindlichen Entwicklung schädliche oder auch massiv traumatische Erfahrungen: In einem tapferen Anpassungsversuch übernehmen bestimmte Teile der Persönlichkeit starke Rollen. Wenn ein Kind beispielsweise erfährt, dass es Aufmerksamkeit nur dann bekommt, wenn es lustig und gut gelaunt ist, machen sich Spaßvögel-Teile im Wohnzimmer der WG breit. Kann man den strafenden Blicken der Eltern entgehen, indem man stets lieb und brav ist, können sich »People Pleaser« herausbilden, die versuchen, es allen immer recht zu machen. »Mit einer schützenden Absicht verdrängen solche Teile die Führungsposition des Selbst. Mit der Zeit verfestigt sich das, was ursprünglich eine Schutzmaßnahme war, zu Mustern, die nur schwer zu ändern sind – sogar, wenn sie eindeutig selbstzerstörerisch sind. Wenn die Schützeranteile weiterhin das Selbst verdrängen, geht die wertvolle, mitfühlende innere Führung verloren«, schreibt die Jung'sche Analytikerin Mary-Anne Johnston.[31]

Je öfter das geschieht und je regelmäßiger die vordrängenden Schützer das Selbst überlagern, desto mehr unserer Anteile verlieren das Vertrauen in die Fähigkeiten des Selbst, das System zu führen. So übernehmen die vorherrschenden Teile mehr und mehr die Persönlichkeit: »Es ist, als wäre ein ›Putsch‹ erfolgt, der die wahre Führung der Psyche untergräbt. Die dominanten Anteile kommen zu der Überzeugung, dass sie in Wirklichkeit die gesamte Persönlichkeit sind.«[32]

Man kann diesen Prozess oft schmerzlich in der Entwicklung von Kindern beobachten. Über die ersten Lebensjahre verändert sich ihr zu Beginn häufig offenes, heiteres, innerlich freies Naturell. Sie verlieren das Gefühl, mit sich selbst und der Welt in Einklang zu sein, das Zutrauen zu sich und das Vertrauen in andere. Je nach Lebensumständen geschieht das mal früher, mal später, mal lediglich ansatzweise, mal radikal. Statt den Selbst-Qualitäten wie Neugier, Zufriedenheit, Mut, Kreativität, Verbundenheit oder Verspieltheit legen die Kinder dann mehr und mehr Eigenschaften an den Tag, die aus den Bemühungen ihrer Teile stammen, mit den Herausforderungen, Verletzungen und schmerzlichen Erfahrungen ihres Lebens umzugehen.

Wir vergessen, wer wir sind und schon immer waren, und halten uns für das, was wir über uns denken. Genauer gesagt:

In der Regel halten wir uns für das, was unsere kritischen Teile über uns denken, oder aber für das, was unsere verletzten Teile fühlen.

Das IFS-Modell geht, wie mehrfach gesagt, davon aus, dass jeder Mensch nicht nur Teile, sondern auch ein Selbst hat. Oder spezifischer: ein Selbst *ist.* Dass jedem Menschen ein essenzieller Wesenszustand innewohnt, der frei, unbelastet und unzerstörbar ist. Dieser Schlüsselaspekt unterscheidet IFS von vielen anderen Modellen. Gerade durch seine Arbeit mit schwer traumatisierten Klienten kam Richard Schwartz zu dem Schluss, dass der Zugang zum Selbst immer wieder freigelegt werden kann: »Was mich in diesen Momenten besonders beeindruckte, ist nicht nur, dass meine Klienten, sobald sie das Selbst im Kern ihres Wesens entdeckten, Merkmale von Weisheit, Selbsteinsicht und Akzeptanz zeigten, von Stabilität und persönlichem Wachstum, sondern dass sogar massiv beeinträchtigte Klienten, die unwahrscheinliche Kandidaten für solche Veränderungen zu sein scheinen, so oft in der Lage sind, dieselben Qualitäten zu erleben.«[33]

Absolute und relative Selbst-Zustände

Wenn in IFS davon die Rede ist, »im Selbst zu sein«, ist damit kein absoluter Zustand aus hundert Prozent Selbst und null Prozent Teilen gemeint, sondern eher die Erfahrung, uns unserer Teile bewusst, ohne mit ihnen identifiziert zu sein. Persönlichkeitsanteile und ihre spezifischen Gedanken, Gefühle oder Reaktionsweisen werden bemerkt, ohne dass sie uns überschwemmen, da wir aus dem Selbst heraus in einer heilsamen, zugewandten Art mit ihnen interagieren und sie unterstützen und gegebenenfalls auch regulieren können.

Gleichwohl erleben Menschen mitunter, beispielsweise in der Meditation, Zustände, in denen die übliche Alltagserfahrung der Teile so stark zurücktritt, dass eine jenseits von begrifflicher Vorstellung oder Worten liegende Weite oder

Bewusstseinsklarheit eintritt. Sie wird manchmal als Erfahrung von All-eins-Sein beschrieben, auch *Unio mystica* oder *satori* genannt. Man könnte sie aus einer Teile-Perspektive vielleicht verstehen als Momente, wo das Selbst in seiner transpersonalen, überpersönlichen Qualität seiner selbst gewahr wird. In absoluten Selbst-Zuständen erkennt sich Selbst-Energie als ungetrennt *in* allem und *als* alles.

Über solche Erfahrungen berichten Menschen zu allen Zeiten, und sie sind nicht so selten, wie oft angenommen wird. Je nach Kultur und Kontext werden sie unterschiedlich gedeutet: beispielsweise in mystischen, religiösen oder auch pathologisierenden Bezugsrahmen, denn mitunter wurden solche Erfahrungen auch als Teil einer Psychose angesehen. Seit einigen Jahren beschäftigt sich die Gehirnforschung intensiv mit der Frage, wie diese Erfahrungen neurologisch zu erklären sind.[34] Sie können als glückselig, aber auch als erschütternd erlebt werden, weil sie so weit jenseits der sonstigen Ich-Erfahrung liegen. Ein solches Erleben würde ich als Erfahrung eines *absoluten Selbst-Zustands* bezeichnen, im Vergleich zu dem oben erläuterten *relativen Selbst-Zustand*, bei dem ich mir meiner Teile und ihrer Bewegungen in mir bewusst bin, ohne mit ihnen identifiziert zu sein.[35] Wenn ich in diesem Buch von Selbst-Zuständen spreche, meine ich die »relative« Variante.

Doch bei allen Versuchen, das Selbst zu beschreiben, sprechen wir über etwas, was sich einer rein intellektuellen Definition notwendigerweise entzieht, weil es eben so weit über intellektuelle Fragen hinausgeht. Um mit den Worten von Uta Sonneborn, einer der ersten Psychotherapeutinnen, die IFS in Deutschland mitverbreitet haben, zu sprechen: »Eine vollständige Antwort, was das Selbst sein kann, wage ich nicht zu geben.«[36]

Was einen Selbst-Zustand kennzeichnet

In der Regel bewegen wir uns alle beständig auf einem stufenlosen Kontinuum, an dessen einem Ende volle Selbst-Führung, am anderen Ende volles Gesteuertsein durch unsere Anteile liegt. Sind wir eben noch gelassen und offen, so kann der richtige Trigger – wenn also jemand den berühmten roten Knopf drückt – in Sekundenschnelle einen Teil hervorschießen lassen, der komplett die Regie übernimmt. Wir *verschmelzen* dann mit ihm und sehen die Welt durch seine Augen. Der Teil übernimmt sozusagen den Platz am Sitz des Bewusstseins – ein Platz, den eigentlich unser Selbst einnehmen sollte. Je mehr Übung wir darin haben zu bemerken, dass gerade ein Teil in uns reagiert, desto leichter finden wir in einen stärker selbstgeführten Zustand zurück.

Neben den bereits genannten Qualitäten wie Verbundenheit, Kreativität und Gelassenheit deuten folgende Aspekte darauf hin, dass eine Person mit einem hohen Maß an Selbst-Führung durchs Leben geht.

Die Person

- fühlt sich wohl in und mit sich selbst,
- hat grundsätzliches Vertrauen in ihre Fähigkeit, mit den Stürmen des Lebens umzugehen,
- hat Interesse, Mitgefühl und Respekt für andere Menschen ebenso wie für all ihre eigenen Anteile, ohne deswegen deren ungünstige Verhaltensweisen zu ignorieren, herunterzuspielen oder eskalieren zu lassen,
- kann sich entschuldigen, wenn Teile mit ihr durchgehen,
- unterdrückt nicht die starken Gefühle ihrer Teile, erlaubt sich auch Erfahrungen wie zu scheitern oder schwach zu sein,
- kümmert sich um ihre Anteile und hilft ihnen, ihre Lasten so

weit als möglich abzulegen und ihre ursprünglichen Qualitäten und Talente wieder zum Ausdruck zu bringen,
- hat eine lebendige, warmherzige, offene Ausstrahlung, ohne dabei stets »lieb und nett« zu sein,
- ist berührbar und präsent,
- kann sich unangemessenem Verhalten gegenüber abgrenzen, klar für ihre Bedürfnisse eintreten, um Unterstützung bitten und Hilfe annehmen,
- verfällt nicht gleich in defensive Reaktivität, wenn ihr jemand widerspricht oder sie kritisiert,
- hält sich nicht für perfekt oder besser als andere,
- glaubt nicht, alles zu wissen oder die Wahrheit für sich gepachtet zu haben,
- steht zu ihren Schwächen ebenso wie zu ihren Stärken und hat die Intention, zum Wohle anderer und zum Leben als Ganzem beizutragen,
- trägt dazu bei, dass andere Menschen leichter in ihre eigene Selbst-Energie finden – nicht indem sie etwas Bestimmtes tut, sondern einfach durch die Art, wie sie da ist.

Eher nicht für Selbst-Führung, sondern für ein Gesteuertsein durch Anteile spricht

- die Ablehnung bestimmter eigener Charakterzüge oder Gefühle wie Wut oder Trauer und die Vorstellung, anders sein oder besser werden zu müssen, als man ist,
- wenig Wahrnehmung/Aufmerksamkeit/Achtsamkeit für die Welt um einen herum zu haben,
- innere Unruhe, permanentes Getriebensein, ständiges Nachdenken, überall sein, bloß nicht im Hier und Jetzt,
- Humorlosigkeit,
- Unfähigkeit, die Perspektive zu wechseln: das, was geschieht, nicht aus einem anderen Blickwinkel sehen oder sich nicht in die Lage eines anderen versetzen zu können,

- unethisches oder unintegres Verhalten, Verhalten oder Worte, durch die andere herabgesetzt, beschämt oder bewusst verletzt werden,
- Dogmatismus, Fundamentalismus, z. B. religiöser oder politischer Art, Missionierungsversuche oder die Überzeugung, im Besitz *der einen* Wahrheit zu sein, von der der Rest der Welt (oder eine spezielle Gruppe Eingeweihter) überzeugt werden muss.

Sich klarzumachen, welche Aspekte auf eine starke oder weniger starke Selbst-Führung hinweisen, kann helfen, früher zu bemerken, wann Teile uns kapern und die Regie übernehmen. Zudem höre ich immer wieder von Klienten oder Kursteilnehmerinnen, die in problematische Beziehungen, zum Beispiel zu spirituellen Lehrerinnen, Ausbildungsleitern oder Beziehungspartnern geraten. Jemand kann sehr charismatisch oder anziehend sein, viel Weisheit besitzen oder tiefe Erfahrungen gemacht haben und dennoch von Anteilen der eigenen Persönlichkeit geleitet werden, die in schwierige Denk- oder Verhaltensweisen verstrickt sind. Wann immer Sie Zweifel haben, was die Vertrauenswürdigkeit oder Integrität einer Person angeht, könnte Ihnen dieser Abschnitt vielleicht helfen, sich ein umfassenderes Bild zu machen.

Wege zum Selbst

Die Frage ist nun, wie wir von der Identifikation mit unseren Teilen in einen Selbst-Zustand wechseln können. Jeder von uns hat ihn in der einen oder anderen Weise schon erlebt. Richard Schwartz schreibt: »Wir alle kennen diese leuchtenden Momente der Klarheit und Ausgeglichenheit (…), die hin und wieder kurz auftauchen. Wie auch immer wir dorthin gelangen, plötzlich stellt sich ein Gefühl von innerer Fülle und Offenherzigkeit ein, das im Moment zuvor nicht da war. Das unaufhörliche unangenehme Geplapper in unserem Kopf verstummt, wir haben ein Gefühl von ruhiger Weite, als hätten sich Geist und Herz und Seele geweitet und aufgehellt. Manchmal kommen diese flüchtigen Erfahrungen mit einem hellen Leuchten friedlicher Gewissheit, dass alles im Universum wirklich in Ordnung ist, und das schließt uns – Sie und mich persönlich – in all unserer armen, ringenden, unvollkommenen Menschlichkeit mit ein. Zu anderen Zeiten erleben wir vielleicht eine Welle freudiger Verbundenheit mit anderen, die Irritation, Misstrauen und Langeweile wegspült. Wir spüren, dass wir ausnahmsweise wirklich wir selbst sind, unser wahres Selbst, frei von der inneren Kakophonie, die uns normalerweise überfällt.«[37]

Gelegentlich entstehen solche Erfahrungen ganz von allein, in den überraschendsten oder unwahrscheinlichsten Situationen. Mitunter erleben wir sie in Momenten von Staunen, Ehrfurcht oder großer innerer Bewegtheit, dann wieder bei unspektakulären Alltagstätigkeiten. Und wir können beginnen, bewusst Umstände zu schaffen, in denen es wahrscheinlicher ist, dass sich ein solcher innerer Zustand einstellt.

Es gibt viele unterschiedliche Zugangswege zu dem Seinszustand, der in IFS Selbst genannt wird. Hier Dinge, die Menschen aus meinen Kursen und Teilnehmerinnen an IFS-Ausbildungen dafür hilfreich finden:

- Sich bewusst mit dem Atem verbinden
- Yoga, Qigong, Tai-Chi (oder ähnliche Bewegungspraktiken) ausführen
- Meditieren
- Beten

- Sich von einem Gedicht, einem Text, einem Bild bewegen und inspirieren lassen
- In der Natur sein (im Wald, am Meer, in den Bergen …)
- Dankbarkeit erleben
- Singen, chanten
- Bewusst den Körper spüren, sich aufrichten
- Sich die Hand aufs Herz legen
- Sich selbst liebevoll umarmen
- Sich mit Selbstmitgefühl begegnen
- Sich mit anderen verbunden fühlen
- Einer anderen Person von Herz zu Herz begegnen
- Sich in einer Umarmung mit seinem Liebsten oder einer guten Freundin entspannen und spüren, wie die Bäuche miteinander atmen und sich miteinander wohlfühlen
- In die Augen eines Babys schauen
- Mit jemandem in Kontakt sein, der in einem Selbst-Zustand oder einem selbstnahen Zustand ist (z. B. ein Tier, ein Baby, eine tief gelassene Person, ein spiritueller Lehrer)
- Im Anblick der Sterne am Nachthimmel aufgehen
- Nach dem Weinen in einen Zustand friedvoller Stille kommen
- Flow erleben: einen Zustand, in dem man das, was man tut, ohne jede Anstrengung und ohne Nachdenken tut, aber mit Hingabe und Konzentration, etwa beim Sport
- Tanzen, sich bewegen
- Musik hören, Musik machen
- Im Garten oder mit Material wie Holz oder Ton arbeiten
- Joggen, schwimmen
- Aus seinen Gedanken aussteigen und ins Hier und Jetzt kommen
- Innehalten
- Den Körper entspannen

Im Laufe dieses Kapitels finden Sie mehrere Übungen, die helfen können, den Zugang zu Selbst-Energie zu erleichtern.

Es ist nicht überraschend, dass Weisheitstraditionen über die Jahrtausende Praxisformen entwickelt haben, die einen Selbst-Zustand befördern. Doch wie man an dieser Aufzählung sieht, finden Menschen ganz unterschiedliche Eintrittspforten, die nicht notwendigerweise still oder nach dem üblichen Verständnis kontemplativ sein müssen. Richard Schwartz beschreibt, dass für ihn lange der beste Zugang dorthin auf dem Basketballfeld lag: »Im Laufe der Jahre wurde ich süchtig nach Basketball wegen der flüchtigen Momente, in denen ich in einen Zustand eintrat, in dem meine inneren Kritiker verschwanden und mein Körper genau zu wissen schien, was zu tun war. Ich hatte totales Vertrauen in meine Fähigkeiten und erlebte ein Gefühl von Freude und ehrfürchtigem Staunen dabei, spontan im Moment zu sein.«[38] Zugleich ist selbstverständlich keiner dieser Wege eine Garantie dafür, in einen Selbst-Zustand zu kommen. Schließlich kann man auch beim Tanzen oder Joggen – und ebenso beim Meditieren! – von einem kritischen, genervten oder erschöpften Teil eingenommen sein.

Embodiment: Wieder im Körper heimisch werden

Selbst-Energie zu spüren ist eine *verkörperte* Erfahrung. Frank Anderson, IFS-Ausbilder und Trauma-Therapeut, schreibt über sein Erleben von Selbst-Energie: »Man ›kapiert‹ es erst dann wirklich, wenn man Selbst-Energie erfährt oder sie persönlich verkörpert. Sie kann von verschiedenen Menschen unterschiedlich erlebt werden. Für mich war sie zunächst ein theoretisches Konstrukt, bis ich die Hälfte meiner IFS-Ausbildung hinter mir hatte. Ich erinnere mich an den Moment, als ich das Selbst zum ersten Mal spürte. Es war wie ein Kribbeln und ein gleichzeitiges Gefühl der Ruhe, das sich durch meinen ganzen Körper zog.«[39]

Es ist schwierig, im Selbst zu sein, solange wir unseren Körper nicht wahrnehmen. In unserer körperfernen und so sehr vom Verstand gesteuerten Welt sind allerdings die meisten von uns nur selten im eigenen Körper präsent. Von mir selbst kann ich sagen, dass ich mich als Erwachsene bis zum Alter von etwa dreißig vor allem vom Kopf aufwärts wahrgenommen habe – natürlich ohne mir dessen in irgendeiner Weise bewusst zu sein. Es war einfach normal und selbstverständlich, meinen Körper entweder dann wahrzunehmen, wenn etwas schmerzte oder nicht wie gewünscht funktionierte oder wenn es einen starken angenehmen Reiz gab, wie etwa bei dem Erleben, unter der heißen Dusche zu stehen. Nach einem kurzen Aufblitzen dieser physischen Erfahrung war ich aber im nächsten Moment schon wieder mit meinen Gedanken beschäftigt – etwa mit meiner To-do-Liste oder den Kommentaren und Streitgesprächen der Teile in meinem Kopf. Dass es auch etwas anderes geben könnte als dieses beständige mentale Eingenommensein wurde mir erst klar, als ich mit dem Meditieren anfing. Uns von unserem Körper abzutrennen und uns vor allem mit dem Denken zu beschäftigen ist eine wirkungsvolle Strategie unserer Schützer, schmerzliche Gefühle abzumildern.

Schrittweise wieder Zugang zum Körpererleben zu finden ist also von zentraler Bedeutung, wenn wir mehr Selbst-Energie erfahren wollen. Daher wird beispielsweise auch im Achtsamkeitstraining der Bodyscan so intensiv geübt: Man durchwandert mit der bewussten Wahrnehmung den eigenen Körper von den Fußsohlen bis zum Scheitel. Dabei lernt man mehr und mehr zu unterscheiden, was gedankliche Beschäftigung und was tatsächlich körperlich erlebte Wahrnehmung ist, unabhängig vom Denken. Mittlerweile sind viele Anleitungen zum Bodyscan frei verfügbar.[40]

Eine andere Möglichkeit ist, mit Ihren Teilen Kontakt aufzunehmen und sie zu bitten, sich für ein paar Minuten zu entspannen und Ihnen mehr Raum im Körper zu erlauben. Bitten Sie sie, darauf zu vertrauen, dass es sicher ist, Sie mehr in Ihren Körper zu lassen. Vielleicht wollen sie das nicht zulassen, dann könnten Sie versuchen, gemeinsam mit ihnen herauszufinden, warum sie das nicht wollen. Doch wenn die Teile einverstanden sind und sich mehr Selbst-Energie im Körper ausbreiten kann, werden Sie vermutlich Empfindungen wahrnehmen wie mehr körperliche Geräumigkeit, Entspannung oder Wohlbefinden. Oft geht damit auch die Empfindung einer leisen Vibration oder von Kribbeln oder Strömen in den Extremitäten einher.[41] Sie können die folgende Übung dafür nützen oder jeden anderen Zugang, der Ihnen angenehm ist.

ÜBUNG: Verbindung zum Körper aufnehmen

Wählen Sie eine Sitzgelegenheit, die es Ihnen ermöglicht, entspannt und zugleich aufrecht zu sitzen. Eine stabile Körperhaltung, die sich sowohl geerdet anfühlt (etwa über den Kontakt der Fußsohlen zum Boden) als auch würdevoll und aufgerichtet, kann Zugang zu Selbst-Energie erleichtern. Schließen Sie die Augen und nehmen Sie ein paar angenehm tiefe Atemzüge.

Richten Sie nun Ihre Aufmerksamkeit auf die Empfindungen in Ihrem Körper. Vielleicht nehmen Sie Anspannung im Nacken wahr oder Müdigkeit rund um die Augen. Vielleicht den Kontakt zur Sitzfläche oder die Bewegungen im Rumpf beim Atmen. Vermutlich ändern sich die Empfindungen von Moment zu Moment.

Wenn Ihre Aufmerksamkeit abwandert, bringen Sie sie sanft zum Erleben des Körpers zurück. Wenn Ihre Teile finden, dass Sie für so etwas keine Zeit haben, bitten Sie sie, Ihnen ein paar Minuten Raum dafür zu geben.

Nehmen Sie nun verschiedene Körperbereiche im räumlichen

Verhältnis zueinander wahr. Spüren Sie: Wo befinden sich Ihre Füße im Verhältnis zu den Hüften? Während Sie sich der auftauchenden Empfindungen bewusst werden, verweilen Sie jeweils einige Momente, um sie deutlicher zu fühlen und damit präsent zu sein. Verfolgen Sie mit, was auch immer Sie spüren, ohne es zu bewerten oder etwas Bestimmtes zu erwarten.

Wo befinden sich die Ellbogen im Verhältnis zu den Schultern?

Wo nehmen Sie Ihren Scheitel wahr im Verhältnis zum Gesäß?

Können Sie den Raum wahrnehmen zwischen Ihren Augen?

Können Sie den Raum wahrnehmen zwischen Ihren Ohren?

Können Sie feststellen, wo sich Ihre Nase und wo sich Ihr Bauchnabel befinden?

(Sie können nach Belieben selbst noch weitere Körperstellen aufsuchen.)

Bemerken Sie nun den Bereich im Körper, wo es sich spontan am angenehmsten anfühlt, vielleicht durch ein Gefühl von Wärme, Lebendigkeit oder Entspannung. Verweilen Sie dort mit Ihrer Aufmerksamkeit. Möglicherweise ist das im Bauch oder in der Herzgegend oder auch am Gesicht, rund um Augen oder Mund,[42] oder es ist ein ganzkörperliches Erleben. Wenn Sie sich nicht entscheiden können, richten Sie Ihre sanfte, offene Aufmerksamkeit auf den Bauchbereich.

Lassen Sie Ihr Gefühl für Ihre körperliche Präsenz sich ausbreiten und vertiefen und bleiben Sie dabei, so lange Sie mögen.

Achtsamkeit und Selbst-Energie

Ein Weg, der den Zugang zu unserer Selbst-Energie erleichtern kann und den über die letzten Jahrzehnte eine wachsende Zahl Menschen für sich entdeckt hat, ist Achtsamkeit, ursprünglich der buddhistischen Praxis entlehnt: »... eine friedvolle Qualität der Aufmerksamkeit, die jeder entwickeln kann, indem er sich in einer nicht wertenden Weise auf den gegenwärtigen Moment konzentriert.«[43] Es ist daher zu kurz gegriffen, Achtsamkeit, wie es manchmal geschieht, bloß als Technik zur Stressbewältigung oder als Selbstoptimierungs-Wellness zu sehen. Achtsamkeitsübungen bieten einen Rahmen, in dem wir mehr und mehr Vertrauen entwickeln können, dass wir nicht einfach unsere wild durcheinanderspringenden Gedanken und Gefühle sind – also unsere Anteile –, sondern dass es etwas anderes in uns gibt, zu dem wir Zugang finden können: genau das, was man in IFS Selbst nennt.

Diana Winston, Direktorin am Forschungszentrum für Achtsamkeit von der Universität California UCLA, definiert Achtsamkeit so: »... unserem Erleben im gegenwärtigen Moment bewusste Aufmerksamkeit schenken, mit Offenheit und Neugier und der Bereitschaft, mit dem zu sein, was ist. Es ist eine Qualität von Aufmerksamkeit, die wir in jedem Moment haben können, ob wir nun die Straße entlanggehen, mit einem Freund sprechen, essen oder uns die Zähne putzen.«[44] In einem wissenschaftlichem Überblicksartikel wird Achtsamkeit beschrieben »als eine Art nicht-begriffliche, nicht-urteilende, auf die Gegenwart ausgerichtete Bewusstheit, aus der jeder im Aufmerksamkeitsfeld auftauchende Gedanke, jedes Gefühl oder jede Empfindung anerkannt und akzeptiert werden, wie sie sind.«[45]

Wenn wir Achtsamkeit üben, kultivieren wir unsere Fähigkeit, die eigenen Gedanken und Erfahrungen zu bemerken, ohne dabei den üblichen reaktiven Mustern auf diese Wahrnehmungen zu erliegen. Stattdessen kehren wir wieder und wieder zu unserer Übungspraxis, wie etwa bewusst den Atem mitzuverfolgen oder schlicht wach und bewusst in der Gegenwart anwesend zu sein, zurück.

Aus Teile-Perspektive würde man sagen: Die Person ist sich ihrer Anteile und den im jeweiligen Moment auftauchenden zugehörigen Gedanken, Gefühlen und Impulsen bewusst und übt, in Selbst-Führung zu bleiben. Je weniger Identifikation mit Teilen vorherrscht, desto leichter ist es, in der Gegenwart präsent zu sein: Während Teile häufig in aus der Vergangenheit stammenden Verhaltensautomatismen feststecken oder versuchen, zukünftiges Erleben zu kontrollieren oder vorauszuplanen (eine Hauptaufgabe der Manager), ist das Selbst im Hier und Jetzt anwesend.

ÜBUNG: Achtsamkeit auf den Atem richten

Stellen Sie sich am besten einen Timer. Wenn Ihnen diese Art von Übung neu ist, starten Sie zu Beginn mit drei Minuten und dehnen Sie die Dauer nach und nach auf fünf, zehn oder fünfzehn Minuten aus.

Wie bei den meisten Dingen, die man neu erlernt, dauert es meist eine Weile, um hineinzufinden. Geben Sie sich Zeit und seien Sie neugierig auf den Prozess.

Wählen Sie eine Sitzgelegenheit, die es Ihnen ermöglicht, entspannt und zugleich aufrecht zu sitzen. Falls Sie auf einem Stuhl sitzen, platzieren Sie die Fußsohlen stabil auf dem Boden. Falls Sie auf einem Meditationskissen sitzen, sollten Füße und Knie möglichst Bodenkontakt haben. Die Hände liegen bequem auf den Oberschenkeln oder im Schoß. Erlauben Sie sich, in dieser Haltung anzukommen und die Aufmerksamkeit von der Außenwelt mehr nach innen zu verlagern. Verlängern Sie Ihre Wirbelsäule vom Steißbein her ein wenig Richtung Decke. Vielleicht gibt es die Möglichkeit, Anspannung aus dem Gesicht, den Schultern oder dem Bauch abfließen zu lassen.

Senken Sie den Blick oder schließen Sie die Augen, je nachdem, was Ihnen angenehm ist, und atmen Sie bewusst aus. Während der Atem aus Nase aus- und dann wieder einströmt, tun Sie nichts weiter, als diesen Vorgang mit Ihrer Aufmerksamkeit zu begleiten. Sie brauchen nicht anders zu atmen als sonst, den Atem in keiner Weise absichtlich zu beeinflussen oder zu verändern. Möglicherweise bemerken Sie, dass sich Ihre Atmung von selbst vertieft, wenn Sie ihr Aufmerksamkeit widmen. Falls das geschieht, nehmen Sie es einfach zur Kenntnis.

Nachdem Sie ausgeatmet haben, beginnt irgendwann die nächste Einatmung – und Ihre Aufmerksamkeit folgt dem Luftstrom, wie er durch die Nase einströmt und Ihren Körper füllt. Ihr Brustkorb und Bauchraum dehnen sich, und einige Momente später verlässt der Atem Ihren Körper wieder. Nehmen Sie möglichst detailreich die körperliche Erfahrung des Ein- und Ausatmens wahr, von einem Moment zum nächsten. Wenn Ihr Gewahrsein abschweift, werden Sie das früher oder später bemerken. Kehren Sie dann einfach wieder zum Atem zurück. Statt sich über das Abschweifen zu ärgern, freuen Sie sich über das Zurückkommen.

Lassen Sie sich neugierig werden für Ihre Erfahrung in diesem Moment, ohne sie zu beurteilen.

Viele Menschen erleben es als hilfreich, ihre Aufmerksamkeit auf einen bestimmten Bereich zu fokussieren, der bei der Atmung involviert ist, etwa die Nase, den Brustbereich oder die Bauchdecke. Sie können die Körperstelle nehmen, die Ihnen am angenehmsten ist oder wo sich die körperlichen Empfindungen besonders deutlich bemerkbar machen.

Wenn der Timer das Ende der Übungsdauer anzeigt, nehmen Sie sich Zeit für einen sanften Übergang in den Alltag.

Achtsamkeit üben: Umgang mit Herausforderungen

Der Atem ist in dieser Übung der *Anker* für Ihre Aufmerksamkeit: der Fokus, zu dem Sie immer wieder zurückkehren, sobald Ihre Aufmerksamkeit gewandert ist. Für manche Menschen ist es von Anfang an angenehm und entspannend, sich diesem Fokus zu widmen. Andere von uns erleben jedoch, besonders zu Beginn, dass unsere Aufmerksamkeit häufig vom Atem abschweift. Dieses Abwandern der Aufmerksamkeit ist kein Fehler, sondern gehört zur Übung dazu. Genau der Zeitpunkt, wo Sie merken, dass Sie nicht länger den Atem beobachten, sondern zum Beispiel über etwas nachdenken, ist eben der Moment, wo Sie Ihren Achtsamkeitsmuskel trainieren. Sie üben zu bemerken, womit sich Ihre Aufmerksamkeit gerade beschäftigt, und zu Ihrem Anker zurückzukehren. Daher: Statt sich für das Abschweifen zu kritisieren, sehen Sie das Zurückkehren als Erfolg.

Sie können, statt die Aufmerksamkeit auf den Atem zu richten, sich auch bewusst Ihrer Erfahrung etwa beim Duschen, Gehen oder Essen widmen. Eigentlich ist es ganz egal, was Sie gerade tun, Sie können in jedem Moment üben, mit Ihrer Aufmerksamkeit ganz im Hier und Jetzt zu sein. Die Achtsamkeit auf den Atem eignet sich gerade auch zu Beginn besonders, weil Sie in jeder Lebenslage atmen und daher auch in jeder Lebenslage dem Atem Ihre Aufmerksamkeit schenken können. Zudem erleben viele Menschen dabei eine beruhigende, entschleunigende Verlangsamung der Atemtätigkeit.[46]

Achtsamkeit für den Atem kann helfen, Selbst-Energie verstärkt wahrzunehmen – und sie kann helfen, Mitbewohner Ihrer WG bewusster zu bemerken. Wenn Sie Achtsamkeit auf den Atem üben, stellen Sie vielleicht fest, dass ein Anteil in Ihnen sich anstrengt, es richtig zu machen. Oder dass ein anderer über etwas Berufliches oder die Einkaufsliste nachdenkt. Ein Anteil in Ihnen ärgert sich vielleicht darüber, wie schnell Ihre Aufmerksamkeit abschweift. Ein anderer Teil in Ihnen ist mit Rückenschmerzen oder Ungeduld beschäftigt. All das ist völlig normal. Ihre Aufgabe ist nicht, die Aktivität Ihrer Anteile abzustellen oder zu unterdrücken, sondern sie lediglich zu bemerken und Ihre Aufmerksamkeit dann sanft, aber beharrlich zurück zur Erfahrung des Atmens zu bringen. Sie üben sich also darin, die Aktivität der Teile zu registrieren – und zwar einerseits, ohne sie zu beurteilen, und andererseits, ohne sich darin zu verfangen.

Alles, was sich bei solchen Übungen angestrengt, kritisch, gelangweilt, unruhig, taub oder abgelenkt anfühlt, ist Ausdruck von Persönlichkeitsanteilen. Es kann helfen, das bewusst zu benennen: Aha, ein Anteil in mir denkt über die Arbeit nach. Oder: Ein Anteil in mir fragt sich, was das Ganze bringen soll. Oder: Ein Anteil denkt, ich mache es bestimmt falsch. Oder: Ein Anteil in mir ist zufrieden damit, wie es klappt.

Dieses Heraustreten und Bemerken ist ein ganz zentraler Punkt. Sie üben, sanft einen Schritt zurückzutreten und eine zugewandte, interessierte Beobachterposition einzunehmen. Sie werden dabei bemerken, dass Sie Ihre Aufmerksamkeit gezielt verlagern können – eine Fähigkeit, die Sie bislang möglicherweise noch nie bemerkt haben –, beispielsweise heraus aus einer gedanklichen Beschäftigung mit einem Problem hin zum Erleben der Atmung. Vielleicht gelingt das nur für einen kurzen Moment, bevor die Aufmerksamkeit wieder in den Gedanken landet. Diese kurzen Momente summieren sich mit der Zeit und stärken so Ihr Vertrauen in Ihre eigene Fähigkeit, bewusst, präsent und in einem selbstnahen Zustand zu sein.

- Achtsamkeit ist die Fähigkeit zu *bemerken,* welche Gedanken, Gefühle, Körperempfindungen und Impulse gerade präsent sind, ohne sie zu *bewerten* und ohne gleich mit Abwehr zu reagieren. Bemerken meint beispielsweise: »Ich möchte am liebsten weinen und habe einen Kloß im Hals.« Ich bin mir also bewusst, was gerade in mir vorgeht, und nehme es wahr. Bewerten würde bedeuten, dass ich mein Erleben be- oder verurteile: »Ich hasse es, mich so mies zu fühlen. Ich sollte mich nicht so fühlen. Das soll verschwinden!«
- Aus IFS-Sicht könnte man sagen: In einem Selbst-Zustand (mit entsprechenden Qualitäten wie Präsenz, Klarheit, Gelassenheit, Mitgefühl) kann ich die Teile *bemerken,* die da sind, ohne sie die Führung übernehmen zu lassen. Wenn *Bewertungen* auftauchen, dann stammen die von Teilen (weil z. B. der innere Kritiker es nicht mag, dass sich verletzliche Teile und ihre Gefühle wie Traurigkeit zeigen.) Das Selbst *bemerkt* Teile, aber es *verurteilt* sie nicht.
- Wenn ich im Selbst bin, kann ich feststellen, dass ich diese Gefühle und Gedanken *habe* (z. B. die Traurigkeit ebenso wie den Widerstand gegen die Traurigkeit), aber nicht mit ihnen *identisch* bin.
- Mir wird bewusst, dass ich nicht alles glauben muss, was meine Teile denken bzw. was sie über andere Teile in mir denken.
- Ich kann aus einem gelasseneren, bewussteren Raum heraus entscheiden, wie ich mit einer Situation umgehe: Ich agiere aus Selbst-Energie, statt automatisch – also aus den Anteilen heraus – zu *re*agieren. Ein reaktiver Umgang könnte bedeuten: Ein Teil in mir ist traurig, ein kritischer Teil in mir verurteilt die Traurigkeit, ein ablenkender Teil in mir macht den Fernseher an, damit ich das alles nicht spüren muss. Ein

selbstgeführter Umgang könnte bedeuten: Ich merke, dass ein Teil in mir traurig ist. Ich erlaube mir, die Traurigkeit zu spüren. Ich schaue, wie ich mich fürsorglich um mich kümmern kann und worauf mich der traurige Teil vielleicht aufmerksam machen will oder was er braucht.

Wenn wir Achtsamkeit praktizieren oder andere geeignete Zugangswege nutzen, lernen wir unsere eigene Selbst-Energie immer mehr kennen und ihr zu vertrauen.

Was tun, wenn …

Wer mit Meditation oder anderen Achtsamkeitsübungen beginnt oder sich damit schwertut, erlebt oft Phänomene wie innere Unruhe, Abgelenktsein oder Langeweile. Es tauchen also Persönlichkeitsanteile auf, die sich auf diese Weise bemerkbar machen. Hilfreicher als der Versuch, sie zu ignorieren, kann es sein, mit den Anteilen, die aktiv werden, bewusst Kontakt aufzunehmen. Ansonsten unternehmen meist andere Teile den Versuch, die »widerspenstigen« zum Schweigen oder Verschwinden zu bringen. Der so entstehende innere Kampf ist anstrengend und verleidet nicht wenigen Menschen die Meditationspraxis.

Abschweifende Aufmerksamkeit

Unsere Aufmerksamkeit richtet sich besonders auf das, was sie als wichtig, bedeutsam, bedrohlich oder dringend ansieht. Gerade wenn Meditation noch neu ist, erscheint fast alles als wichtiger, als den Atem wahrzunehmen. Bedanken Sie sich bei Ihren aufmerksamen, wachsamen Teilen, dass sie nach dem Ausschau halten, was sie als wichtig betrachten, und bitten Sie sie, die Aufmerksamkeit wieder dem Atem zu widmen.

Wenn sich die Aufmerksamkeit Geräuschen oder Veränderungen in Ihrer Umgebung zuwendet, geschieht das auch in der Absicht, Sie zu schützen. Erkennen Sie das wertschätzend an, versichern Sie Ihren Teilen, dass Sie sich nicht in Gefahr befinden, und richten Sie die Aufmerksamkeit sanft und freundlich wieder zurück zum Atem.

Unruhe, Beklemmung

Wenn wir anfangen, unsere Aufmerksamkeit aus der Außenwelt nach innen zu verlagern, kann das besonders für unsere Schützer bedrohlich sein. Sie fürchten oft (und nicht unbedingt zu Unrecht), dass dabei unsere verletzlichen Teile mit ihren Gefühlen wie zum Beispiel Kummer, Einsamkeit oder Angst stärker spürbar werden. Schützende Anteile suchen dann nach Wegen, um uns von dieser Hinwendung nach innen abzuhalten. Bedanken Sie sich bei ihnen, dass sie Sie vor schmerzlichen Gefühlen bewahren wollen. Fragen Sie sie, was ihre Befürchtungen genau sind, und überlegen Sie gemeinsam mit ihnen, was angebracht ist. Sie könnten die Schützer wissen lassen, dass Sie mittlerweile erwachsen und solchen Gefühlen nicht mehr so hilflos ausgeliefert sind wie als Kind. Und dass Sie auch bereit und in der Lage sind, sich um diese Gefühle zu kümmern.

Sind die Bedenken und Abwehrmechanismen der Schützer allerdings gravierend, haben sie möglicherweise einen guten Grund dafür, zum Beispiel weil ein Traumahintergrund besteht und der Kontakt zu bestimmten Gefühlen alleine vielleicht wirklich eine Überforderung wäre (siehe auch Kapitel 6). Zwischendurch Unruhe oder unangenehme Körperempfindungen beim Meditieren zu erleben kennen sicher alle Meditierenden. Sollten aber starkes Missbehagen, bedrängende Körperempfindungen oder Bilder auftauchen oder Sie sich wie abgeschnitten oder neben sich fühlen, dann suchen Sie möglichst das Gespräch mit einem erfahrenen Meditationslehrer oder Psychotherapeuten (vor allem, wenn die unangenehmen Zustände auch nach der Meditation noch andauern).[47]

Monkey Mind: der ständige Strom der Gedanken

Viele von uns, die mit dem Meditieren anfangen, bemerken irgendwann, dass ein zuvor kaum bemerkter Strom an Kommentaren durch den eigenen Kopf fließt. Man könnte das sehen als WG-Bewohner, die alles, was wir erleben, kommentieren, ihre Meinung dazu abgeben oder sich dazu in Beziehung setzen. Solche Teile sind oft sehr mit »ihrer« Person verschmolzen und glauben, sie müssten unbedingt in Führung bleiben: Wenn sie nicht alles im Blick behalten, geht etwas schief.

Sie können es sich schon denken: Solche Anteile zu bekämpfen oder zu kritisieren macht es nicht besser. Begegnen Sie ihnen lieber aus einer Haltung wie: »Ah, da bist du. Danke, dass du helfen willst. Du kannst mir gerne nachher erzählen, was dir wichtig ist. Jetzt freue ich mich darauf, mich wieder der Atmung (oder einem anderen Meditationsobjekt) zu widmen.« Je mehr Selbst-Energie sich mit der Zeit ausbreitet und je mehr Vertrauen die Teile fassen, weil wir sie respektvoll behandeln, desto bereiter sind sie, sich sowohl in der Meditation wie grundsätzlich in unserem Leben zu entspannen.

Der Tempel im Dschungel

Ich erinnere mich noch gut an meine ersten Erfahrungen, als ich in der Meditation in einen Selbst-Zustand kam.

Achtsamkeitsmeditation hatte ich erstmals im Zentrum des vietnamesischen Zen-Meisters Thich Nhat Hanh kennengelernt und mich seither bemüht, auf meinem Meditationskissen bewusst meinem Atem zu folgen. Wie die meisten von uns, die mit dieser Praxis beginnen, erlebte ich allerdings mitnichten den inneren Frieden, den ich mir erhofft hatte, sondern vielmehr endloses geistiges Geschnatter. Zwischen Rückenschmerzen vom ungewohnten Aufrechtsitzen über Langeweile und ewigem Abgelenktsein gab es nur kurze Momente, in denen meine Aufmerksamkeit tatsächlich der Erfahrung des Atmens zu folgen vermochte. Dieses Präsentsein im Moment fühlte sich wunderbar an, wurde aber in der Regel bereits nach wenigen Sekunden wieder von mentalen Kommentaren, To-do-Listen, Erinnerungsfetzen und Tagträumen abgelöst.

Dann, auf einmal, kam der Moment, wo ich mich fühlte, als sei ich aus einem undurchdringlichen Dschungel plötzlich auf eine große Lichtung getreten. Was zuvor ein mentales Durcheinander gewesen war, in dem ich angestrengt versucht hatte, mir den Weg durch dichtes Unterholz zu bahnen, öffnete sich zu einer weiten, offenen Tempelanlage, die all die Zeit mitten im Dschungel verborgen gelegen hatte. Alles war friedlich. Es gab nichts zu tun, nichts zu erreichen, nichts zu denken. Alles war völlig in Ordnung, weit, still, frei.

Aus der Perspektive des Teile-Modells würde ich sagen, meine Anteile hatten sich entspannt und gaben den Weg frei für Selbst-Energie: diese inneren Qualitäten, die wir uns nicht erarbeiten oder einüben müssen, sondern die ohne jede Anstrengung aufscheinen, wenn die Anteile genug Vertrauen haben, dass es in Ordnung ist, zur Seite zu treten.

Ich weiß nicht, wie lange dieser Zustand anhielt, vielleicht nicht länger als ein, zwei Minuten. Und dann war ich plötzlich wieder im Dschungel. Ich wusste zwar, dass ich den Zustand, der sich in meinem inneren Bild zu der symbolischen Tempelstadt verdichtet hat, tatsächlich erlebt hatte. Doch der Zugang dazu war wieder verschlossen, als sei die Lichtung nie da gewesen. Über die kommenden Wochen und Monate fand ich mich während der Zeit auf meinem Meditationskissen vor allem und hauptsächlich mitten im Dschungel. Ich wusste, es gab die Tempelstadt, doch ich wusste nicht, was ich tun sollte, um dorthin zu *gelangen. Gelegentlich, mal kürzer, mal länger, öffnete sich der dichte Urwald, und Weite, Stille, Freiheit waren erlebbar. Dann wieder verbrachte ich die Zeit vor allem versunken in Gedanken: Ich plante meine Aufgaben, durchlief zurückliegende ärgerliche Gespräche wie eine wiederkäuende Kuh, ärgerte mich über mich selbst, weil es mir nicht gelang, mich auf den Atem zu fokussieren. Kurz: Mir ging es so oder ähnlich wie fast allen, die mit der Praxis der Meditation beginnen.*

Mit der Zeit, mit dem wieder und wieder Aufs-Kissen-Setzen, wuchs mein Vertrauen, dass es diesen inneren Selbst-Zustand gab. Dass es weniger darum ging, etwas zu tun, als etwas zu lassen: nämlich mich anzustrengen, unbedingt etwas erreichen zu wollen oder zu meinen, die ständig in mir durcheinanderpurzelnden Gefühle, Gedanken und Empfindungen, die verschlungenen Lianen und verstrickten Gewächse, all die aufgeregten Teile seien alles, was ich bin.

Sobald unsere Persönlichkeitsanteile lernen, sich zu entspannen und zurückzutreten, erscheinen die Selbst-Qualitäten wie Ruhe, Klarheit, Gelassenheit und Mitgefühl von alleine. Doch die Möglichkeit, die Anstrengung und das ständige »Machenmüssen« loszulassen, ist zu Beginn sehr ungewohnt. Daher reagieren beim Meditieren anfangs in der Regel diejenigen inneren Anteile, die auch sonst »am Ruder« sind: beispielsweise solche, die sich bemühen, immer alles richtig zu machen, oder die streng mit uns ins Gericht gehen, wenn es anders läuft als gewünscht. Es sind dann angespannte Teile, die versuchen, innere Ruhe und Entspannung herzustellen. In der Achtsamkeitspraxis lernen wir in der Regel durch Erfahrung (und so recht manchmal erst nach Jahren), dass dieser Zugang nicht funktioniert.

Je mehr die Teile dem Selbst vertrauen lernen, desto einfacher tritt es hervor.

Aus Sicht des Teile-Modells wird es möglich, die Dynamik angestrengten Meditierens klarer zu erkennen und leichter zu beenden: Ich kann mir nämlich bewusst werden, dass da gerade ein Teil in mir aktiv wird. Vielleicht einer, für den Anstrengung zur zweiten Natur geworden ist und der nun ebenso angestrengt meditiert, wie er sonst mit zusammengebissenen Zähnen Sport macht, arbeitet oder eine perfekte Mutter sein will. Oder ich bemerke, dass sich ein Teil von mir auf dem Meditationskissen breitmacht, der vor allem gut sein will – ein guter Junge, ein gutes Mädchen: eine innere Seite, die sich nach Anerkennung und Lob sehnt und vielleicht unterschwellig Angst hat, kritisiert zu werden, wenn sie etwas nicht kann. Oder es könnte einen WG-Bewohner geben, der hofft, über Meditation schmerzlichen Erfahrungen zu entgehen: indem er sich von Unangenehmem distanziert und es aus einer unbeteiligten Sphäre beobachtet. Man nennt das auch »spiritual bypassing«: Unerwünschte Gefühle, Gedanken oder Impulse werden umschifft, indem man spirituelle Ideen oder Vorstellungen nutzt und sich nicht dem stellt, was Aufmerksamkeit braucht. Das ist dann in der Regel ein Teil, der versucht, uns vor Schmerzen zu schützen, indem er uns von unseren eigenen Gefühlen abschneidet. Das zeigt nicht Gelassenheit und Achtsamkeit, sondern eher Verdrängung oder sogar Dissoziation.

Aus meiner Sicht sowohl als IFS-Therapeutin wie als Meditationslehrerin ist das der große Gewinn, wenn man die Teile-Perspektive mit jeder Art kontemplativer Praxis oder spiritueller Ausrichtung verbindet. Durch dieses Koordinatensystem gewinnen wir ein klareres Verständnis dafür, wann wir uns in welchem Zustand befinden: Wir erkennen leichter, wer gerade innerlich in Führung ist, eher unser Selbst oder eher unsere Anteile. Erst wenn uns bewusst wird, was passiert, können wir auf hilfreiche Weise damit umgehen und etwas verändern. Die Psychologin Deb Dana sagt dazu: »Sie müssen die implizite

Erfahrung ins explizite Bewusstsein bringen, um etwas damit zu tun. Wenn sie bloß implizit bleibt, läuft sie einfach im Hintergrund weiter und bestimmt von dort aus die Show.«[48]

Natürlich ist Meditation nicht jedermanns Sache, und wenn Sie sich an die Auflistung unter der Überschrift »Wege zum Selbst« erinnern, gibt es enorm viele unterschiedliche Zugangspforten. Nur Sie selbst können spüren, welche für Sie passend sind. Vielleicht erleben Sie auch unterschiedliche Qualitäten von Selbst-Energie, je nachdem, welchen Zugang Sie nutzen – beispielsweise Aspekte wie Ruhe und Gelassenheit eher, wenn Sie Yoga machen, Verspieltheit oder Kreativität eher beim Malen oder Mut und Klarheit auf dem Tennisplatz. Meiner Erfahrung nach ist es allerdings sehr hilfreich, eine Art regelmäßige Praxis zu etablieren, also etwas, was wir bewusst und regelmäßig ausführen, damit sich dieses Vertrauen in unsere eigene Selbst-Energie vertiefen und mehr und mehr ausbreiten kann.

Kein Kampf gegen das »Ego«

In Persönlichkeitsentwicklung oder Spiritualität ist oft vom Ego die Rede. Wir müssten das Ego – unsere falschen Selbstbilder, unsere Konditionierungen, unsere Anhaftungen – durchschauen, transzendieren oder loslassen. So heißt es zum Beispiel in einem Buch über Positive Psychologie: »Mir scheint, dass jeder Mensch erkennen kann – man muss kein großer Psychologe dafür sein –, dass ein Teil von uns angespannt (in Kontraktion) lebt, Angst zu verlieren hat und gewinnen will. Dieser Teil zählt, was er gibt und was er bekommt (und vor allem, was er nicht bekommt), und kommuniziert mehr durch Machtbeziehungen (Herrschaft, Unterwerfung, Verführung, Manipulation) als durch Zusammenarbeit. Dabei dominieren Rechthaberei und Aggressivität und sodann Einsamkeit und Verbitterung als

Resultat davon. Das ist das Ego.«[49] Der Autor Thomas d'Asembourg führt weiter aus, dass man ebenso unschwer erkennen könne, dass in jedem von uns auch etwas anderes existiert. Etwas, was nach Sinn, Verbundenheit und einer höheren Qualität von Präsenz strebt, das sich harmonische Beziehungen, kreativen Austausch und Wohlwollen wünscht: »Das ist unser Sein, unser wahres Wesen.«

In der Vorstellung vieler Menschen auf einem Weg innerer Entwicklung oder Persönlichkeitsentfaltung geht es darum, das Ego zu überwinden, damit unser wahres Wesen zum Vorschein kommt. Manchmal ist die Sprache noch martialischer: Das Ego soll abgeschnitten werden oder es soll sogar sterben, weil es etwas Falsches oder Böses ist, was uns hindert, unser wahres Ich zu erkennen. Kurz gesagt: Das Ego ist unser Feind.

Während Thomas d'Asembourg in dem oben zitierten Text sicherlich recht hat, dass es Teile in uns gibt, die sich so verhalten (vom Teile-Modell der Psyche aus gesehen ist es ja nicht nur *ein* Teil, der dieses Verhalten an den Tag legt, sondern eine Vielzahl), führt uns die Schlussfolgerung aus dieser Gegenüberstellung vom »bösen Ego« und »guten wahren Selbst« in einen Kampf gegen uns selbst: Etwas in uns ist schlecht, und etwas anderes in uns ist gut, und wir müssen das Schlechte ausmerzen, um das Gute zu befreien. Wir schauen abwertend, missbilligend und kritisch auf uns und wollen etwas loswerden, was wir doch selbst sind. Das widerspricht nicht nur eklatant allen spirituellen Grundsätzen, die da lauten, dass aus Widerstand, Abwehr oder Hass niemals Harmonie, Liebe und Frieden entstehen werden, sondern mehr Widerstand, Feindseligkeit und Kontraktion. Zudem bleibt völlig unklar, was der eigentliche Grund dafür ist, dass sich die menschliche Psyche so entwickelt.

Wenn Sie an ein neugeborenes Baby denken, das eben auf die Welt gekommen ist – welche Qualitäten erwarten Sie da? So etwas wie Unschuld und ein grundlegendes Gutsein? Oder nehmen Sie an, dass manche Babys mit einem riesigen Ego, bösartig, habsüchtig oder gewalttätig auf die Welt kommen? Doch unbestreitbar benehmen sich manche Erwachsenen oder auch ältere Kinder auf diese Weise. Liegt das daran, dass in einigen dieser scheinbar unschuldigen Babys ein verborgenes Reservoir an Gemeinheit und Schlechtigkeit schlummert, das eines Tages schließlich aufgeht? Und haben andere von uns, die sich nicht in diese Richtung entwickelt haben, einfach Glück und mehr grundlegendes Gutsein abbekommen? Oder sind wir einfach besser darin, unser »Schlechtsein« zu zügeln?

Die menschliche Psyche als Zusammenspiel zwischen Selbst und Teilen zu sehen hilft, innere Kämpfe zu beenden. Wir sind nicht unser angeblich so schlechtes »Ego«. Ego ist laut Richard Schwartz ein anderes Wort für Teile: »Das Ego in IFS-Begriffen ist ein Cluster von Managern, die versuchen, Ihr Leben in die Hand zu nehmen und Sie zu schützen.«[50] Doch unsere Teile sind nicht *schlecht* – sie sind in mehr oder weniger extreme Rollen geraten, in der Zeit und in schmerzlichen Erfahrungen stecken geblieben und wenden die Strategien an, die einmal gut funktioniert haben, belohnt wurden oder notwendig waren.

Aufwachen und erwachsen werden

Spiritualität öffnet einen Raum, in dem wir Schritt für Schritt unsere Identifikation mit den Teilen lösen können, und regt an, das in uns zu entdecken, was weiter, freier und unbegrenzter ist. Es ist eine Einladung, aufzuwachen aus dem fortwährenden ich-zentrierten Kreisen um unsere Sorgen und Probleme. Doch unsere Manager davon abzubringen, beständig alles kontrollieren, absichern, vorhersehen und erklären zu wollen, kann enorm schwierig sein, solange so viel in uns noch in Not ist. Unseren verletzlichen Teilen hilft es nicht, wenn wir versuchen,

»das Ego zu überwinden«. Was sie brauchen, ist Angenommenwerden und liebevolle Begleitung, damit sie sich entwickeln und reifen können. So kann ein Zusammenspiel aus *waking up* und *growing up* entstehen, Aufwachen und Erwachsenwerden, wie es der Zen-Lehrer und IFS-Therapeut Flint Sparks nennt.[51]

Wenn wir mehr in die Selbst-Führung finden, müssen wir nicht länger versuchen, die unterschiedlichen Stimmen, Gedanken, Gefühle in uns, also unsere Anteile, zu unterdrücken, zu kontrollieren, zu überwinden oder zu ignorieren. Wir brauchen nicht mehr länger zu denken, dass wir auf irgendeine grundsätzliche Weise falsch oder unzulänglich sind. Wir beginnen, in liebevolle, weise Führung zu gehen und unseren Teilen zu helfen, ihre Lasten und extremen Rollen abzulegen, damit sie ihre eigentlichen Fähigkeiten und Stärken einsetzen können – für uns selbst und für andere.

Sich von den Teilen lösen, um sich ihnen zuzuwenden

Achtsamkeit, Meditation oder andere Formen kontemplativer Praxis können also sehr hilfreich sein, um uns vertrauter mit unserer Selbst-Energie werden zu lassen. Wir bauen dabei jedoch nicht etwas auf, was es zuvor nicht gab, sondern die schützenden Anteile gewöhnen sich daran, dass sie uns nicht beständig so einnehmen und besetzen müssen. Mit vermehrter Übung können sie mehr und mehr vertrauen, dass es sicher ist, unser Selbst in Führung gehen zu lassen.

Unabhängig von Ihren bevorzugten (oder neu zu erprobenden) Zugangswegen zu Selbst-Energie ermöglicht das Teile-Modell im IFS, *jederzeit* ein Stück weit aus der Identifikation und der unbewussten Verschmelzung mit unseren Teilen herauszutreten, um mehr an Selbst-Qualitäten wie Offenheit, Ruhe oder Verbundenheit zu erleben. Über seine therapeutische Arbeit schreibt Richard Schwartz: »Wenn die Anteile der Klienten darauf vertrauen, dass es sicher ist, ihrem Selbst zu erlauben, sich zu manifestieren, zeigen sie [die Klienten] sofort viele dieser Qualitäten, ohne dass sie meditiert oder irgendwelche besonderen Fähigkeiten geübt haben. Aus dieser Perspektive ist die Achtsamkeitsmeditation also sehr wertvoll, um diese Qualitäten zu kultivieren, aber nicht, weil Menschen neue Gewohnheiten oder Fähigkeiten erlernen. Stattdessen setzt die Achtsamkeitspraxis diese inhärenten Qualitäten des Selbst frei oder greift auf sie zu und erinnert die schützenden Anteile daran, dass, wenn sie ihren Griff loslassen und das Selbst im täglichen Leben führen lassen, viele Dinge besser sind.«[52]

Entscheidend, um sich aus der Identifikation zu lösen, ist die *Separierung.* Im Abschnitt »Abstand von schwierigen Gedanken finden« in Kapitel 2 habe ich bereits gezeigt, wie das Wahrnehmen von Gedanken als Perspektive unserer Teile helfen kann, sich weniger darin zu verstricken. Wir alle *haben* Teile, und Teile haben ihre Gedanken, aber wir *sind* nicht diese Teile. Wir sind nicht identisch damit. Es sind eben Teile von uns, aber nicht alles, was wir sind. Mit Gefühlen verhält es sich ebenso. Wir haben Gefühle, aber wir sind nicht unsere Gefühle. Wenn wir uns mit unserer Selbst-Energie verbinden, können wir uns unseren Anteilen und ihren schmerzlichen Gefühlen zuwenden, ohne davon überschwemmt zu werden.

In der Regel sind wir gewohnt, uns mit unseren Gefühlen zu identifizieren, uns damit gleichzusetzen. Das zeigt sich deutlich in unserer Sprache. Wir sagen: *Ich bin total wütend* oder *Ich bin verzweifelt.* Ich *bin* mein Gefühl. Als gäbe es nichts in mir außer meiner Wut oder meiner Verzweiflung. Wir stecken mitten *in* unseren Gefühlen – wir stecken mitten *in* unseren Teilen.

Ein entscheidender Shift geschieht, wenn wir nicht länger in unserer Erfahrung, sondern mit *unserer Erfahrung leben.*

Uns von unseren Teilen zu separieren bedeutet also nicht, sie abzuschneiden oder abzuwehren, sondern das Stück gesunden Abstand zu ihnen zu finden, damit wir merken, dass wir nicht identisch mit ihnen sind.

Duales Gewahrsein

Dieser Abstand wird ermöglicht durch ein zweigleisiges oder duales Gewahrsein, das die Psychotherapeutin Janina Fisher so beschreibt: »›Duales Gewahrsein‹ ist eine mentale Angewohnheit oder Fähigkeit, mit deren Hilfe wir simultan mehr als einen Bewusstseinszustand im geistigen Blickfeld halten können.«[53] Es bedeutet zum Beispiel, dass wir eine schmerzliche Erinnerung und die dazugehörigen Gefühle von Traurigkeit spüren können, ohne in ihnen unterzugehen. Wir sind uns bewusst, dass Teile in uns diese Gefühle haben, und im selben Moment wissen wir, dass wir uns in der Gegenwart befinden, können also beispielsweise die Füße auf dem Boden oder das Ein- und Ausfließen des Atems wahrnehmen. Damit wird es möglich, Teile und ihre schmerzlichen Erinnerungen, Empfindungen, Glaubenssätze oder problematischen Verhaltensmuster direkt zu kontaktieren, ohne sie auszuagieren, in sie hineinzufallen, davon überflutet zu werden oder sie verdrängen zu müssen. Stattdessen können wir vom Selbst aus die Gefühle präsent und bewusst erleben, sie auf annehmende Weise da sein lassen und dann mit den Teilen in Kontakt treten, um zu schauen, was ihnen hilft.

Mit der folgenden Übung können Sie das einmal ausprobieren.

ÜBUNG: Schwierige Gefühle wahrnehmen, ohne überschwemmt zu werden

Erster Schritt: Wahrnehmen

Diese Übung verbindet die Teile-Perspektive mit einer klassischen Achtsamkeitsübung für den Umgang mit starken Gefühlen.

Nehmen Sie sich mindestens eine Viertelstunde Zeit an einem ruhigen Ort, wo Sie ungestört sind. Sie können diese Übung so lange ausführen, wie es Ihnen angenehm ist, und sie jederzeit unterbrechen oder zu einem späteren Zeitpunkt wieder zurückkommen.

Setzen Sie sich bequem und aufrecht hin, Gesäß oder Fußsohlen gut in Kontakt mit dem Stuhl oder Boden, die Wirbelsäule aufgerichtet. Bemerken Sie, wie der Atem in Ihren Körper ein- und ausströmt. Wenn es angenehm ist, schließen Sie einen Moment die Augen und richten Sie Ihre Aufmerksamkeit auf die Empfindungen Ihres Körpers – eine Aufmerksamkeit, die nichts verändern will, die nichts beurteilt, sondern nur bemerkt. Diese zugewandte, unvoreingenommene, verkörperte Achtsamkeit ist ein Aspekt von Selbst-Energie. Verweilen Sie so einige Momente in Kontakt mit der Atmung und den körperlichen Empfindungen.

Rufen Sie sich nun ein schwieriges Gefühl ins Bewusstsein. Vielleicht eines, das ohnehin schon unterschwellig anwesend ist, vielleicht eines, mit dem Sie öfter zu tun haben, zum Beispiel Wut, Traurigkeit, Angst, Eifersucht oder Einsamkeit. Erlauben Sie, dass das Gefühl in Ihnen etwas deutlicher spürbar wird, etwa indem Sie sich an eine Situation erinnern, wo es letztens aufgetaucht ist. Benennen Sie das Gefühl.

Konzentrieren Sie sich vor allem auf die körperlichen Empfindungen. Entsteht vielleicht Anspannung irgendwo, wenn das Gefühl spürbar wird? Im Gesicht oder Hals, in der Brust, in den Schultern, Armen oder im Bauch?

Wie genau fühlt sich das im Körper an? Wenden Sie sich diesen Erfahrungen so gut als möglich mit Offenheit und Neugier zu, so als wären Sie eine interessierte Forscherin, die sich einer Neuentdeckung widmet.

Falls das Gefühl zu irgendeinem Zeitpunkt zu intensiv ist oder Sie sich unangenehm von ihm überschwemmt fühlen, kehren Sie wieder zu den Empfindungen des Atmens und zum Kontakt von Gesäß zur Unterlage oder Ihrer Fußsohlen zum Boden zurück. Verlängern Sie Ihre Wirbelsäule vom Steißbein aus nach oben bis zum Scheitel. Wenn Sie sich wieder stabiler und geerdeter fühlen, mehr in Kontakt mit Ihrer Selbst-Energie, richten Sie Ihre zugewandte, interessierte Aufmerksamkeit erneut auf das Gefühl und die körperlichen Auswirkungen.

Verändert sich Ihr mentaler Zustand, wenn das Gefühl da ist? Tauchen bestimmte Gedanken auf? Falls ja, dann lassen Sie die Gedanken einfach da sein, ohne sie zu bewerten oder zu verändern. Verfolgen Sie die Gedanken jedoch nicht weiter, sondern kehren Sie so gut als möglich immer wieder zu den Empfindungen zurück, über die das Gefühl sich in Ihrem Körper bemerkbar macht.

Nun schauen Sie, was passiert, wenn Sie sich nicht mit dem Gefühl identifizieren. Statt also zu sagen: *Ich habe Angst, Ich ärgere mich, Meine Einsamkeit*, sagen Sie: *Ein Teil in mir hat Angst. Ein Teil in mir ärgert sich. Ein Teil in mir fühlt sich einsam.*

Nehmen Sie wahr, welche Auswirkungen das vielleicht hat. Gibt es Veränderungen im Körper, in der Atmung, in der Wahrnehmung?

Erinnern Sie sich daran, dass Ihre Essenz Selbst-Energie ist. Sie schauen von diesem geerdeten, mitfühlenden Zentrum aus auf das schwierige Gefühl. Sie versuchen nicht, das Gefühl zu verleugnen, zu bekämpfen oder kleinzureden. Es ist da – aber es ist eben nur ein Anteil in Ihnen, der sich so fühlt. Das Gefühl ist nicht alles, was Sie sind.

Zweiter Schritt: Kontakt aufnehmen

Klassische Achtsamkeitsübungen enden in der Regel an dieser Stelle. Wir haben etwas mehr Abstand gefunden und können das, was sich in uns so intensiv anfühlt, aus einer gesunden Distanz wahrnehmen und es da sein lassen, ohne es zu unterdrücken oder abzuwehren. Wir üben uns darin, es mit Akzeptanz zu bemerken, ohne dagegen zu kämpfen. Und diesen Schritt nehmen die meisten Menschen als enorm hilfreich wahr. Manchmal ist das ja auch völlig ausreichend. Viele Meditationsanleitungen schlagen dann vor, die Gedanken, Gefühle oder Impulse weiterziehen zu lassen wie Wolken am Himmel und sich beispielsweise wieder auf den Atem oder einen anderen gewählten Meditationsfokus, etwa ein Mantra, zu konzentrieren. Doch Unterstützung oder Hilfe findet das Gefühl beziehungsweise der Teil, der das Gefühl hat, auf diese Weise wohl eher weniger. Zudem kapern oft Schützeranteile unsere Meditationspraxis, sodass es nicht mehr um ein akzeptierendes Wahrnehmen geht, sondern darum, das, was sich unangenehm anfühlt, »wegzuatmen« oder »wegzumeditieren«.

Der Teile-Ansatz bietet die Möglichkeit, tatsächlich Kontakt aufzunehmen und einen Dialog mit dem zu beginnen, was in uns in Bedrängnis ist.

- Wenn es sich stimmig anfühlt (und es körperlich möglich ist), legen Sie eine oder beide Hände auf die Stelle Ihres Körpers, wo der Teil oder das Gefühl am deutlichsten wahrnehmbar ist. Oder senden Sie einfach Ihre Aufmerksamkeit dorthin. Sie können sich auch vorstellen, dorthin zu atmen.
- Sagen Sie dem Anteil in Ihnen, der sich so fühlt: »Ich merke, dass du da bist.« Vielleicht entsteht in Ihnen auch ein inneres Bild, wie er aussieht?
- Wenn es für Sie passend ist, fügen Sie hinzu: »Und es ist okay, dass du da bist.«

- Möglicherweise gibt es etwas, was Sie den Teil fragen möchten. Beispielsweise:
  »Kann ich etwas für dich tun?«
  »Wünschst du dir etwas von mir?«
  »Soll ich etwas über dich wissen?«
  »Warum ist es wichtig, dass du aufgetaucht bist?«
  »Was ist gerade so schwierig für dich?«
  »Was würde dir helfen, wenn du dich so fühlst?«
- Falls Sie eine Antwort erhalten, bedanken Sie sich dafür. Führen Sie das Gespräch weiter, solange es Ihnen hilfreich erscheint.
- Bedanken Sie sich am Ende für den Kontakt und dafür, was Sie erfahren haben, und verabschieden Sie sich. Sie können jederzeit zu einem späteren Zeitpunkt wieder Kontakt aufnehmen.

Um zum Ende zu kommen, vertiefen Sie wieder die Wahrnehmung für Ihre Atmung. Gähnen, rekeln oder strecken Sie sich und richten Sie Ihre Aufmerksamkeit auf Ihre Umgebung.

Wie der zweite Schritt gelingt: Vom Beobachten zum Umsorgen

Es ist ein Element in jeder Tradition von kontemplativer Praxis, ein geräumigeres inneres Gefäß zu schaffen, in dem schwierige Erfahrungen gehalten werden können. Sich der eigenen Gedanken, Gefühle und Empfindungen bewusst zu werden ist eine Möglichkeit, in emotional intensiven Situationen den eigenen Geisteszustand zu verändern. Trotz intensiver Erfahrungen erleben wir dann mehr innere Weite, als wäre der Raum, in dem diese Erfahrungen stattfinden, größer als zuvor. Der zugewandte Kontakt mit inneren Anteilen bietet aber zudem einen konkreten Weg, ungünstige Muster und Reaktionsketten zu verändern – weil Anteile gehört und mit der Zeit auch von

Lasten befreit werden können, sodass uns ihre eigentlichen positiven Qualitäten wieder zur Verfügung stehen.

Während kontemplative Praktiken eher die Präsenz des Selbst als neutraler Beobachter oder unbeteiligter Zeuge betonen, bietet IFS eine Möglichkeit der aktiven, umsorgenden Zuwendung an. Unsere inneren Zustände bewusster wahrzunehmen und achtsam zu beobachten verändert zwar oft die Reaktivität, das heißt, wir reagieren nicht mehr so reflexhaft und automatisch. Wir schämen uns vielleicht weniger für das, was da geschieht, und können eher akzeptieren, dass wir diese Muster und Verhaltensweisen haben. Doch an der dahinterliegenden Dynamik verändert sich dadurch oft wenig: »In diesem abgetrennten Zustand inneren Friedens zu verbleiben und den denkenden Verstand passiv zu beobachten, ist ein begrenztes Mittel, um die Beziehungen zwischen den eigenen inneren Anteilen tatsächlich zu verändern und dem Selbst zu erlauben, eine Position der inneren Führung zu übernehmen. Um eine tiefere Ebene des Selbstmitgefühls zu erreichen, ist es wichtig, das Selbst zu ermutigen, vorzutreten und mit den verschiedenen inneren Persönlichkeiten zu interagieren«, schreibt Schwartz.[54] Es besteht also die Möglichkeit, unsere Teile nicht nur achtsam zu bemerken, sondern auch aktiv mit ihnen zu interagieren. Durch die neue Beziehungsgestaltung zwischen Selbst und Teilen kann auf diese Weise etwas heilen an seelischen Lasten, die zumeist aus der Kindheit stammen.

Kapitel 4 zeigt Ihnen viele praktische Möglichkeiten für eine solche Kontaktaufnahme mit Ihren eigenen Persönlichkeitsanteilen. Zuvor finden Sie noch einige Übungen, die den Zugang zu Selbst-Energie unterstützen können.

Übungen für den Zugang zu mehr Selbst-Energie

Bitte erinnern Sie sich daran, dass Selbst-Energie Ihre innerste Essenz ist. Es ist daher nichts, was Sie sich erst angestrengt erarbeiten oder aufbauen müssten. Selbst-Energie ist immer da, wenn die Teile sich entspannen und etwas zurücktreten. Sie können bei allen Übungen zu Beginn Ihre Anteile bitten, Ihnen die Führung zu überlassen. Versichern Sie ihnen, dass sie sich nicht anstrengen oder etwas leisten müssen.

ÜBUNG: Selbst-Qualitäten als Farbe einatmen

Nehmen Sie sich etwa eine Viertelstunde Zeit und machen Sie es sich an einem angenehmen Ort gemütlich. Diese Übung lässt sich in jeder gewünschten Körperhaltung ausführen, beispielsweise auch morgens oder abends im Bett.[55]

Denken Sie an die Selbst-Qualitäten wie etwa Ruhe, Gelassenheit, Verbundenheit, Mitgefühl, Zuversicht, Mut oder Dankbarkeit. Womit möchten Sie sich in diesem Moment verbinden? All diese Qualitäten *gibt* es, auch wenn Sie persönlich gerade dazu vielleicht wenig Zugang spüren. Es gibt im Universum zu jeder Zeit Liebe, Wohlwollen, Vertrauen etc.: Jedwede heilsame Qualität, die Sie sich gerade wünschen, ist grundsätzlich als Potenzial vorhanden. Sie haben ja schon einmal Vertrauen, Verbundenheit oder Zuversicht in Ihrem Leben gespürt, nicht wahr? Sie waren in Ihrem Leben immer wieder mit diesen Werten, Energien, Gefühlen verbunden. Und nur, weil Sie sie gerade nicht so deutlich spüren, verschwinden sie nicht aus der Welt. Eher ist es so, als hätten Sie gerade den Zugang dazu verloren – so wie ein Radio eine bestimmte Frequenz nicht empfangen kann, solange es auf einen anderen Kanal eingestellt ist. All die unterschiedlichen Radiowellen sind vorhanden, aber man muss einen bestimmten Kanal auswählen und das Radio entsprechend einstellen, um den Sender zu empfangen.

Stellen Sie also jetzt innerlich Ihren Sender auf Empfang, und zwar in Richtung der Qualität, die Ihnen gerade guttut. (Es tut letztlich nichts zur Sache, ob sie bislang in diesem Buch als Selbst-Qualität benannt wurde oder nicht. Wählen Sie einfach aus, was für Sie gerade richtig ist). Ich verwende Zuversicht als Beispiel.

Machen Sie es sich bequem und finden Sie einen beruhigenden, angenehmen Atemrhythmus.

Wenn Zuversicht eine *Farbe* hätte, welche wäre das? Vielleicht erscheint nach und nach eine ganz bestimmte Farbe vor Ihrem inneren Auge. Vielleicht wechseln sich auch verschiedene ab. Vielleicht ist es nur der Hauch einer Vorstellung von Farbe, das reicht völlig aus.

Erlauben Sie Ihrer inneren Wahrnehmung, sich in ihrem eigenen Tempo so zu entwickeln, wie sie das eben tut. Es ist genauso richtig, wie es ist. (Sollte Ihre gewählte Qualität für Sie nicht mit einer Farbe zusammenpassen, sondern eher mit einem Klang, mit einem Körpergefühl, einem Bild oder Symbol, dann vertrauen Sie Ihrer Wahrnehmung und folgen im Weiteren Ihrer Intuition statt der Übungsanleitung.)

Stellen Sie sich vor, Sie sind ganz von der Farbe Zuversicht umgeben, wie von einer wohligen Wolke oder einem sanften Nebel. Wenn Sie mögen, lassen Sie sich von der Farbe einhüllen oder stellen Sie sich vor, dass sie beim Einatmen durch Ihren Herzraum in Ihren Körper hineinfließt und diesen langsam überall ausfüllt. Oder vielleicht mögen Sie sich die Farbe wie ein Licht vorstellen, das Sie umfließt, oder wie eine sachte Brise, die durch Sie hindurchströmt, so wie ein Windhauch, der sanft durch Kirschblüten weht.

Während das geschieht, spüren Sie die Farbe und stellen Sie sich vor, dass sie all das in Ihnen zum Klingen bringt, was Sie an Zuversicht schätzen: etwa innere Ruhe, Vertrauen, Lebensbejahung, entspannte Kraft … Die einzige Absicht der Farbe ist es, Sie zu unterstützen.

Vielleicht tut es Anteilen gut, wenn sie sich in der Farbe ausruhen dürfen oder wenn Sie die Qualität zu ihnen hinatmen. Bleiben Sie dabei, so lange Sie mögen.

ÜBUNG: »Ich bin«

Nehmen Sie sich etwa eine Viertelstunde Zeit und finden Sie einen angenehmen Ort, wo Sie ungestört sind.[56] Eine aufrechte, bequeme Körperhaltung kann Sie unterstützen. Machen Sie sich bewusst, dass es gerade nichts zu tun gibt. Laden Sie all Ihre Teile ein – die, die Sie kennen, und auch die, die Sie noch nicht kennen –, sich zu entspannen und neben Sie zu setzen. Wann immer Teile während der Übung unruhig werden, bitten Sie sie, Ihnen zu vertrauen und Ihnen die Führung zu überlassen. Falls das manchen Teilen nicht möglich ist, wenden Sie sich ihnen zu und versuchen Sie herauszufinden, was sie befürchten oder was sie bräuchten, um sich etwas zurücklehnen zu können. (Damit würde die Übung quasi eine »Abzweigung« nehmen, die sich jedoch als sehr erkenntnisreich herausstellen kann. Wenn Sie mögen, kehren Sie anschließend wieder zum unten beschriebenen Verlauf zurück.)

Beginnen Sie nun mit einigen Momenten Achtsamkeit auf den Atem und begegnen Sie diesem Augenblick aus einer offenen, zugewandten Haltung, ohne etwas Bestimmtes zu erwarten.

Nun suchen Sie sich bitte ein reales Merkmal, das auf Sie zutrifft. Es ist alles möglich, was sich in einen Satz fassen lässt, der mit »Ich bin« beginnt und ein reales Merkmal enthält. Also zum Beispiel *Ich bin eine Frau; Ich bin ein Mann; Ich bin XY cm groß; Ich bin XY Jahre alt.* Sagen Sie sich den entsprechenden Satz mehrfach still im Geiste vor und beobachten Sie die Reaktion. Was empfinden Sie auf der körperlichen, mentalen, emotionalen Ebene? Wie reagiert Ihr gesamtes System auf diesen Satz? Greifen Sie nicht ein, bemerken Sie einfach mit Neugier Ihre innere Erfahrung.

Nun lassen Sie das Merkmal weg und sagen Sie mehrfach innerlich nur: *Ich bin*. Beobachten Sie die innere Resonanz. Verändert sich etwas in Ihrer Wahrnehmung im Vergleich zum ersten Satz? Verweilen Sie einige Atemzüge in dieser Erfahrung.

Suchen Sie sich als Nächstes eine Rolle aus, die Sie im Leben einnehmen, beispielsweise *Ich bin ein Vater; Ich bin eine Tochter; Ich bin ein Lehrer; Ich bin Personalreferentin.* Wiederholen Sie den Satz mehrere Male still in Gedanken und nehmen Sie wieder neugierig wahr, was in Körper, Geist und Gefühlen geschieht, wenn dieser Satz erklingt.

Lassen Sie die Rolle weg und wiederholen Sie einige Male still: *Ich bin.* Nehmen Sie Ihr Erleben wahr. Ähnlich? Unterschiedlich? Verweilen Sie ein wenig.

Gehen Sie bei allen weiteren Schritten genauso vor: Nehmen Sie interessiert Ihre Erfahrung wahr und was sich durch die Formulierungen möglicherweise verändert.

Suchen Sie sich eine Eigenschaft, die Sie zu haben glauben und die Ihnen nicht behagt, zum Beispiel *Ich bin schüchtern; Ich bin unsicher; Ich bin jähzornig.*

Lassen Sie die unerwünschte Eigenschaft weg und lauschen Sie Ihrer Erfahrung, wenn Sie innerlich sagen: *Ich bin.*

Wählen Sie eine Eigenschaft, die Sie an sich mögen, zum Beispiel *Ich bin humorvoll; Ich bin gewissenhaft; Ich bin einfühlsam.*

Lassen Sie die Eigenschaft weg und beobachten Sie Ihre Erfahrung, wenn Sie innerlich hören und wahrnehmen: *Ich bin.*

Verweilen Sie zum Abschluss so lange Sie mögen in der Erfahrung *Ich bin.* Sie können die Worte mit dem Atem verbinden, wenn sich das hilfreich anfühlt, beispielsweise »Ich bin« beim Einatmen, Stille beim Ausatmen oder »Ich« beim Einatmen, »bin« beim Ausatmen.

Lesen Sie bitte erst weiter, nachdem Sie die Übung gemacht haben.

Diese Übung kann ein müheloses Tor in einen Selbstzustand sein. Selbst-Energie ist nicht biografisch, sie hat kein Alter, kein Geschlecht, keine Rolle. Unsere *Teile* sind mit bestimmten persönlichen Eigenschaften verknüpft, nicht jedoch unser Selbst. Unser Selbst hat keinen Beruf. Es *ist* einfach. Jegliche biografische Beschreibung darüber hinaus stellt eine Einengung dar. Viele Menschen, mit denen ich diese Übung gemacht habe, benennen daher den spürbaren Unterschied in ihrer inneren Erfahrung zwischen beispielsweise den Sätzen »Ich bin 52 Jahre alt« und »Ich bin« als Zuwachs an Weite, Freiheit oder Stimmigkeit. »Ich bin« beschreibt mich in der Tiefe weitaus treffender als »Ich bin eine Mutter« oder »Ich bin Lehrer«. Mein Mutter- oder mein Lehrer-Sein ist nur ein Aspekt meiner Erfahrung. Die Erfahrung dessen, was ich bin, ist so viel grundlegender als das, was sich über biografische Merkmale beschreiben lässt.

Mitunter kann sich die Erfahrung dieser Weite jedoch auch verunsichernd anfühlen. Wenn das bei Ihnen während der Übung der Fall war, sind vermutlich dadurch innere Anteile angesprungen. Wenden Sie sich ihnen zu und fragen Sie sie, was daran für sie beunruhigend war.

Es könnte sein, dass es für manche unserer Teile ein Gefühl von Sicherheit vermittelt, eine eng gefasste und genaue Definition davon zu haben, wer oder was man ist. Sich auf etwas zu verengen, was vielleicht nur einen Ausschnitt unserer eigentlichen Natur darstellt, kann in unsicheren Momenten Halt geben, und das war zu bestimmten Zeiten unseres Lebens vielleicht dringend nötig. Wir identifizieren uns mit unseren Rollen, mit unseren Eigenschaften – eben mit unseren Persönlichkeitsanteilen. Daher kann es sich ungewohnt, eventuell sogar bedrohlich anfühlen, sich auf diese unbegrenzte Selbst-Energie einzulassen. Experimentieren Sie in diesem Fall mit verschiedenen Übungen, etwa dem achtsamen Atmen, und lassen Sie Ihren Teilen Zeit, mit der Erfahrung von Selbst-Energie vertraut zu werden.

Es ist ein bisschen wie beim Schwimmenlernen: Es braucht Geduld, bis wir uns im Wasser so weit entspannen können, dass wir merken, dass es uns trägt.

ÜBUNG: Die Pause zwischen den Gedanken

Nehmen Sie sich etwa eine Viertelstunde Zeit und finden Sie einen angenehmen Ort, wo Sie ungestört sind. Eine aufrechte, bequeme Körperhaltung kann Sie unterstützen. Machen Sie sich bewusst, dass es gerade nichts zu tun gibt. Laden Sie Ihre Teile ein, sich zu entspannen und neben Sie zu setzen. Wann immer Anteile in Ihnen während der Übung unruhig werden, bitten Sie sie, Ihnen zu vertrauen und die Führung zu überlassen. Falls das Teilen nicht möglich ist, wenden Sie sich ihnen zu und versuchen Sie herauszufinden, was sie befürchten.

Lassen Sie dann Ihre Aufmerksamkeit nach und nach durch alle Körperteile wandern, vom Kopf bis zu den Füßen, und begegnen Sie den Empfindungen mit einer offenen, zugewandten Haltung, ohne etwas Bestimmtes zu erwarten oder verändern zu wollen.

Nehmen Sie als Nächstes wahr, wie die Luft beim Einatmen durch die Nasenlöcher einfließt und beim Ausatmen wieder heraus. Wie in der Grundübung des achtsamen Atmens lassen Sie Ihre Aufmerksamkeit interessiert bei dieser Erfahrung sein und immer wieder dorthin zurückkehren.

Bemerken Sie die Pause am Ende der Ausatmung, bevor die nächste Einatmung beginnt? Lassen Sie diese Pause sich ein wenig verlängern, indem Sie neugierig beobachten, wann die nächste Einatmung einsetzt.

Während Sie so sitzen und Ihrem Atem folgen, werden Gedanken auftauchen. Vielleicht schicken Ihre Teile Gedanken wie: »Das klappt nicht« oder »Ich habe keine Zeit für so was« oder »Nachher muss ich unbedingt noch XY erledigen«. Statt die Gedanken zu verscheuchen oder sich in ihnen zu verfangen, bemerken Sie die auftauchenden Gedanken als etwas, was sich durch Ihren inneren Raum bewegt. Werden Sie neugierig darauf. Folgende Vorstellung kann helfen: »Ich bin mal gespannt, was der nächste Gedanke sein wird. Als säße ich vor einem Mauseloch, um mitzubekommen, wenn die Maus herauskommt. Ich bin gespannt auf die nächste Maus.«

Bemerken Sie, dass Sie die Gedanken bemerken können. Und bemerken Sie, dass es einen Raum gibt zwischen den Gedanken, bevor die nächste Maus kommt. Die Pause am Ende der Ausatmung kann helfen, in diesen Raum hineinzugleiten: Da ist der offene, stille Raum am Ende der Ausatmung, und da ist der offene, stille Raum zwischen den Gedanken.

Manchmal schießen so viele Mäuse so schnell aus dem Mauseloch, dass eine geraume Zeit vergeht, bis Sie bemerken, dass Sie völlig in diese Gedanken eingetaucht sind. Das macht nichts. Es braucht einfach Übung, um die Gedanken öfter zu bemerken, statt ganz in sie hineinzuverschwinden. Werden Sie wieder neugierig, was wohl die nächste Maus sein wird.

Vielleicht unterstützt es Sie, mit der Einatmung zu denken »Ich« und mit der Ausatmung »bin«. Und wenn das Wörtchen *bin* im Geiste verklingt, ist da (vielleicht auch nur für einen kurzen Moment) der offene, stille Raum zwischen den Gedanken, der offene, stille Raum, bevor die Einatmung erfolgt.

Bleiben Sie dabei, solange Sie mögen.

Q & A – Fragen und Antworten

Ich interessiere mich nicht für Spiritualität. Braucht es das für die Arbeit mit den eigenen Anteilen?

Viele Menschen fühlen sich gerade deshalb von IFS angezogen, weil es Raum für eine gänzlich undogmatische Spiritualität im Zusammenhang mit persönlicher Entwicklung bietet. Aber es ist absolut nicht nötig, eine spirituelle Ausrichtung zu haben, um mit den eigenen Teilen in Kontakt zu kommen oder von der Sichtweise zu profitieren, dass eigene ungünstige Verhaltensmuster ursprünglich Bewältigungsversuche waren.

Wenn Teile ihre Lasten ablegen können, verschwinden sie dann?

Je mehr unserer Teile von ihren Lasten befreit werden, desto integrierter und harmonischer fühlen wir uns als Person. Das bedeutet nicht, dass die Teile verschwinden, sondern dass sie, von ihren extremen Mustern und Rollen befreit, das für unsere Persönlichkeit beisteuern, was sie gut können und gerne tun. Sie sind immer noch da, aber sie heben sich nicht mehr so scharfkantig ab. Wir können uns situationsangemessen und flexibel wie in einem Tanz zwischen verschiedenen Emotionen und Ausdrucksweisen bewegen. Das ganze Spektrum unserer Menschlichkeit steht uns zur Verfügung. Es geht also bei der Arbeit mit unseren Anteilen nicht um Verschmelzung zu einer Einheit, sondern darum, ein harmonisches Zusammenspiel der Teile zu ermöglichen: Alle in der WG helfen zusammen und bilden ein starkes Team.

Stimmt es, wenn Menschen sagen: »So bin ich eben und da ändere ich mich auch nicht mehr«?

Veränderung ist möglich, zu jedem Zeitpunkt, auch in hohem Alter. Doch wir müssen einen Weg finden, um unser Innenleben schrittweise umzugestalten. Es bedarf einer Art Training, um neue Erfahrungen zu machen und so zu vertiefen und zu festigen, dass Veränderung nachhaltig ist. Es ist wie im Fitnessstudio. Wir nehmen ja auch nicht an, dass wir einmal dorthin gehen und mit einer Bodybuilder-Figur zurückkommen. So funktioniert Muskelaufbau einfach nicht. Das gilt für jegliches organische Wachstum und ebenso für seelisch-mentalen Wandel.

Bloße Willenskraft oder die Einsicht, dass es vernünftiger wäre, sich anders zu verhalten, reichen daher oft nicht aus. Das liegt an den beschriebenen frühen Prägungen und weil eben Teile in uns diese Muster ursprünglich aus einem guten Grund entwickelt haben. Sie waren zu einem früheren Zeitpunkt eine sinnvolle Anpassungsleistung und sind fest in Ihnen verdrahtet. Daher bewirken gute Vorsätze und eiserne Disziplin oft wenig, ebenso wie Therapiemethoden, die diejenigen Teile, die Veränderung blockieren wollen, nicht mit einbeziehen.

Für innere Entwicklung braucht es einen Rahmen, der uns hilft, immer wieder Schritte in die richtige Richtung zu machen und den Anteilen in uns, die an den alten Verhaltensweisen festhalten, heilsame, transformierende Erfahrungen zu ermöglichen. Gute Therapie kann ein Weg dahin sein, spirituelle Praxis ein anderer, aber auch eine hilfreiche Form von Selbstreflexion und ein immer wieder aufgenommener Kontakt zu sich selbst. Oft verändern wir uns auch im Rahmen von intensiven, glückenden Beziehungen, wie man sie im besten Fall mit Freunden, in einer Liebesbeziehung oder der eigenen neu gegründeten Familie macht.

Sich Unterstützung gönnen

Sich in seelischen Belangen Unterstützung zu suchen ist hierzulande leider noch immer nicht selbstverständlich. Wie schade! Es ist ein bisschen wie beim Wandern. Natürlich kann man wandern mit einem Rucksack voller Steine auf dem Rücken. Muss man aber nicht. Man kann auch stehen bleiben, den Rucksack öffnen, hineinsehen und Steine herausnehmen. Therapeutische Begleitung ist nicht nur für Menschen da, die in einer totalen Krise stecken oder eine furchtbare Kindheit durchgemacht haben. Auch diejenigen von uns, die das Glück einer ziemlich guten Kindheit hatten, tragen in der Regel so einige Lasten im Rucksack. Ob mein eigenes Leben auch dann okay verlaufen wäre, wenn ich keine Therapie gemacht hätte? Bestimmt. Aber ich würde mich ganz sicher nicht so frei und innerlich reich fühlen, wie ich es tue, weil ich gemeinsam mit jemandem meine belastenden Themen angeschaut habe.

Wenn das Teile-Modell der Psyche Sie anspricht, dann erlauben Sie sich ein paar Stunden mit einer IFS-Therapeutin. In IFS geht es nicht darum, Sie zu reparieren, weil an Ihnen etwas nicht richtig wäre. Therapie hat nichts damit zu tun, dass man irgendwie gaga wäre oder zu schwach, es selbst zu schaffen. Stattdessen kann gute Therapie helfen, Ihre natürliche Balance, Stärke und innere Weisheit wiederzuentdecken. Dazu schreibt die wunderbare systemische Therapeutin Eva Orinsky – zusammen mit Marlene Fellner und Martina Beckhäuser bildet sie das Team meiner wichtigsten IFS-Ausbilderinnen, auf deren Wissen und Erfahrung vieles in diesem Buch basiert –: »Der Mensch ist fähig zur Selbstheilung. Dabei Hilfe anzunehmen, kann ein wichtiger Schritt sein.«[57] Sie werden zudem die in diesem Buch beschriebenen Übungen und Anregungen leichter umsetzen können, wenn Sie sich ein paar »Trainerstunden« gönnen.

Zusammenfassung Kapitel 3

- Die menschliche Essenz wird im IFS das »Selbst« genannt. Qualitäten wie Ruhe, Klarheit, Mut und Verbundenheit zeichnen das Selbst aus. Dieser innerste Kern unseres Wesens ist eine von Natur aus mitfühlende und liebevolle Präsenz, die zugleich die Fähigkeit hat, eine aktive Führungsrolle zu übernehmen – in der eigenen Psyche ebenso wie im Kontakt mit der Welt.
- Wir werden alle mit Selbst-Energie geboren. Was uns auch immer geschieht, unser Selbst kann nicht verloren gehen. Es kann jedoch verdeckt werden durch Anteile unserer Persönlichkeit, die aufgrund unserer Lebenserfahrungen in extreme Rollen geraten sind und die Führung übernommen haben.
- Die eigentliche Aufgabe des Selbst ist es, die inneren Anteile wie ein weiser Anführer zu leiten und zu unterstützen. Ziel des IFS-Modells ist es, die Teile aus ihren extremen Rollen zu befreien und diese Selbst-Führung wieder zu ermöglichen.
- Es gibt viele verschiedene Zugangswege, um uns mit unserer Selbst-Energie zu verbinden. Manche sind kontemplativ oder kommen aus einem Bereich, den wir vielleicht als spirituell bezeichnen, andere haben beispielsweise mit Kreativität, Bewegung, Musik oder der Begegnung mit Menschen zu tun. Eine wie auch immer geartete regelmäßige Praxis zu etablieren ist hilfreich, um mit dieser Ebene in uns vertrauter zu werden.
- Die IFS-Herangehensweise kann die Praxis von Achtsamkeit oder Meditation bereichern – durch eine Haltung, die Gedanken oder Gefühle nicht nur gelassen beobachtet, sondern mit den inneren Anteilen, die diese Gedanken

und Gefühle haben, in einen mitfühlenden Kontakt tritt und einen Dialog eröffnet.

- IFS bietet eine nicht-beschämende, nicht-pathologisierende, nicht-moralisierende Sichtweise auf ungünstige Reaktionsweisen und Verhaltensmuster. Durch das Verständnis, nach welcher Logik verletzliche Teile in Verbannung geraten, während andere sich zu Schützern entwickeln, eröffnet Teile-Arbeit nach IFS nachhaltige Wege für Transformation.
- Sich therapeutische Unterstützung für innere Prozesse zu gönnen, kann den Weg sehr erleichtern. Wir müssen nicht alles alleine schaffen.

KAPITEL 4

Die Kunst, sich selbst zuzuhören

Mit unseren Anteilen Kontakt aufnehmen

»Das kuriose Paradox ist, dass ich mich ändern kann,
wenn ich mich so akzeptiere, wie ich bin.«
CARL ROGERS[58]

Mit niemandem auf der Welt verbringen wir so viel Zeit wie mit uns selbst. Keinem Urteil sind wir so ausgeliefert wie dem der kritischen Teile in unserem eigenen Kopf. Die sich häufig rasant abwechselnden Stimmungslagen unserer unterschiedlichen Persönlichkeitsanteile katapultieren uns nicht selten von Frust zu Wut über Taubheit in Gefühle von Kummer, Verwirrtheit und innerem Chaos. Es ist also von enormer Bedeutung zu lernen, mit uns selbst gut auszukommen. Dieses Kapitel stellt Ihnen verschiedene Möglichkeiten vor, Ihre Teile kennenzulernen, einen Dialog zu starten und eine neue Beziehung zu beginnen.

Bitte beachten Sie:
Manchen Menschen gelingt es relativ leicht, mit ihren Teilen alleine in Kontakt zu kommen, andere brauchen dafür Begleitung, zum Beispiel von einem IFS-Coach oder einem Therapeuten, der in Teile-Arbeit ausgebildet ist. Das ist auch ein Stück Veranlagungssache, so wie manche von uns ein Instrument in Eigenregie lernen können, während andere sich damit in einem Kurs oder mit einem Lehrer sehr viel leichter tun.

In bestimmten Fällen ist es allerdings nicht sinnvoll, alleine mit den eigenen Anteilen Kontakt aufzunehmen. Wenn Versuche dazu Sie sehr aufwühlen oder bereits bestehendes problematisches Verhalten – wie Suchtverhalten oder Essstörungen – sich verstärkt, zögern Sie nicht und suchen Sie sich therapeutische Begleitung. Sofern ein Trauma, selbstschädigendes Verhalten oder starke innere Verzweiflung vorliegt, ist professionelle Unterstützung durch einen Therapeuten auf jeden Fall unumgänglich. Doch auch dann macht es einen großen Unterschied, sich bewusst zu machen: »Nicht an mir als ganze Person ist etwas nicht in Ordnung. Sondern Teile von mir zeigen extremes Verhalten und sind in Not. Dafür hole ich mir Unterstützung.«

Die fünf Schritte, um ins Gespräch zu kommen

Für einen Dialog braucht es zwei Gesprächspartner. Da sind Sie. Und da ist etwas in Ihnen, mit dem Sie reden können. Das klingt in der Regel nur so lange seltsam, bis man es einmal ausprobiert hat. Da psychische Pluralität ganz normal ist, erlebe ich bei Klienten, dass sie solche Kontaktaufnahmen nach innen als etwas Selbstverständliches erleben, sobald sie die »Mono-Mind«-Vorstellung von sich selbst aufgeben, also die Idee, dass der Geist oder die Psyche eine geschlossene, homogene Einheit ist.

Mit den folgenden Schritten können Sie mit Ihren Teilen in Kontakt treten und ein Gespräch beginnen.[59]

1. Die Aufmerksamkeit nach innen wenden
2. Einen Teil bemerken
3. Selbst-Energie überprüfen
4. Einen Dialog beginnen
5. Sich bedanken und sich verabschieden

1. Schritt: Die Aufmerksamkeit nach innen wenden

Für einige von uns ist es normal, für viele andere von uns ungewohnt: im Trubel des Alltags innezuhalten und die Aufmerksamkeit auf das eigene Innenleben zu richten. Es ist der entscheidende erste Schritt, wenn wir unsere Anteile kennenlernen wollen. Innezuhalten bedeutet schlicht, die Aufmerksamkeit von äußerlichen Gegebenheiten abzuziehen und sie nach innen zu wenden.

Manchen Menschen hilft es, dabei die Augen zu schließen, für andere ist es eher wie ein inneres Lauschen, das ihnen auch mit offenen Augen möglich ist. Günstig sind eine ruhige Umgebung und ein bisschen ungestörte Zeit. Achtsames Atmen (siehe auch die Hinweise in Kapitel 3) kann eine Unterstützung sein: Verfolgen Sie einige Momente mit, wie die Atemluft in Ihren Körper einströmt und ihn dann wieder verlässt. Lassen Sie diesen Fokus auf Ihre Atmung wie eine Brücke sein, die Ihre Aufmerksamkeit von außen nach innen führt.

Und nun seien Sie neugierig darauf, was Ihnen begegnet, wenn Sie auf diese Weise mit Ihrem Innenleben in Kontakt treten: Vielleicht bemerken Sie Gedanken oder innere Bilder, die Ihnen gerade durch den Kopf gehen. Da gibt es Gefühle, Empfindungen in Ihrem Körper, Impulse, bestimmte Verhaltensweisen – all das ist eine Spur zu Anteilen Ihrer Persönlichkeit. Lassen Sie sich einfach durchatmen und bemerken: Was ist in mir gerade los? Oder: Was war in dieser bestimmten Situation eigentlich in mir los?

Nico tut sich enorm schwer, ungeliebte Aufgaben zu beginnen, sei es die Steuererklärung, ein Arbeitsprojekt oder den Hausputz. Sogar Dinge, die er eigentlich gern tun würde, startet er nicht, wenn damit eine anfängliche Mühe verbunden ist. Als er genauer nach innen lauscht, merkt er, dass dann zwei Stimmen in seinem Kopf streiten. Eine sagt: »Jetzt fang schon endlich an! Du bist so faul und schiebst alles immer vor dir her!« Die andere hält dagegen: »Müssen, müssen, müssen! Ich hab keinen Bock, immer zu müssen!« Je mehr der unwillige Teil blockt, desto rabiater wird der antreibende Teil. Es ist wie ein innerliches Tauziehen zwischen zwei Anteilen in Nico, die man vielleicht Antreiber und Null-Bock-Teil nennen könnte.

Ana gerät oft mit ihrem Partner Jens aneinander. Wenn sie etwas anders macht, als er es machen würde, belehrt er sie, wie es richtig geht. Das regt sie furchtbar auf. Kürzlich haben beide für eine Urlaubsreise das Auto gepackt, und Jens sortierte die Taschen, die Ana gerade verstaut hatte, wieder um. In hilfloser Wut schrie sie: »Dann mach doch deinen Scheiß alleine, wenn du es besser kannst!«, und rannte ins Haus.

2. Schritt: Einen Teil bemerken

Menschen nehmen ihre Teile in sehr unterschiedlicher Art wahr, wenn sie sich nach innen fokussieren. Es gibt keine »richtige« Art, wie sich Anteile bemerkbar machen. Folgende Varianten sind möglich und darüber hinaus vielleicht noch weitere, die ich bislang nicht kenne.

Als körperliche Empfindungen, Symptome oder somatische Zustände

Die meisten Teile haben eine körperliche Ausdrucksform. Wenn Ana sich von Jens so gegängelt fühlt, wird sie ganz zittrig. Sie bekommt Herzklopfen, ihre Atmung wird flach, und ihre Kopfhaut fängt an zu kribbeln.

Nico kann den Streit zwischen dem Antreiber und seinem Null-Bock-Teil in Form von Spannung im Kopf und innerer Unruhe wahrnehmen.

Teile können sich als Einschränkung der Atmung zeigen, als

ein ganz bestimmter Schmerz beispielsweise im Hals oder im Herzen und ein körperübergreifendes Gefühl wie etwa Nervosität, Schwere oder Haltlosigkeit. Häufig entsteht eine Wahrnehmung von Enge oder Druck, wenn Anteile aktiv werden. Man spürt sie vielleicht wie etwas, was einem von hinten im Nacken sitzt, wie ein Stein auf der Brust oder ein Kloß im Hals. Bestimmte Körperhaltungen (beispielsweise Eingesunkensein, eine herausgestreckte Brust und ein vorgerecktes Kinn) oder auch Symptome wie Übelkeit, Kopfschmerzen, Darmbeschwerden, Hautprobleme und vieles mehr können Ausdruck von Teilen sein.

Manche von uns nehmen Teile rein auf körperlicher Ebene wahr, andere in Verbindung mit inneren Bildern, Gedanken oder Gefühlen.

Als Gedanken, innerlich wahrnehmbare Worte oder Klänge

Teile äußern sich häufig über Gedanken oder Worte, die im Inneren wahrnehmbar sind. Das sprichwörtliche Grübelkarussell kann aus einem oder mehreren Teilen bestehen, die sich mit einem Monolog oder kontroversen Dialog im Kreis drehen. Als Ana hinhört, bemerkt sie, dass ihr genervter Teil noch Stunden später über Jens schimpft und infrage stellt, ob sie überhaupt in den Urlaub mitkommen soll: »Soll er doch allein fahren, der Blödmann, dann kann er alles genau so machen, wie er meint. Ich hab keinen Bock drauf, mir von einem Besserwisser Vorschriften machen zu lassen, ob die Tasche links oder rechts vom Rucksack steht!«

In bildlicher Form, als visueller Eindruck

Für manche von uns erscheinen Teile in Form innerer Bilder, als Gestalten oder als Symbole, die wir vor unserem geistigen Auge wahrnehmen, wenn wir beginnen, uns auf das zu konzentrieren, was innerlich vorgeht. Für Nico beispielsweise erscheint sein Antreiber wie ein aufgescheuchtes Männchen mit einer Peitsche. Seinen Teil, der keine Lust auf Müssen hat, sieht er wie einen bockigen Jugendlichen mit verschränkten Armen.

Sollte die Gestalt, in der der Teil vor Ihrem inneren Auge auftaucht, Ihnen seltsam vorkommen – albern, wie ein Klischee oder irgendwie unpassend –, verwerfen Sie das bitte nicht und versuchen Sie auch nicht, es zu verändern. Nehmen Sie es einfach als Symbol, das Ihre Psyche gerade liefert. Ihr Verstand braucht es nicht zu analysieren und sich auch nicht zu fragen, ob Sie sich das Bild nicht nur einbilden. Es hat ganz sicher seine Bedeutung, wenn es gerade auftaucht, und darf einfach so sein, wie es eben ist.

Teile können aussehen wie Comicfiguren, wie Gestalten aus Märchen oder Filmen oder wie Menschen auf der Straße – alt oder jung, groß oder klein, männlich oder weiblich. Manche erscheinen in Form von Strichmännchen, schemenhaften Umrissen oder auch in Form eines Tieres, Objektes oder Gegenstandes: beispielsweise als Mauer, die etwas abblockt, als Steinplatte, die die Brust zusammenpresst, oder als Marionette, die wie leblos in der Ecke liegt. Dabei verändern Teile im Laufe des Kontakts nicht selten ihre Gestalt.

Unsere verletzlichen/empfindsamen Teile sehen in der Regel aus wie wir selbst, als wir jünger waren, manchmal auch wie junge Tiere. Manchmal steigen Erinnerungen auf an Fotografien von uns selbst als Kind.

Sehr visuell orientierte Menschen sehen mitunter Szenen wie in einem Kinofilm vor sich ablaufen, manche haben eher vage oder flüchtige visuelle Eindrücke, andere hingegen sehen bei dieser Art innerer Arbeit überhaupt keine Bilder. Das ist Veranlagungssache und hat nicht unbedingt etwas damit zu tun, wie tief der Kontakt zu den Teilen ist.

Als Gefühle oder emotionaler Zustand

Teile können sich über alle Arten von subtilen bis hin zu extremen Gefühlen zeigen.

Ebenso in aufsteigender Verwirrung, als Nebel im Kopf, als plötzlicher Abbruch einer Emotion, die eben noch spürbar war, oder als emotionale Taubheit.

Als Verhalten oder drängender Impuls

Der Teil in Ana, der so genervt ist, bewirkt, dass Ana den restlichen Tag nicht mehr mit Jens redet, sondern überlegt, ob sie nicht spontan mit einer Freundin verreisen könnte.

Manche Teile zeigen sich stark oder ausschließlich über das, was sie tun: beispielsweise Nägel kauen, Süßigkeiten essen, mit den Fingern auf den Tisch trommeln, mit dem Computer oder am Handy spielen, To-do-Listen führen oder ständig mehrere Sachen auf einmal machen.

Grundsätzlich kann jedes Verhalten, vor allem Automatismen und typische Verhaltensmuster, Ausdruck eines inneren Anteils sein.

Den Kontakt durch Fragen nach innen vertiefen

Wenn Sie Kontakt zu Teilen aufnehmen möchten, ist es sinnvoll, zuerst einmal die *Hypothese* aufzustellen, dass das, was Sie da spüren, ein innerer Anteil sein könnte. Sofern Sie annehmen, dass es sich nicht bloß um *einen*, sondern um *mehrere* Teile handelt (wie im Beispiel von Nico), fokussieren Sie zu Beginn auf den, für den Sie sich gerade am meisten interessieren oder von dem Sie den Eindruck haben, dass er am dringendsten Ihre Aufmerksamkeit will.

Falls Sie jedoch bei einem der beiden annehmen, dass es sich um einen verletzlichen Teil handelt, *sollten Sie immer zuerst mit dem anderen Teil in Kontakt gehen*, in der Regel treffen Sie dann nämlich auf einen Schützer. Die Begegnung mit verletzlichen Teilen wird deutlich leichter, wenn Schützer zuvor mit einbezogen und respektvoll gebeten werden, den Kontakt zu den beschützten Teilen zu erlauben.[60]

Hilfreich können nun folgende Fragen sein:

- Angenommen, das, was ich da spüre, ist ein Teil von mir. Wo in oder um meinen Körper herum nehme ich den Teil wahr? Wie macht er sich körperlich bemerkbar?
- Gibt es eine Geste, Körperhaltung oder Bewegung, die zu ihm passt?
- Wenn der Teil eine Gestalt hätte, wie würde er aussehen?
- Hätte er eine Form, Farbe, Größe, Textur?
- Wenn er etwas sagen könnte, was würde er sagen?
- Welche Gedanken gehören zu ihm?
- Welche Gefühle, Impulse oder Verhaltensweisen haben mit dem Teil zu tun?
- Welcher Name würde vielleicht für ihn passen?

Wer sich auf den Weg macht, seine innere WG zu erkunden, kann im Laufe der Zeit immer mehr seiner Anteile kennenlernen. Dabei ist es nicht ungewöhnlich, fünf, zehn oder noch mehr Teile zu entdecken. Manche von diesen tauchen immer wieder in ähnlicher Form auf, doch nicht selten verändert sich ihr Auftreten, ihre Gestalt oder auch ihr Name, wenn sie sich mehr verstanden fühlen.

Manche meiner Klienten malen ihre Teile gern oder führen ein Teile-Tagebuch. Eine Teile-Landkarte oder Collage, wie schon in Kapitel 1 angeregt, kann hilfreich sein. Dort können Sie eintragen, was Sie im Kontakt mit dem Anteil erfahren, beispielsweise darüber, was seine Absicht ist oder in welchen Situationen er auftaucht. Doch müssen Sie sich nicht anstrengen, all Ihre Teile strikt auseinanderzuhalten oder Buch über sie zu führen. Ausschlaggebend ist, dass Sie ihnen mit einer grundsätzlichen Haltung von Offenheit und Respekt entgegenkommen. Dann kann sich die Beziehung auf gute Weise entwickeln.

3. Schritt: Selbst-Energie überprüfen

Wenn wir uns unseren WG-Bewohnern zuwenden, ist es wichtig, dass wir ihnen möglichst aus einem Selbst-Zustand heraus begegnen. Es ist allerdings nicht notwendig, einen schwarzen Gürtel in Selbst-Energie zu haben, erst stundenlang zu meditieren oder andere komplizierte Dinge zu tun. Ein grundlegendes Maß an Interesse ist völlig ausreichend – Sie erinnern sich: Interesse oder Neugier ist eine der Selbst-Qualitäten. Richard Schwartz betont oft, dass es für eine Kontaktaufnahme ausreicht, wenn wir zu etwa dreißig Prozent im Selbst sind.

Die einfachste Art, einzuschätzen, ob genug Selbst-Energie zur Verfügung steht, ist, sich zu fragen:

Was empfinde ich dem Teil gegenüber, den ich gerade bemerke?

Sofern die Antwort lautet: Interesse, Offenheit oder sogar Mitgefühl, können Sie einfach mit Punkt 4 fortfahren und einen Dialog beginnen. Wenn die Antwort auf diese Frage jedoch etwas *anderes* ist als eine der Selbst-Qualitäten, hat sich ein anderer Teil dazwischengeschoben.

Einer der grundlegenden Unterschiede zwischen Teilen und Selbst ist, dass das Selbst nie Anteile der eigenen Persönlichkeit ablehnt oder missachtet. Das Selbst ist Teilen gegenüber immer zugewandt. Es ist allparteilich, akzeptierend und interessiert daran, den Teilen zu helfen. Sobald Sie sich selbstkritisch betrachten oder wenig Mitgefühl für Ihre inneren Konflikte, schwierigen Gefühle oder schmerzlichen Erfahrungen aufbringen, ist das ein Zeichen dafür, dass Teile in Ihnen andere Teile beurteilen.

In Nico beispielsweise scheint es einen Jugendlichen zu geben, der sich dagegen wehrt, immer »müssen zu müssen«. Der Antreiber in Nico kritisiert ihn dafür und versucht angestrengt, ihn zu einem anderen Verhalten zu bewegen. Als Nico sich zum ersten Mal für ein Gespräch nach innen wendet, bemerkt er den Jugendlichen und ärgert sich über ihn. Das ist ein Zeichen dafür, dass sich der Antreiber in den Vordergrund geschoben hat und Nico den jugendlichen Teil aus dessen Augen sieht. Das Selbst würde sich nicht über den Jugendlichen ärgern, sondern sich für ihn interessieren.

Wenn Ana sich bevormundet fühlt, wird ein Teil in ihr extrem aufgebracht. Ana nennt ihn Schachtelteufel. Wenn sich Ana dann fragen würde: »Was empfinde ich dem Schachtelteufel gegenüber?«, könnte die Antwort vielleicht lauten: »Ich bin von mir selbst genervt, dass ich nicht souverän bleiben konnte, so ein Verhalten ist ja kindisch.« Das wäre dann ein Teil, der das Verhalten des Schachtelteufels als unangemessen beurteilt. Es könnte aber auch sein, dass sich auf die Frage ein anderer Anteil von Ana meldet, der sich vor dem starken Herzklopfen, das der Schachtelteufel auslöst, fürchtet. Sobald jedoch die Teile, die wir kennenlernen wollen (also für Ana der Schachtelteufel oder für Nico der trotzige Jugendliche), merken, dass sie unerwünscht sind oder beurteilt werden, werden sie kaum etwas von sich erzählen. Daher ist es so wichtig, durch die Frage »Was empfinde ich dem Teil gegenüber, den ich näher kennenlernen will?« einzuschätzen, ob für diese Kontaktaufnahme ausreichend Selbst-Energie zur Verfügung steht.

In vielen Fällen werden Sie bemerken, dass auf die Frage hin nicht eine der Selbst-Qualitäten auftaucht, sondern eher Unwillen, Abwehr, Ärger oder vielleicht auch Angst oder Besorgnis. Dann sind Sie vermutlich nicht im Selbst, sondern in einem Teil, der dem Teil, den Sie ursprünglich im Auge hatten, genau diese Gefühle entgegenbringt. Was tun Sie dann? Ganz einfach. Dann bitten Sie diesen Teil, beiseitezutreten.

Einen Teil bitten, beiseitezutreten und sich so von uns zu lösen

Es ist kein bisschen verwunderlich, dass Teile in uns unwillig auf andere Teile reagieren: sie nicht mögen, sich vor ihnen fürchten oder sie ablehnen. Es ist eher die Regel als die Ausnahme und völlig normal. Solange diese Anteile jedoch im Vordergrund stehen, wird es schwierig, sich dem offen zuzuwenden, den wir ursprünglich kennenlernen wollten. Nennen wir diesen der Einfachheit halber den *Zielteil.*

Vielleicht erinnern Sie sich noch an das Fallbeispiel am Ende des ersten Kapitels? Markus wollte die Angst in sich (den Zielteil) kennenlernen. Um herauszufinden, wie viel Selbst-Energie er momentan zur Verfügung hatte, fragte ich ihn, was er der Angst gegenüber gerade empfände. Daraufhin antwortete er: »Am liebsten will ich, dass sie verschwindet!« An dieser Stelle schlug ich Markus vor, den Teil, der die Angst nicht mag, um etwas zu bitten – nämlich darum, Markus trotzdem etwas Raum zu geben, damit er unvoreingenommen mit der Angst in Kontakt kommen konnte. Und das war möglich!

In meinen Augen ist das eines der größten Geschenke von IFS: die Erkenntnis, dass Teile häufig zur Kooperation bereit sind, wenn man sie respektvoll bittet, sich etwas im Hintergrund zu halten. Fragen Sie daher:

Würdest du etwas beiseitetreten, damit ich mich diesem Teil (dem Zielteil) zuwenden kann?

Manche Teile sind umstandslos bereit, das zu tun. Das werden Sie einfach daran merken, dass Sie sich dem Zielteil gegenüber offener fühlen. Sobald Teile beiseitetreten, wird mehr Selbst-Energie spürbar. Es kann aber gut sein, dass der ablehnende Teil nicht so leicht beiseitetreten will. Dann erklären Sie ihm, dass es nicht Ihre Absicht ist, dass der Zielteil die Regie in Ihnen übernimmt, sondern Sie ihn nur besser verstehen möchten.

- »Wärst du bereit, für ein paar Momente in ein Wartezimmer zu gehen, solange ich mit dem Teil spreche? Mir geht es nicht darum, dass er in mir noch größer wird oder mehr Einfluss gewinnt. Ich möchte ihn einfach näher kennenlernen.«
- »Wenn es dir lieber ist, kannst du auch dabeibleiben und zuhören. Aber bitte lass mich das Gespräch führen, okay? Anschließend kannst du mir erzählen, was deine Sicht der Dinge ist.«

Falls der ablehnende Teil sich daraufhin etwas zurückzieht, können Sie fortfahren, den Zielteil kennenzulernen (Schritt 4). Wenn der ablehnende Teil dazu jedoch nicht bereit ist, hat er sicher seine Gründe dafür. Angenommen, Nico wollte aufgrund des gedanklichen Tauziehens in sich zuerst einmal den Antreiber kennenlernen. Dann könnte die Kontaktaufnahme nach innen so ablaufen:

NICO *(prüft für sich selbst):* ***»Was empfinde ich dem Antreiber gegenüber jetzt gerade?«***

JUGENDLICHER *(in Nicos Kopf ist sofort die Antwort des Jugendlichen hörbar):* ***»Der nervt total! Ständig nörgelt er an mir rum.«*** *(Es ist also klar, dass im Moment nicht genug Selbst-Energie vorhanden ist, um mit dem Antreiber in Kontakt zu treten.)*

NICO *(an den Jugendlichen gewandt):* ***»Wärst du bereit, etwas beiseitezutreten, damit ich mit dem Antreiber Kontakt aufnehmen kann?«***

JUGENDLICHER: ***»Auf keinen Fall. Dann hat er ja nur noch mehr Chancen, mich die ganze Zeit herumzukommandieren!«***

NICO: ***»Ich verstehe, dass du das nicht willst. Das ist aber auch gar nicht meine Absicht. Ich würde ihn einfach gerne besser kennenlernen. Vielleicht gibt es dann auch einen Weg, wie er seine Ideen mit weniger Druck formulieren könnte. Das wäre dann auch für dich weniger anstrengend. Einverstanden?«***

JUGENDLICHER: ***»Na gut. Aber wenn der hier die große Show abzieht, komme ich sofort wieder!«***

NICO: ***»Das ist okay. Wenn du den Eindruck hast, dass in meinem Gespräch mit ihm etwas schräg läuft, kannst du sofort einschreiten.«***

JUGENDLICHER *(zieht sich etwas zurück. Für Nico fühlt es sich so an, als würde der Jugendliche sich mit etwas Abstand von ihm hinsetzen und zuhören.)*

NICO *(prüft erneut für sich selbst):* ***»Was empfinde ich dem Antreiber gegenüber jetzt gerade?«*** *(Da der Jugendliche etwas beiseitegetreten ist, ist Nico gespannt darauf, wer der Antreiber in ihm eigentlich ist und warum er sich so verhält, wie er es tut.)*

Falls Nicos Jugendlicher auch nach diesem Gespräch noch nicht bereit wäre, sich zurückzuziehen, wäre es nicht hilfreich, ihn unter Druck zu setzen oder ihn zu manipulieren, damit er doch nachgibt. Ein solcher Versuch käme nicht aus dem Selbst, sondern aus einem anderen Teil! Wenn ein ablehnender Teil auf eine respektvolle Verhandlung hin nicht bereit ist, den Weg zum Zielteil freizugeben, hat er immer gute Gründe dafür. Oft liegt es daran, dass er dem Selbst (noch) nicht vertraut. In Nicos Fall wäre es dann sinnvoll, den ursprünglichen Plan zu vertagen, den Antreiber kennenzulernen, und zuerst dem Jugendlichen Aufmerksamkeit zu schenken. Möglicherweise hat der so lange so massiv unter dem Antreiber gelitten, dass er erst einmal Verständnis für seine Gefühle braucht.

Wenn ein Teil in Ihnen also nicht zur Seite treten will, dann machen Sie ihn zum neuen Zielteil. Versuchen Sie, im Gespräch mit ihm herauszufinden, was seine Befürchtungen sind, was passieren könnte, wenn er beiseitetreten würde, oder was Sie unbedingt von ihm verstehen sollen.

In manchen Fällen sind unsere WG-Bewohner allerdings schon so lange in einem so heftigen Konflikt gefangen, dass es schwer für Sie wird, einen solchen inneren Zwist zu moderieren. In IFS nennt man das eine Polarisierung. Sie können sich das vielleicht vorstellen wie eine belastete Beziehung, die kurz vor der Trennung steht. Beide Partner sind dann schon so wütend oder verletzt, dass es einen professionellen Mediator braucht, damit beide die Bereitschaft aufbringen können, einander zuzuhören. Ein Mediator für heftige innere WG-Konflikte ist ein IFS-Therapeut.

Es könnte jedoch auch passieren, dass sich Nicos Jugendlicher zwar zurückzieht, aber dennoch auf die Frage »Was empfinde ich dem Antreiber gegenüber jetzt?« nicht Selbst-Energie, sondern ein weiterer Teil auftaucht. Das wäre gar nicht ungewöhnlich. Es sind dann einfach weitere Teile, die Nico möglichst freundlich und respektvoll beiseitebitten könnte, damit anschließend ein Dialog zwischen Selbst und Zielteil möglich wird.

4. Schritt: Einen Dialog beginnen

Sobald Sie sichergestellt haben, dass Sie dem Zielteil gegenüber Offenheit (oder eine andere Selbst-Qualität) empfinden, bitten Sie ihn, Ihnen zu erlauben, ihn ein bisschen kennenzulernen. Versichern Sie ihm, dass es nicht darum geht, ihn zu kritisieren, für etwas zu beschuldigen oder loszuwerden.

Wenn es sich bei dem Teil um einen Schützer handelt (und mit denen sollte man wie gesagt möglichst immer beginnen), bringt Sie die folgende Frage oft weiter, um die gute Absicht zu finden, die hinter seinem Verhalten liegt:

Was befürchtest du,
würde passieren,
wenn du dich nicht so verhältst?

Denken Sie nicht über eine mögliche Antwort nach, sondern hören Sie, was von selbst aufsteigt. Fragen Sie den Teil, was schlimmstenfalls geschehen würde, wenn er sich nicht so verhielte. Was ist sein *Worst-case*-Szenario? Wovor möchte der Teil Sie schützen?

In Nicos Fall könnte sich ein Gespräch zum Beispiel so anhören.

NICO: *»Hallo! Du scheinst mein Antreiber zu sein. Ich würde dich gerne ein bisschen kennenlernen, wäre das okay?«*

ANTREIBER *(Nico nimmt keine explizite Antwort wahr, etwa in Form innerer Worte oder Gedanken. Aber er hat ein inneres Bild seines Antreibers: Er steht von Nico abgewandt, die Arme verschränkt. Er wirkt misstrauisch, scheint jedoch zuzuhören.)*

NICO: *»Ich komme nicht, um dir Vorwürfe zu machen oder weil ich dich loswerden will. Ich bin einfach neugierig darauf, wer du bist!«*

ANTREIBER *(Nicos Interesse scheint ihn zu überraschen. Seine Körperhaltung entspannt sich, und er dreht sich etwas um.)*

NICO: *»Bislang kenne ich dich vor allem, weil ich höre, wie du schimpfst und mir Vorwürfe machst. Was befürchtest du, würde passieren, wenn du dich nicht so verhieltest?«*

ANTREIBER: *»Wenn ich nicht ständig hinterher wäre, würde hier überhaupt nichts laufen! Der totale Saftladen wäre das! Ohne mich würdest du bloß auf der Couch rumliegen und gar nichts tun!«*

NICO: *»Was könnte denn schlimmstenfalls passieren, wenn du nicht so aktiv wärst? Wo könnte das enden?«*

ANTREIBER: *»Na, schlimmstenfalls wärst du deinen Job los und du landest unter der Brücke!«*

Wenn Sie den Schützer nach seinen Befürchtungen fragen, machen Sie sich klar, dass es nicht darum geht, ob diese Befürchtungen aus Ihrer Sicht realistisch sind oder nicht. Versetzen Sie sich stattdessen einen Moment in die Lage des Teils. Wenn das seine Befürchtungen sind, können Sie dann nachvollziehen, dass er so sehr darauf bedacht ist, Sie davor zu bewahren? Wenn es gelingt, die Befürchtungen vom Selbst aus zu hören, kann oft Wertschätzung für den Teil entstehen.

NICO: *»Oh, okay, davor möchtest du mich bewahren, richtig? Dann verstehe ich, dass du dich so anstrengst. Ich möchte wirklich nicht unter der Brücke landen. Danke, dass du mich beschützen möchtest.«*

ANTREIBER *(wirkt stolz und gleichzeitig ein wenig nachtragend): »Wird ja auch mal Zeit, dass das jemand sieht!«*

Hier ist ein erster Anfang gemacht. Nico könnte jetzt versuchen herauszufinden, wie lange der Antreiber schon bei ihm ist und was ihn zu seinen Befürchtungen veranlasst. Wie kommt er denn eigentlich auf die Idee, dass Nico unter der Brücke landen würde, wenn er, der Antreiber, sich nicht so anstrengte?

Nützliche Fragen für den Kontakt mit Teilen

- Was befürchtest du, könnte passieren, wenn du nicht tätest, was du tust? (Setzen Sie hier das konkrete Verhalten des Teils ein, z. B. so viel essen, so wütend werden, mich verstummen lassen …)

- Warum ist das, was du tust, in deinen Augen so wichtig?
- Wofür möchtest du gerne sorgen, wozu möchtest du beitragen?
- Worauf möchtest du mich aufmerksam machen?
- Was soll ich über dich wissen?
- Wünschst du dir etwas von mir? Kann ich etwas für dich tun?
- Was bräuchtest du, um nicht mehr so heftig zu reagieren?
- Hättest du Interesse daran, einen anderen Weg zu finden, wie du mir helfen könntest?
- Wie lange hilfst du mir schon?
- Was ist passiert, dass du mir damals zur Seite gesprungen bist?
- Was denkst du, wie alt ich bin?

Besonders die letzte Frage kann sehr aufschlussreich sein. Teile sind häufig in der Zeit stecken geblieben, zu der sie entstanden sind. Daher ist ihnen oft nicht wirklich bewusst, wie viel Zeit seither vergangen ist. Als Nico seinen Antreiber fragt, für wie alt er Nico hält, antwortet dieser: acht. Und als Nico ihm zeigt, dass er kein kleines Kind mehr ist, sondern ein erwachsener Mann, ist der Antreiber sehr erstaunt. Er braucht erst einmal die Gelegenheit, um sich an diese neue Information zu gewöhnen. Sie ermöglicht dem Antreiber aber nach und nach, Nicos Selbst, dem Nico, der kein Teil ist, mehr Führung zu überlassen.

Je öfter die beiden ins Gespräch kommen, desto mehr erfährt Nico über die Entstehungsgeschichte des Antreibers: Nicos Eltern hatten sich getrennt, als er acht war. Die Mutter war seither alleinerziehend und hatte oft Geldsorgen. Nicos Antreiber entwickelte sich, damit Nico gut »funktionieren« sollte und der Mutter keine zusätzlichen Probleme bereitete. So hoffte er, die Mutter entlasten zu können. Neben dem Antreiber lebt auch der kleine Junge noch immer in dem erwachsenen Nico.

Ohne dass dieser sich dessen bisher explizit bewusst war, verspürt der Kleine immer die Angst, bald schon von Hunger und Not betroffen zu sein. Und diese Gefahr zu bannen, dafür will der Antreiber sorgen.

Je älter Nico jedoch wurde, desto mehr begann seine Psyche unter dem ständigen Druck zu leiden. Spätestens als Teenager fing er an aufzubegehren – und zwar nicht nur gegen den Druck, der von seiner Mutter und aus der Schule kam, sondern auch gegen den im Inneren. Er fing an, sich dem inneren und äußeren Sollen und Müssen zu verweigern. Das machte den Antreiber enorm nervös: Wie sollte man mit einer solchen Haltung einen guten Job finden und genug Geld verdienen, um nicht in existenzielle Not zu geraten? Also erhöhte er den Druck und die Vorwürfe. Dieses Verhalten hatte er sich von Nicos Mutter abgeschaut. Er bewirkte damit (wie die Mutter im Außen auch) allerdings das Gegenteil. Statt Nicos Jugendlichen damit zur Kooperation zu bewegen, wehrte der sich noch mehr gegen die Vorwürfe. Dieses unglückliche »Spiel« spielen die beiden in Nico bis heute.

Aus seinem Selbst heraus kann Nico sowohl den Antreiber wie auch den unwilligen Jugendlichen verstehen. Er fängt an, zwischen den beiden zu vermitteln: Dem Antreiber erklärt er, dass seine Strategie, wie er den Jugendlichen zum Mitmachen bringen will, nämlich den Druck zu erhöhen, eher den gegenteiligen Effekt hat. Klingt selbstverständlich? Tja, eigentlich schon. Dem Antreiber war es so allerdings noch nicht bewusst. Er kannte bisher nur diese eine Weise, sein Ziel zu verfolgen: Druck und Vorwürfe. Zusammen mit dem erwachsenen Nico kann er neue Strategien lernen, die nicht nur angenehmer, sondern auch effektiver sind. Irgendwann will er dann auch nicht mehr Antreiber heißen, sondern Motivator.

Ebenso ausführlich, wie Nico sich dem Antreiber widmet, wendet er sich nach und nach auch dem Jugendlichen zu. Er lernt ihn besser kennen und kann daher irgendwann auch dem Antreiber vermitteln, wie wertlos und hilflos wütend sich der Jugendliche durch all die Vorwürfe fühlt. Das macht den Antreiber ehrlich betroffen, denn das war ja nie seine Absicht (ebenso wenig, wie das die Absicht der Mutter war!). Allerdings war es eben die Folge dieser alten ungünstigen Strategie.

Wenn nun eine Aufgabe ansteht, die zwar vielleicht nicht sehr angenehm ist, Nico aber als notwendig ansieht, braucht der Motivator nicht mehr so mit Druck zu agieren, und der Jugendliche braucht nicht mehr so sehr dagegenzuhalten. Auf diese Weise kann in Nicos WG mehr Zusammenarbeit entstehen.

5. Schritt: Sich bedanken und sich verabschieden

Egal, wie viel oder wenig Sie in einem Kontakt erfahren haben: Bedanken Sie sich bei allen Anteilen, die aufgetaucht sind, auch bei denen, die bereit waren, beiseitezutreten. Schauen Sie, was es zum Ende dieses Gesprächs noch zu sagen gibt. Vielleicht haben Sie einen Wunsch an den Teil oder er an Sie? Gibt es etwas, worauf Sie achten können, damit das Zusammenleben im Alltag harmonischer wird? Verabreden Sie sich gegebenenfalls, um sich bald wieder zu treffen und den Kontakt zu vertiefen.

Dann verabschieden Sie sich und bitten Sie alle Teile, sich in Ihnen wieder zurückzuziehen und Ihnen selbst die Führung zu überlassen.

Umgang mit Ärger und Konflikten

Wenn wir mit jemandem einen Konflikt haben, empfinden wir häufig Ärger, Genervtheit oder Wut. Aggressivität ist eine evolutionär in uns angelegte Verteidigungsenergie, sie gibt uns Kraft für Abwehr und Selbstschutz. Ärger beinhaltet jedoch in der Regel, dass wir den anderen verurteilen: Er ist schuld daran, was schiefgelaufen ist, und daran, wie wir uns fühlen. Ärger ist eine bewährte Strategie unserer Schützer.

Denn unter oder hinter dem Gefühl von Ärger liegen meist noch ganz andere Emotionen: etwa Angst, Ohnmacht oder Scham, Traurigkeit, Einsamkeit oder hilflose Empörung. In der Regel werden solche Gefühle, die sich so unangenehm anfühlen und einen Kurzschluss zu unseren verletzlichen Teilen auslösen, durch die Schützer so schnell abgeblockt, dass wir sie nicht einmal bemerken.

Ähnlich ergeht es Ana in der Situation mit ihrem Partner: Durch das Verhalten von Jens fühlt sie sich bevormundet. Der Schmerz darüber, in ihren Entscheidungen übergangen zu werden, wird von ihrem Schachtelteufel aber sofort mit Ärger und Frust überlagert. Statt den Schmerz im Inneren zu spüren, kann sie sich auf den Ärger auf Jens im Außen konzentrieren. Der Schachtelteufel ist also ein Feuerbekämpfer: Eine aktuelle Situation löst überraschend ein schmerzliches Gefühl eines verletzlichen Teils aus, was Anas Manager trotz vorausschauenden Verhaltens nicht verhindern konnten. In einem solchen »Notfall« greifen die Feuerbekämpfer ein. Der hochschießende Ärger des Teils, den Ana wie einen aufgebrachten Wutteufel in sich wahrnimmt, führt dazu, dass sie die verletzlichen Anteile in sich gar nicht so deutlich bemerkt. Stattdessen ist sie damit beschäftigt, wie unmöglich sich Jens benimmt und ob sie überhaupt noch mit ihm in Urlaub fahren will.

In einer Sitzung mit Ana schauen wir uns das Ganze näher

an. In diesem Fallbeispiel sehen wir eine Alternative zu den oben beschriebenen fünf Annäherungsschritten (die ebenso möglich gewesen wären). Dieser Weg eignet sich besonders, wenn wir immer wieder mit einem bestimmten Menschen in Konflikt geraten..

Fallbeispiel: Wenn der andere mich so aufregt

Von der schwierigen Dynamik zwischen Ana und ihrem Partner Jens habe ich bereits am Anfang des Kapitels erzählt. Nun leite ich Ana an, sich einen Raum vorzustellen, der ein Fenster und eine Tür hat. In diesen Raum soll sie Jens in ihrer Vorstellung hineinstellen und ihn das tun lassen, was sie normalerweise so aufbringt.

Sie befindet sich dabei außerhalb des Raums, schaut bei geschlossener Tür durch das Fenster und beobachtet, was in ihr passiert, wenn Jens sich so benimmt, dass sie sich bevormundet vorkommt. Was verändert sich in ihrem Körper, ihrer Atmung, ihrem Herzen, in ihren Gedanken und Gefühlen?

Anspannung wächst. Ihre Atmung wird flach, es kribbelt bis unter die Kopfhaut, und sie spürt deutlich, wie Genervtheit und Wut in ihr aufsteigen. Allein schon die Vorstellung, dass Jens sich ihr gegenüber besserwisserisch verhält, reicht aus, dass ihr Schachtelteufel auf den Plan tritt.

Ich stelle ihr die Frage nach der vorhandenen Selbst-Energie: »Was empfindest du dem Schachtelteufel gegenüber jetzt gerade?« Nachdem sie neugierig darauf ist, was ihn eigentlich antreibt, können wir gleich fortfahren. »Dann lass ihn dein Interesse spüren. … Und nun frag ihn bitte, was er befürchtet, was passieren würde, wenn er nicht auftauchen würde. Was könnte Schlimmes passieren, wenn Jens sich so verhält und er nicht käme?«

Ana stellt die Frage nach innen und lauscht. Sie denkt nicht über eine Antwort nach, sondern wartet ab, was innerlich hochsteigt. Der Schachtelteufel antwortet, Jens würde dann nur noch machen, was er will, und sie würde immer kleiner werden und sich total schwach fühlen. Aus dieser Antwort wird deutlich, dass der Schachtelteufel sich bemüht, einen kindlichen Teil zu beschützen. Ana, spontan berührt von seiner Fürsorge, bedankt sich bei ihm, dass er ihr diese Gefühle ersparen möchte. Dadurch wird er weicher und entspannt sich spürbar.

Weil Ana und der Schachtelteufel in einem so guten Kontakt stehen, sage ich: »Frag den Schachtelteufel mal, ob er dir erlauben würde, das kleine Mädchen kennenzulernen, das er beschützt.« Er ist einverstanden, und so kommt Ana in Kontakt mit der kleinen Ana in ihr, die sich in solchen Situationen mit Jens völlig wertlos fühlt: als würde sie gar nichts können und gar nichts zählen.

In den nächsten Minuten entsteht ein liebevolles und inniges Miteinander zwischen Ana und ihrer Kleinen, die im ersten Moment total überrascht ist, dass jemand sie sieht, sich für sie interessiert und ihr zuhört. Weil Ana in ihrem Selbst da ist, ist ihr Herz voller Mitgefühl für das kleine Mädchen, das sich schließlich in ihre Arme schmiegt. Ana versichert ihm, dass sie es lieb hat und dass es wertvoll und wichtig ist, ganz egal, wie Jens oder andere Menschen sich verhalten.

Der Schützer beobachtet die Szene erstaunt und erleichtert. Für ihn ist es das Wichtigste, dass es der Kleinen gut geht, daher entspannt es ihn zu sehen, dass sie bei Ana so sicher aufgehoben ist. Nun schlage ich ein Experiment vor: Wie wäre es, wenn Ana selbst in den Raum zu Jens hineingeht, während der Schützer draußen wartet? Jetzt, da er weiß, dass die Kleine bei Ana einen guten Platz hat: Wäre er bereit, Ana zuzutrauen, aus ihrem Selbst mit Jens umzugehen, ohne dass er, der Schachtelteufel, sich einmischt?

Er ist einverstanden, will aber durch das Fenster von außen zusehen. In ihrer Vorstellung geht Ana nun in den Raum zu Jens. Vom Schachtelteufel mit seiner genervten Energie, die sonst im Kontakt mit Jens hochsteigt, hat sie sich in Wertschätzung separiert, und die Kleine fühlt sich nicht mehr bedroht, weil sie weiß, dass Ana immer auf ihrer Seite ist. Daher steht Ana viel mehr Selbst-Energie zur Verfügung. Erstaunt bemerkt sie, wie klar und souverän sie sich fühlt. Sie kann gelassen beobachten, wie Jens die Taschen am Auto umpackt. Sie merkt, dass ihr sein Vorgehen nicht recht ist, und sagt ihm das auch: ruhig und bestimmt. Jens schaut sie überrascht an.

Ich bitte sie schließlich, für diesen Moment einen stimmigen Abschluss mit Jens zu finden und wieder aus dem Raum herauszukommen. »Ich habe Jens gesagt, wir müssten da in Zukunft einen anderen Weg finden. Wir haben eben unterschiedliche Vorstellungen, wie manche Dinge gemacht werden sollen, und das ist ja auch okay. Meine Vorstellungen sind für mich passend und seine Vorstellungen für ihn. Aber ich will seine Vorstellungen nicht übergestülpt bekommen«, erzählt sie anschließend.

Der Schützer war beeindruckt, Ana so zu sehen, und ich bitte sie daher, ihn zu fragen, was er bräuchte, um Ana auch im realen Leben öfter in Führung gehen zu lassen. Er wünscht sich, dass er ihr den Rücken stärken darf, damit sie seine Kraft zur Verfügung hat – nicht als Wut oder genervte Empörung, sondern als Klarheit und Selbstbewusstsein. Inzwischen hat sich auch seine Gestalt verändert. Er sieht jetzt nicht mehr wie ein aufgebrachter Schachtelteufel aus, sondern eher wie ein verlässlicher Bodyguard.

Vielleicht entsteht aus dieser einen Sitzung nicht sofort ein nachhaltig anderes Verhalten. Vermutlich braucht es noch ein bisschen Übung. Aber Ana hat gemerkt, dass sie in der Lage ist, anders auf Jens zu reagieren. Für sie geht es jetzt darum, deutlicher wahrzunehmen, wenn die Kleine im Kontakt mit Jens in ihrem alten Glaubenssatz getriggert wird, dass sie wertlos sei. Wenn es Ana dann gelingt, der Kleinen zu versichern, dass sie sie lieb hat und wertschätzt, braucht der Schützer nicht mehr in seine alten Strategien von hilfloser Empörung zu verfallen, sondern kann ihr die Kraft für eine gelassene Abgrenzung geben.

Natürlich wäre es auch hilfreich, wenn Jens bereit wäre, mal zu schauen, welcher Teil es in ihm ist, der in solchen Situationen am Ruder steht. Aber wir selbst können nicht das Verhalten eines anderen Menschen kontrollieren. Wenn die Teile in uns jedoch gehört und verstanden werden und sie uns mehr Selbst-Führung überlassen, dann verändert sich in der Regel auch die Dynamik mit unserem Gegenüber.

Diesen großartigen Kniff, die Person, die uns so aufregt, in unserer Vorstellung in einen abgetrennten Raum zu stellen, hat sich Richard Schwartz ausgedacht. So wird es leichter möglich, den Schützer kennenzulernen, der die Aufregung verursacht, und zu verstehen, warum er so heftig auf das Gegenüber reagiert. Sie können diese Methode im Kontakt mit Ihren Anteilen wunderbar mit allen möglichen Konfliktpartnern ausprobieren.[61] Dabei ist es gut möglich, dass der Schützer Sie nicht so einfach in den Raum hineingehen lässt oder Ihnen nicht einmal einen kurzen Blick auf das erlauben will, was er beschützt. Das ist völlig in Ordnung. Dann versuchen Sie, im Gespräch mit ihm herauszufinden, was seine Befürchtungen sind. Erinnern Sie sich daran, dass er auf jeden Fall einen nachvollziehbaren Grund für sein Verhalten hat und von guten Absichten geleitet wird. Und: Je abwehrender ein Schützer sich verhält, desto verletzlicher ist das, was er beschützt.

»Musst du immer so überreagieren?!«

Wenn schützende Anteile in einem Streit sehr heftig werden, erscheint das oft wie eine unverhältnismäßige Reaktion. Dann fragen wir uns: Wie kann man sich nur so hysterisch/kindisch/übertrieben benehmen! Aufgebrachte Schützer reagieren jedoch in der Regel weniger auf die reale Situation als auf Erfahrungen, die wir früher gemacht haben.

Es ist nicht so, dass wir überreagieren.
Wir reagieren bloß nicht auf das,
was vor uns passiert, sondern auf das,
was hinter uns liegt.

Richard Schwartz nennt Menschen, die solche Reaktionen in uns auslösen, daher auch »Tor-Mentors« (engl. *tormentor* = Peiniger). Ein Tor-Mentor ist jemand, der uns mit seinem Verhalten quält, uns damit aber auch, quasi als schmerzhafter Mentor, auf etwas aufmerksam macht, was es im Inneren noch zu heilen gibt. Wenn das kleine Mädchen in Ana nicht durch Kindheitserfahrungen überzeugt wäre, es sei wertlos und zu nichts zu gebrauchen, würde ihr das Verhalten von Jens nicht so wehtun, und dann müsste der Schützer auch nicht die Führung übernehmen.

Dieser Schützer hat sich bereits in Anas Kindheit entwickelt, und er ist bisher in Verhaltensweisen verstrickt, die diesem Lebensalter entsprechen. In seiner Gestalt als Schachtelteufel agiert er seine Empörung in kindlicher Wut aus und steht Ana damit eher im Weg, obwohl er helfen will. Sobald er mit Anas Selbst in Kontakt kommt, kann er beginnen, sich anders zu verhalten: nämlich ihr als erwachsener Bodyguard helfen, ihre Grenzen mit mehr Souveränität zu wahren. Damit Schützer sich auf diese Weise wandeln können, brauchen sie aber die Sicherheit, dass das, was sie bislang beschützt haben, Heilung findet.

Sofern die Schützer einverstanden sind, ist es daher gut, sich den verletzlichen Teilen zuzuwenden.

Inneren Kindern begegnen

Jeder Erwachsene trägt kindliche Anteile in sich. Wie sich Ihre in Ihrem Leben ausdrücken, hat unter anderem damit zu tun, wie gravierend die Wunden und Lasten sind, die diese aus der Kindheit davongetragen haben. Und das ist von Person zu Person natürlich unterschiedlich. Es kann sein, dass etliche Ihrer jungen WG-Bewohner meist froh und zufrieden sind und nur manchmal in ihren wunden Punkten getriggert werden (etwa während eines Streits mit Ihrem Partner), sich aber danach wieder rasch beruhigen. Ebenso ist es möglich, dass Sie kindliche Anteile haben, die von den Schützern so weit verbannt werden mussten, dass Sie sie überhaupt nicht spüren können. Oder dass kindliche Teile in Ihnen so verzweifelt sind, dass sie Sie manchmal mit ihrer Angst, Scham oder Wut komplett lähmen.

Verbannte, stark belastete Anteile sollte man nicht alleine kontaktieren. Man könnte es vergleichen mit Hausmitteln und Selbsthilfe bei körperlichen Beschwerden: Bei einer Verstauchung können Sie sich mit einem Quarkwickel selbst wunderbar unterstützen, aber bei einem Meniskusriss brauchen Sie einen Arzt. Die folgenden Anregungen sind daher gedacht für kindliche Anteile, mit denen Sie sich im Kontakt gefühlsmäßig nicht überfordert fühlen. Ansonsten suchen Sie sich bitte therapeutische Begleitung.

An einem eigenen Beispiel möchte ich Ihnen zuerst einmal einen Weg zeigen, den ich vor langer Zeit spontan entwickelt habe, um mit meinen jungen Teilen in Kontakt zu treten.

Ich sitze am Schreibtisch und brüte über einem Seminarkonzept. Die Arbeit, die ich sonst gerne mache, geht mir nicht recht von der Hand. Ich bin unkonzentriert, und es dauert, bis mir bewusst wird, dass ich mich schon seit einer Weile unwohl fühle. Unterschwellig beschäftigt mich etwas anderes als die Seminarvorbereitung. Aber was? Ich habe keine Ahnung. Doch nehme ich mittlerweile immer, wenn irgendetwas in mir unruhig ist, an, dass das mit inneren Anteilen zu tun hat. Und dass es gut ist, dann Kontakt aufzunehmen.

Meine Unruhe ist daher für mich kein Zeichen, dass ich mich einfach mehr anstrengen und zusammenreißen sollte, sondern dafür, dass in mir etwas gehört werden will. Ich halte einen Moment inne und lehne mich zurück. Bewusst wende ich mich meinem Innenleben zu. Zuerst nehme ich meinen Körper wahr. Mein Magen fühlt sich zusammengepresst an. Dann fällt mir eine latente Spannung auf. Zu Beginn nur in meinen Schultern, doch je mehr Aufmerksamkeit ich meinem Körper schenke, desto mehr Stellen bemerke ich, die sich anfühlen, als würde etwas die Luft anhalten. Ich habe die Assoziation einer Schnecke, die ihre zarten Fühler in ihren Körper zurückzieht. Gibt es einen Teil in mir, der sich gerade so fühlt? Da scheint jemand ziemlich ängstlich und unruhig zu sein. Daher sage ich zu mir selbst: »Hey, Süße, was ist denn los?«

In dieser Weise richte ich freundlich das Wort an mich selbst: Ich beginne, so mit mir zu sprechen, wie ich es mit einer guten Freundin tun würde: interessiert und in dem Wunsch zu verstehen, was sie bedrückt. Dann halte ich inne und schaue, ohne Erwartung einer bestimmten Antwort, was sich zeigt.

An diesem Vormittag am Schreibtisch spüre ich, wie sich etwas in mir regt, was einen ziemlich jungen Eindruck macht. Zuerst hatte ich es nur über körperliche Empfindungen wahrgenommen, doch die offen-zugewandte Ansprache führt dazu, dass der Teil deutlicher wird. Es fühlt sich wie ein kleines bedrücktes Mädchen an.

Ich frage weiter: »Was ist denn los, hast du Kummer?« Es folgt ein inneres Aufatmen, als ob die Kleine erleichtert wäre, dass sie jemand bemerkt. Dann erzählt sie mir, was ihr im Magen liegt: das Gespräch heute Morgen. Ich hatte mit einem Seminarhaus telefoniert, in dem ich manchmal Kursräume anmiete. Das Telefonat war wegen einer Unstimmigkeit über eine geplante Mietpreiserhöhung nicht gerade harmonisch zu Ende gegangen. Nach einer relativ frostigen Verabschiedung hatte meine Gesprächspartnerin aufgelegt – und wie sich gerade herausstellte, war das für diesen Teil in mir schlecht auszuhalten. Wie er mir das erzählt? Ich kann in meinem Kopf eine Stimme hören, die eben klingt wie die eines kleinen Mädchens: aufgeregt und ein bisschen ängstlich, dazu spüre ich die passenden Gefühle. Manchmal kann ich meine Teile auch bildlich sehen, die Kleine nehme ich im Moment bloß über ihre Stimme und Gefühle wahr und darüber, wie sie sich in meinem Körper ausdrückt.

Obwohl meine erwachsenen WG-Mitglieder das Telefongespräch ad acta gelegt hatten, gibt es da einen kindlichen Anteil, für den die Sache offenbar ganz und gar nicht erledigt ist. Und der hat sich über innere Unruhe, Unkonzentriertheit und Anspannung gemeldet. Also wende ich mich der Kleinen in mir so zu, wie ich es mit einem realen Kind auch täte. In meiner Vorstellung setze ich sie auf meinen Schoß und lasse mir erzählen, was sie bedrückt: »Bestimmt sind die böse auf uns, und wahrscheinlich wollen sie jetzt überhaupt nicht mehr an uns vermieten!«

Ich erzähle dieses Beispiel häufig in meinen Kursen und bin immer wieder verblüfft, wie viele Menschen ähnliche Erfahrungen kennen – dass nach einem unschönen Kontakt mit jemand anderem die Angst zurückbleibt, geschimpft oder kritisiert zu werden. Es ist wie das Gefühl, etwas Schlimmes angestellt zu haben oder in Erwartung eines Donnerwetters zusammenzuzucken. Obwohl wir erwachsen sind, fühlen wir uns plötzlich wieder wie kleine Kinder, die Angst haben, Schimpfe zu bekommen. Möglicherweise ist Ihnen das auch vertraut?

Nachdem ich ihren Sorgen zugehört habe, kann ich die Kleine trösten und ihr erklären, dass es nicht so schlimm ist, wenn man einmal unterschiedlicher Auffassung ist. Ich versichere ihr, dass sie nichts falsch gemacht hat und dass ich sie auf jeden Fall beschützen werde, falls jemand sie schimpfen würde. Sie scheint auch Sorge zu haben, dass »wir« uns die Mieterhöhung nicht leisten können. Ich versichere ihr, dass unser Kontostand ganz stabil aussieht. Das beruhigt sie. Am Ende frage ich sie, ob sie sich noch etwas von mir wünscht. Da kuschelt sie sich an *mich und zeigt mir so, dass sie am liebsten nah und geborgen bei mir sein will und das Vertrauen braucht, dass ich mit der Situation umgehen kann und nicht sie dafür verantwortlich ist.*

Ich führe solche Gespräche mittlerweile regelmäßig. Dieses vertrauensvolle Miteinander hat sich allerdings erst nach einiger Anlaufzeit entwickelt. Doch habe ich die Erfahrung gemacht, dass es für manche Menschen möglich ist, in ähnlicher Weise auch ohne große Anleitung mit ihren empfindsamen Teilen in Kontakt zu treten. So kam zum Beispiel ein Kursteilnehmer, dem ich von meiner »Hey, Süße, was ist denn los?«-Praxis erzählt hatte, am nächsten Seminarabend zu mir und meinte: »Es fühlt sich ja erst mal schon ziemlich komisch an, das zu machen – also mit sich selbst zu reden, wie ein Selbstgespräch.« Dann grinste er, zog die Augenbrauen hoch und hob die Schultern. »Aber was soll ich sagen? Es funktioniert!«

In einem anderen Kurs meinte einer der anwesenden Männer, es sei schon erstaunlich, wie liebevoll manche Frauen anscheinend mit sich selbst reden könnten. Er hingegen könne zu sich selbst ja schlecht »Hey, Süßer, was ist denn los?« sagen, meinte er in einer Mischung aus Verwunderung und Bedauern. Allerdings kam einer der anderen Teilnehmer die Woche darauf mit der Erfahrung zurück, für ihn hätte es gut funktioniert, nach innen zu fragen: »Hey, kleiner Tiger, was ist denn los?« Daraufhin hätte sich ein intensives Gespräch mit einem kleinen Jungen entwickelt, der sich Sorgen über einen Konflikt an seinem Arbeitsplatz machte.

Was wäre für Sie eine passende Formulierung? Möglicherweise finden Sie eine ganz andere Form von Gesprächseinstieg. Eine solch direkte, zugewandte Kontaktaufnahme eignet sich vor allem mit empfindsamen Anteilen, die nicht durch extreme Gefühle belastet sind und denen gegenüber innerlich keine Abneigung besteht. Denn in jedem Fall ist es entscheidend, auf unsere Anteile mit Selbst-Energie zuzugehen. Wenn wir ihnen nicht aus einer offenen, interessierten Grundhaltung begegnen, sondern dabei mit anderen Teilen verschmelzen, dann übernehmen diese das Gespräch. Und dann bestünde beispielsweise im Kontakt mit dem kleinen Mädchen in mir die Gefahr, dass ein kritischer Anteil ihre Gefühle als lächerlich beiseitewischt, und sie würde sich noch schlechter fühlen, als sie es ohnehin schon tut.

Wenn Sie nach den fünf Schritten vorgehen, beugen Sie dieser Gefahr über die Frage »Was empfinde ich diesem Anteil gegenüber?« vor. Es lohnt sich, sie im Verlaufe eines Kontakts mehrmals zu stellen. Viele von uns sind so gewohnt, dass unsere kritischen Anteile die Regie übernehmen, dass wir es nicht gleich bemerken.

Die folgenden Anregungen wollen Sie dabei unterstützen, eine Verbindung zu Ihren jüngeren Teilen aufzubauen und zu hören, wie es ihnen geht und was sie sich wünschen.

ÜBUNG: Brief von Ihrem inneren Kind

Um Verbindung zu einem kindlichen Anteil aufzunehmen, denken Sie an das kleine Mädchen, den kleinen Jungen, das oder der Sie einmal waren. Stellen Sie ihm zwei Fragen.[62] Die erste lautet: Wie hast du dich damals, im Haus unserer Kindheit, gefühlt? Es geht weniger darum, dass Sie sich dabei alle Details in Erinnerung rufen, was geschehen ist, als Sie ein Kind waren, sondern zu verstehen, wie es für Sie als Kind war, das zu erleben. Die zweite Frage ist: Was wünschst du dir jetzt von mir als Erwachsenem?

Nehmen Sie dann Stift und Papier und schreiben Sie, was das Kind schreiben würde, ohne sich dabei um Form oder Stil zu kümmern. Schreiben Sie einfach, was Ihnen in den Sinn kommt. Jedoch: Bitte sorgen Sie dabei gut für sich. Wenn Sie sich beim Schreiben unwohl fühlen, können Sie den Brief jederzeit beiseitelegen. Sollte Ihnen schon bei der ersten Frage mulmig werden (was bedeutet, dass sich Schützer melden), übergehen Sie das nicht einfach.

Sie könnten sich auch entscheiden, den Brief aus einer ganz bestimmen Altersstufe zu schreiben. Wenn Sie beispielsweise wissen, dass Ihre Grundschulzeit einigermaßen stabil war, Sie aber als Jugendliche enorm unter dem schmerzhaften Ende einer wichtigen Freundschaft gelitten haben, könnten Sie das Grundschulkind in sich schreiben lassen und die Jugendliche wissen lassen, dass Sie sich ihr in Begleitung einer IFS-kompetenten Person zuwenden werden, um von ihrem Kummer zu hören und ihr zu helfen.

Kindliche Gefühle anerkennen und Wünsche mit einbeziehen

Für unsere inneren Kinder ist es immens wichtig, endlich ausdrücken zu dürfen, wie schmerzhaft das Erleben war, mit dem sie in der Regel ja allein geblieben sind, und sie brauchen jemanden, der bezeugen kann, dass es wirklich so geschehen ist. Unsere kindliche Einsamkeit, unsere Angst, unsere Empörung, unsere Verletzungen konnte in unserem Umfeld oft niemand sehen oder wirklich verstehen, und auch unsere schützenden Teile haben eher versucht, uns davon abzulenken. Doch jetzt besteht die Chance, dass Sie – gegebenenfalls in Begleitung eines IFS-Therapeuten – mit Mitgefühl bezeugen, dass es wirklich schlimm war.

Falls Schützer sich dazwischenschieben oder abwiegeln, das sei ja alles des Aufhebens gar nicht wert, bitten Sie sie, sich im Moment etwas in den Hintergrund zurückzuziehen. Sagen Sie ihnen, dass Sie sich um die verletzlichen Teile kümmern wollen, um ihnen zu helfen.

Und: Vielleicht war Ihre Kindheit im Vergleich zu der manch anderer nicht so schlimm – ja, das kann schon sein. Und dennoch ist es für ein Kind schlimm, wenn ein Geschwister auf die Welt kommt und es auf einmal den Platz im Herzen seiner Eltern teilen soll. Es *ist* schlimm, ausgelacht zu werden. Es *ist* schlimm, wenn man nicht mitspielen darf. Es macht keinen Sinn, Schmerz gegeneinander aufzuwiegen. Der Schmerz unserer inneren Kinder wird nicht kleiner davon, dass jemand anderes noch mehr Schmerz erlebt hat, und wir helfen nicht, das Leid eines anderen zu verringern, indem wir unseres bagatellisieren. Für all die Wunden, die sie erlitten haben, klein und groß, verdienen unsere verletzlichen Teile unser Mitgefühl und unseren Beistand.

Vielleicht müssen Sie gemeinsam weinen. Wenn das Kind es möchte, nehmen Sie es auf den Schoß und zeigen Sie ihm, dass Sie es verstehen. Seien Sie so für das Kind da, wie Sie es selbst früher gebraucht hätten, dass ein Erwachsener für Sie da gewesen wäre. Und falls der Teil Ihnen nicht nur davon erzählen will, was schwierig, sondern auch, was schön war, dann darf er das natürlich auch. Lassen Sie sich ebenfalls berichten, was dieses Kind sich von Ihnen wünscht. Eine Klientin erzählte mir, ihr kleines Mädchen hätte im Pflanzenmarkt gesagt, es wolle nicht immer langweilige nützliche Kräuter haben, sondern schöne bunte Blumen. Wenn Sie überlegen, etwas zu unternehmen, zum Beispiel ins Kino zu gehen, könnten Sie Ihre jüngeren Anteile an der Auswahl der Filme teilhaben lassen. Martina Beckhäuser, eine meiner großartigen IFS-Ausbilderinnen, erzählte, sie habe früher fast nur »ernsthafte Filme« geschaut, bis sie zu ihrem Erstaunen feststellte, dass ihre Kleinen viel lieber etwas Lustiges sehen wollten. Oder Sie fragen nach innen, was die Kleinen gerne essen. Martina Beckhäuser schrieb mir dazu: »Da gibt es solche Unterschiede bei den Antworten zwischen den kindlichen und den älteren Teilen in mir! Ich hab mir für meine Kleine extra mal Grießbrei mit Zimt und Zucker und Apfelmus gekocht. Das hat nach innen ganz viel Wärme und Trost verbreitet.«

Es ist wahrscheinlich, dass Sie als Frau nicht nur Mädchen in Ihrer inneren Kinderschar finden und als Mann nicht nur Jungs. Ich habe beispielsweise einen kleinen Jungen in mir, der das ganze Zeug rund um Meditation und Achtsamkeit manchmal zu lieb findet. Er will mehr Action und spirituellen Themen gegenüber auch mal die Zunge rausstrecken dürfen. Das finde ich ganz nachvollziehbar, und das darf er auch gern.

Für manche Menschen ist es relativ einfach, in Eigenregie mit ihren kindlichen Anteilen Kontakt aufzunehmen, für andere nicht. Das hängt von vielen Umständen ab und ist nicht vorauszusagen. Manchmal braucht es auch einfach mehrere Anläufe. Grundsätzlich hilft es sehr, sich ein paar Sitzungen bei einem IFS-Therapeuten zu gönnen, dann lösen sich viele Fragen zur Kontaktaufnahme von selbst.

Was meiner Erfahrung nach fast immer hilft, ist dieser Weg: Legen Sie eine Hand auf Ihr Herz und sagen Sie dem, was sich da in Ihnen verletzlich anfühlt: »Ich weiß, dass du da bist. Ich möchte für dich da sein und mich um dich kümmern, so gut ich kann.«

Wichtige Hinweise für den Kontakt mit verbannten oder sehr verletzten Anteilen

In der Regel verhindern unsere Schützer, dass wir zu nah an verbannte Anteile herankommen. Und das ist auch sinnvoll so, da mit den Teilen ja vor allem auch ihr Schmerz verbannt wurde. Wer sich also auf den Weg zu Verbannten macht – also zu verletzten Teilen, die lange aus dem Bewusstsein ausgesperrt waren –, wird auch mit den tieferen Wunden in Kontakt kommen, und dafür sollte man wissen, was man tut, und dafür ausgebildet sein oder angemessene therapeutische Unterstützung haben.

Wenn es Verbannte gibt, darf man daher nicht einfach die Tür aufreißen zu einem Verlies, das die Schützer seit Jahren unter Aufbietung all ihrer Kraft zuhalten wollen. Bevor sie verbannt wurden, waren sie verspielte, fröhliche Kinder. Aber wenn sie beschämt, verlassen, traumatisiert und von extremen Gefühlen und Überzeugungen belastet wurden, können sie tatsächlich sehr überwältigend sein und uns mit rohen Zuständen überfluten, die uns überfordern. Intensive innere Arbeit braucht Sensitivität, also ein Verständnis für die Zusammenhänge, und die Beachtung von Regeln. Die zentrale Regel lautet:

Gehen Sie nie weiter zu verbannten Teilen, wenn Sie nicht die Erlaubnis aller Anteile dafür haben.

Wie werden Sie merken, ob die Erlaubnis fehlt? Wenn Sie Abwehr, Widerstand, Nebel im Kopf, Besorgnis, Scham oder andere unangenehme Symptome spüren, sind es Teile in Ihnen, die sich da melden. In der Regel sind es Schützer, die verhindern wollen, dass die verletzten Anteile zum Vorschein kommen oder wieder verletzt werden. Sie können versuchen, im Gespräch mit den Schützern herauszufinden, was sie befürchten.

Wenn verletzliche Teile viele schmerzliche Gefühle und Überzeugungen tragen, kann die Begegnung mit ihnen verständlicherweise sehr intensiv sein. Es ist jedoch für den Heilungsprozess nicht sinnvoll, wenn sie uns komplett mit ihren Gefühlen überfluten, sodass wir uns von all dem Schmerz und der Verzweiflung überwältigt fühlen. Wenn sie uns auf diese Weise überschwemmen, bleiben sie ja wieder allein. Denn dann verschmelzen sie mit uns und nehmen den Platz am Sitz des Bewusstseins ein, den eigentlich das Selbst haben sollte, und wir brauchen unsere Selbst-Energie, um ihnen Beistand leisten zu können. Es ist dann, als wäre in uns nur noch das verzweifelte kleine Kind präsent, aber kein Erwachsener mehr, der es liebevoll halten kann.

Eine weitere großartige Entdeckung von Richard Schwartz war, dass man Teile jedoch bitten kann, uns nicht mit ihren Gefühlen zu überfluten. Wenn man sie direkt anspricht, sind sie oft dazu in der Lage. Falls ein Anteil in Ihnen also sehr starke Gefühle hat, können Sie sagen: »Ich merke, dass du da bist, und ich will mich um dich kümmern, so gut ich kann. Schicke aber bitte nicht alle Gefühle auf einmal. Nicht weil die Gefühle falsch oder nicht wichtig wären, sondern weil ich nicht für dich da sein kann, wenn du mich mit den Gefühlen überschwemmst.«

Dazu schreibt Richard Schwartz: »Teile überfluten uns, wenn sie glauben – oft aus gutem Grund –, dass sie uns komplett übernehmen *müssen*, weil wir sie sonst gleich wieder wegsperren werden.«[63] Je mehr sie darauf vertrauen können, dass wir uns ihnen zuwenden und ihnen zuhören, statt sie gleich zurück in die Verbannung zu schicken (indem wir zum Beispiel zur Ablenkung etwas essen oder den Fernseher anschalten), desto weniger heftig und überwältigend müssen sie sich zeigen.

Was sehr verletzte Teile brauchen

- Eine vertrauensvolle, liebevolle Beziehung zum Selbst: dass wir von unserer inneren Essenz aus ihre Erfahrungen und ihren Kummer sehen und verstehen und dabei anerkennen, wie schlimm es war; die Sicherheit, dass sie mit all ihren Gefühlen in Ordnung sind; ein Gefühl von körperlicher Nähe; die Sicherheit, dass sie nicht alleine sind,

- die Gelegenheit, ihre Geschichte zu erzählen, und dass diese bezeugt und verstanden wird,
- die Anerkennung, dass das, was sie Schlimmes erlebt haben, so nicht hätte sein sollen (dass es zum Beispiel nicht richtig ist, wenn Eltern sich ihren Kindern gegenüber nicht fürsorglich verhalten) – und dass es nicht ihre Schuld und nicht ihre Verantwortung war,
- die Möglichkeit, ihre Glaubenssätze und Gefühle loszulassen, die sie aus diesen Erfahrungen tragen,
- die Chance, sich wieder mit den Qualitäten zu verbinden, die sie damals verloren oder von denen sie sich abgetrennt haben (etwa Unbeschwertheit, Verspieltheit, Vertrauen).
- Um diese Schritte zu gehen, braucht es geeignete Begleitung. Eine IFS-Therapeutin kann Sie dabei unterstützen.

Q & A – Fragen und Antworten

Wenn ich versuche, mich Teilen zuzuwenden, komme ich mir auf einmal blöd vor. Ich frage mich, ob das Ganze nicht nur Einbildung ist.

Erst einmal ist die Vorstellung von inneren Teilen ein nützliches *Modell.* Natürlich gibt es keine kleinen Wesen, die man aus Ihnen herausholen könnte, wenn sich die Psyche sezieren ließe, so wie man auch kein kleines Orchester findet, wenn man ein Radio aufschraubt. Dennoch ist das Orchester keine Einbildung. Die Erfahrung von unzähligen Menschen zeigt, dass es schlicht und ergreifend gut funktioniert, mit der Psyche auf Basis dieses Modells zu interagieren.

Ich habe keine Zeit, mit all diesen Teilen in mir zu reden und mich um sie zu kümmern!

Wenn Sie damit beginnen, Ihre Teile ein wenig kennenzulernen, brauchen Sie keine Sorge zu haben, dass diese nun in einer langen Reihe anstehen und Sie mit ihren Problemen belagern werden. Sobald Sie sich mit einem ein wenig vertraut machen, entstehen ein bisschen mehr Freiraum, Selbstakzeptanz und harmonischeres Zusammenspiel in der WG.

Meiner Meinung nach wäre es auch nicht unbedingt sinnvoll, wenn jeder von uns all seine gut verdrängten Themen angestrengt nach oben befördern würde. Ein Thema innerlich zu »vergessen« oder zu verdrängen kann in manchen Lebensumständen ein durchaus vernünftiges Vorgehen sein. Sich mit schwierigen Erfahrungen auseinanderzusetzen und etwas ans Licht zu holen, bringt Unruhe ins System. Unsere Schützer werden aufgeregt, weil eingespielte Mechanismen nicht mehr greifen, und Schmerzliches wird spürbar. Es ist wie bei einem zuvor gut austarierten Mobile, wo man an einer Stelle etwas dazupackt oder wegnimmt: Das System kommt ins Schwanken (bevor es ein neues und dann oft stabileres Gleichgewicht findet). Für ein solches Schwanken sind innere und äußere Ressourcen hilfreich und der richtige Zeitpunkt. Erlauben Sie sich Ihr eigenes Tempo und was sich für Sie stimmig anfühlt. (Allerdings: Manchmal fragt uns das Leben nicht, sondern serviert uns ein Thema in einer solchen Weise, dass wir es uns nicht aussuchen können, ob wir uns damit beschäftigen.)

Kann ich etwas falsch machen, wenn ich mich alleine meinen Teilen zuwende?

Ihre Schützer sind grundsätzlich gut darin, nicht mehr an schmerzlichen Gefühlen an die Oberfläche dringen zu lassen als das, was sie für sicher und aushaltbar ansehen. Das ist ja ihr Job. Es ist nur wichtig, nicht ohne das Einverständnis der Schützer auf verbannte Anteile zuzusteuern. Versuchen Sie daher nicht, möglichst schnell möglichst tief zu graben und dabei die Schützer zu umgehen oder zu manipulieren, damit sie den Weg freigeben, sondern begegnen Sie ihnen mit Respekt und Interesse. Das haben sie wirklich verdient, schließlich bemühen sie sich seit Jahren mit all ihren Kräften, Ihnen zu helfen! Lernen Sie sie kennen, lassen Sie sich von ihnen erzählen, was sie als ihre Aufgabe ansehen, dann können Sie viel zur Lösung innerer Konflikte beitragen.

Die meisten Menschen werden in der Arbeit allein mit sich vor allem mit ihren Schützern und solchen Teilen in Kontakt kommen, die nicht stark belastet sind. Für die Heilung von verletzten Teilen oder das Gespräch mit extremen Schützern braucht es eine Begleitperson, die in Teile-Arbeit erfahren ist. Sollten durch den Kontakt mit Teilen unangenehme Gefühle auftauchen, finden Sie weitere Hinweise dazu in Kapitel 6.

Zusammenfassung Kapitel 4

- Um auf gute Weise mit unseren Anteilen zu interagieren, ist es wichtig, genug Selbst-Energie zur Verfügung zu haben, zumindest ein Grundmaß an Offenheit oder Interesse (vgl. auch die Übungen in Kapitel 3, die Sie dabei unterstützen, Zugang zu Selbst-Energie zu stärken).
- Wenn Teile mit Ihnen verschmolzen sind, können Sie sie respektvoll bitten, sich von Ihnen zu separieren. Wenn sie das nicht wollen, versuchen Sie, im Gespräch mit ihnen herauszufinden, was sie befürchten.
- Nehmen Sie nur dann Kontakt zu verletzlichen Teilen auf, wenn die Schützer damit einverstanden sind. Andernfalls suchen Sie sich therapeutische Begleitung.
- Menschen oder Situationen, die uns aufregen, können uns den Weg zu Anteilen in uns weisen, die Heilung brauchen.
- Unsere verletzlichen Teile wollen in ihrem Schmerz gehört und ernst genommen werden. Wenn sie darauf vertrauen können, dass wir uns ihnen zuwenden, statt uns abzulenken oder sie wegzudrücken, müssen sie auf ihren Schmerz nicht so überwältigend aufmerksam machen.

KAPITEL 5

Tiefer gehen

Wie aus Widersachern Verbündete werden

»Der beste Weg zu besseren Entscheidungen ist Selbsterkenntnis.«
ELIZABETH STANLEY[64]

Kennen Sie die Geschichte aus der griechischen Mythologie, wie Herakles verzweifelt gegen die schreckliche Hydra kämpft? Sobald der Held im Versuch, die Hydra zu töten, dem vielköpfigen Ungeheuer ein Haupt abschlägt, wachsen zu seiner Bestürzung an derselben Stelle zwei neue nach. Je mehr Anstrengung er unternimmt, die Hydra zu vernichten, desto stärker wird sie.

In unserem eigenen Leben wird oft ein ähnliches Prinzip sichtbar: Obwohl wir uns so anstrengen, etwas loszuwerden, wird es davon nicht besser, sondern eher noch schlimmer. Vielleicht kämpfen wir mit bestimmten Gefühlen oder Gedanken, mit eigenen Mustern oder Verhaltensweisen, weil wir merken, dass wir uns damit selbst im Weg stehen. Etwas loswerden zu wollen oder zu versuchen, es zu verdrängen, führt jedoch oft dazu, dass es genau dadurch stärker wird. Angst, Wut oder andere unerwünschte Gefühle intensivieren sich oft genau durch die Energie, die wir aufwenden, um sie zu unterdrücken. Und aus Teile-Perspektive ist es auch völlig logisch, dass das geschieht. Unsere WG-Bewohner schicken schwierige Gefühle oder durcheinanderwirbelnde Gedanken ja nicht ohne Grund. Sie verhalten sich, wie sie es tun, weil sie auf etwas aufmerksam machen wollen oder ein wichtiges Bedürfnis erfüllen möchten.

Wenn wir nicht zuhören oder sie abwehren, intensivieren sie ihre Anstrengungen, sich durchzusetzen oder sich bemerkbar zu machen.

Was wäre, wenn wir nicht länger dem Weg des Drachentöters folgen, der in vielen westlich und patriarchal geprägten Mythen vorherrscht, und nicht länger versuchen, das zu eliminieren, was uns unangenehm ist oder erst einmal Furcht einflößend aussieht. Sondern einen anderen Pfad einschlagen: uns dem zuwenden, was in uns schwierig ist. Das, was wir fürchten, anschauen und, statt es zu bekriegen, das Gegenteil tun: ihm mit Offenheit und Mitgefühl begegnen und uns darum kümmern.

In diesem Kapitel finden Sie verschiedene Möglichkeiten für die vertiefende Arbeit mit herausfordernden Themen wie etwa dem Umgang mit dem inneren Kritiker, Entscheidungsschwierigkeiten, Wut, Neinsagen oder Selbstakzeptanz. Ich möchte Sie dazu einladen, sich auf den Weg zu machen, in Ihrer Innenwelt statt der Rolle des Drachentöters die einer weisen Anführerin oder einer guten Führungskraft einzunehmen.

Der innere Kritiker

Richard Schwartz nennt ihn den wohl am meisten verleumdeten und missverstandenen Teil der Psyche: den inneren Kritiker. Er ist die Stimme in unserem Kopf, die uns erzählt, was wir falsch machen, wo wir versagt haben oder versagen werden, die uns abwertet, verurteilt oder kleinhält. Doch wenn die Grundsätze des IFS-Modells für alle Teile der Psyche gelten, müssen sie auch in diesem Fall zutreffen: Der innere Kritiker hat eine gute Absicht.

Wie bei allen Teilen gilt, dass ihn zu bekämpfen, mit ihm zu streiten oder ihn zu ignorieren nicht weiterhilft, sondern nur Energie im gegenseitigen Kampf verbraucht: Die Hydra wird stärker und der Kritiker durch Widerstand in seinen Methoden oft nur radikaler.

Man könnte ihn erst einmal anerkennen als Gegenüber, als ein Anteil von uns, der sich nicht zufällig so entwickelt hat. Er ist ganz offensichtlich ein wichtiger Akteur in unserer inneren WG. Beginnen wir mit der Vermutung, dass er nicht einfach das ist, was wir von ihm denken – ein Feind im eigenen Kopf. Sondern ein Teil, der uns auf verquere Weise beschützen will.

Innere Kritiker können beispielsweise in Erscheinung treten, indem sie:

- Druck auf uns ausüben, damit wir uns so verhalten oder so sind, wie sie denken, dass wir sein müssen, um zu genügen und anderen zu gefallen (vermutlich haben wir früher die Erfahrung gemacht, dass wir nicht dazugehören dürfen oder es schmerzhaft für uns wird, wenn wir nicht »richtig« sind);
- befürchtete Kritik von außen vorwegnehmen (wenn wir innerlich hören, dass wir zu viel dies oder zu wenig das sind, tut es hoffentlich nicht mehr so weh, wenn wir es später von außen hören, zumindest sind wir dann gewappnet);
- uns mit Vorwürfen quälen oder uns ein schlechtes Gewissen aufladen wegen etwas, was wir getan oder unterlassen haben (vielleicht hat jemand, der uns nahesteht, durch unser Verhalten Schaden genommen, und der Kritiker ist überzeugt, nur durch beständiges Erinnern an unsere »Schuld« könne verhindert werden, dass wir wieder so etwas tun);
- durch Selbstzweifel oder Hoffnungslosigkeit unser Selbstvertrauen unterminieren, damit wir keine Risiken eingehen

(wenn wir glauben, dass wir unfähig sind, etwas zu tun, dann können wir keinen Fehler machen oder scheitern und dafür beschämt werden);

- uns daran hindern, sichtbar zu werden, uns zu exponieren oder unsere Vitalität und unseren Selbstwert zu spüren (vermutlich sind wir zu einem früheren Zeitpunkt für ein solches Verhalten in irgendeiner Weise bestraft worden).

Erfahrungsgemäß geht es dem inneren Kritiker vor allem um Unverwundbarkeit: dass wir also nichts tun, was andere veranlassen könnte, uns zu beschämen oder bloßzustellen. Tragischerweise tut er das, indem er uns beschämt. In der Regel gehen Kritikerteile davon aus, wenn sie uns dazu bringen, auf eine bestimmte Art und Weise zu sein – egal ob intelligent, attraktiv, nett, tough, erfolgreich, schlank, unauffällig, perfekt und so weiter und so weiter –, dass wir nicht zurückgewiesen werden. Vielleicht können wir sogar endlich die Zustimmung und Anerkennung der Menschen erlangen, die uns wichtig sind.

Meist sind innere Kritiker ratlos, wie sie uns anders motivieren sollen als durch Schuldzuweisung, Angsteinflößen, Druck, Scham oder Bestrafung. Weil sie, wie viele unserer belasteten Persönlichkeitsanteile, in der Vergangenheit stecken geblieben sind, verwenden sie die Methoden, die sie aus unserem frühen Umfeld gelernt haben. Daher klingt Ihr innerer Kritiker vielleicht auch wie Ihre Mutter oder Ihr Vater, wenn diese wütend waren, wie Ihre strenge Großmutter oder ein Furcht einflößender Lehrer. Dabei hat der Kritiker vielleicht die Stimme oder Strategien dieser Personen übernommen, aber das ist nicht sein eigentliches Wesen. Eigentlich ist er ein wertvoller Teil, der junge WG-Bewohner vor Kritik und Beschämung von außen schützen will.

Sich mit dem inneren Kritiker anfreunden

Am besten nehmen Sie mit dem inneren Kritiker nach dem Muster der fünf Schritte Kontakt auf (siehe Kapitel 4).[65] Weil die Strategien des Kritikers für andere Teile in uns so schmerzhaft sind, ist es besonders wichtig, bei einem solchen Gespräch im Selbst zu sein. Solange der kritische Teil sich nämlich von anderen Anteilen, die unter ihm leiden, angegriffen fühlt, wird er sich nicht auf einen offenen Dialog einlassen und daher auch nichts darüber erzählen, warum er sich aus seiner Sicht so verhalten muss. Bitten Sie daher Teile, die wütend auf den Kritiker sind, vor ihm Angst haben oder glauben, dass er recht hat, für die Zeit, in der Sie mit ihm sprechen, in ein angenehmes und sicheres Wartezimmer. Erklären Sie ihnen, dass sie einen Vorteil davon haben werden, wenn sie Ihnen erlauben, mit dem Kritiker unvoreingenommen Kontakt aufzunehmen, da auf diese Weise die Chance steigt, dass er sich weniger extrem verhält.

Es kann sein, dass diese Teile nicht beiseitetreten wollen. Manche Kritiker haben eine so schmerzhafte Schutzstrategie entwickelt und verhalten sich so entwertend oder destruktiv, dass im Gegenzug in uns innere Verteidiger entstehen, die versuchen, diesen brutalen Angriffen die Stirn zu bieten. Verständlicherweise sind solche Teile schwer zu überzeugen, dass es sinnvoll ist, sich dem Kritiker unvoreingenommen zuzuwenden. Zudem tragen wir dann in der Regel im Inneren Kinder-Teile, die die Worte des Kritikers für die Wahrheit halten und uns mitunter mit ihren Gefühlen von Scham oder Wertlosigkeit überschwemmen. In solchen Fällen braucht es für eine Kontaktaufnahme meist Begleitung von jemandem, der in IFS Erfahrung hat. Auf jeden Fall können Sie versuchen, den ablehnenden Teilen empathisch zuzuhören und etwas über ihre Bedenken herauszufinden. Es ist verständlich, dass sie sich so fühlen. Ergreifen Sie aber nicht einseitig Partei für sie, denn das führt nur dazu, dass sich der Kritiker noch missverstandener fühlt und wie ein gefährliches Tier mit dem Rücken zur Wand noch heftiger zubeißt. Behalten Sie unbedingt im Kopf, dass er aus seiner Sicht eine sehr wichtige Arbeit tut, selbst wenn ihn alle im inneren System dafür hassen.

Lassen Sie sich einen Moment innehalten, um zu begreifen, was das eigentlich heißt: Obwohl ihn alle anderen WG-Mitglieder dafür hassen, tut er diese Arbeit trotzdem, weil er unermüdlich und mit aller Anstrengung versucht, Sie zu schützen. Innere Kritiker gehören oft zu unseren loyalsten, pflichtbewusstesten und auch zu den erschöpftesten inneren Anteilen in uns – und die kindlichen Anteile, die sie mit ihrem Verhalten zu beschützen versuchen, gehören in der Regel zu denen, die in unserem frühen Umfeld schlimme Wunden davongetragen haben.

Wenn es Ihnen möglich ist, offenen Kontakt aufzunehmen, lokalisieren Sie die Stimme oder Energie des Kritikers (der natürlich auch eine Kritikerin sein kann) in oder um Ihren Körper herum. Viele Menschen nehmen ihn als Stimme wahr, die sich in ihrem Kopf befindet, manche auch als etwas, was ihnen im Nacken sitzt, auf ihnen lastet, sie einzwängt oder unter sich begräbt (mit oder ohne begleitenden visuellen Eindruck).

Hier einige Vorschläge für ein Gespräch:

- Was, glaubst du, würde passieren, wenn du mich nicht so stark kritisieren/kleinhalten/verunsichern … würdest? (setzen Sie hier das konkrete Verhalten ein)
- Es scheint wichtig gewesen zu sein, dass du dich so stark entwickelt hast. Kannst du mir etwas darüber sagen, warum das so wichtig war? Was wäre sonst passiert?

Vielleicht kann der Kritiker im Laufe eines solchen Dialogs etwas davon offenbaren, warum er so heftig agiert: weil wir zu früheren Zeiten zurückgewiesen oder abgelehnt wurden oder etwas anderes Schlimmes geschehen ist, und das soll nie wieder passieren. Kritiker wollen uns daher oft über Angst motivieren. Sie malen Schreckensbilder an die Wand, was passieren wird, wenn wir uns nicht so verhalten, wie sie es für richtig halten.

Sie könnten fragen:

- Warum ist es wichtig, dass du mir Angst einjagst? Warum ist das aus deiner Sicht nützlich?
- Von wem hast du das gelernt? (Oft haben Kritiker ihr Verhalten von unseren frühen Bezugspersonen abgeschaut und kennen keine andere Kommunikationsform. Wie bei schimpfenden, schreienden Eltern auch ist es ein Versuch, uns dazu zu bringen, dass wir uns »besser« verhalten.)
- Es scheint so, dass du deine Aufgabe so ernst nimmst und so treu erfüllst, dass du sie selbst dann tust, wenn andere Teile in mir dich dafür mit Abscheu betrachten und gegen dich kämpfen, stimmt das?
- Was erhoffst du dir, was dadurch passiert? Wofür willst du sorgen?
- Bist du zufrieden damit, wie es läuft? (Oft sind unsere Schützer selbst unzufrieden mit dem Effekt ihrer Bemühungen. Sie würden sich gern anders verhalten, können sich aber nicht vorstellen, wie.)
- Wenn es andere und effektivere Weisen gäbe, mich zu motivieren, wärst du dann bereit, das auszuprobieren?
- Wenn ich mich von nun ab bemühen würde, dir aufmerksamer zuzuhören und zu verstehen, was du eigentlich beabsichtigst, könntest du dann auch anders mit mir kommunizieren?

- Was glaubst du, wie alt ich bin? (Viele Schützer halten uns ja noch für die Kinder, die wir waren, als sie angefangen haben, uns zu beschützen.)
- Wenn das, was du beschützen willst (also die jungen Teile in mir), nicht mehr so verletzlich wäre, müsstest du dich dann auch noch so verhalten?

Was dem Kritiker vor allem fehlt, ist Wertschätzung für seine Versuche, uns vor Schmerz zu bewahren. Wenn wir Verständnis für seine Sorge aufbringen können, dass wir Ablehnung erfahren, wird er vermutlich mehr von sich und seiner Geschichte zeigen und von dem, was er beschützt. Damit innere Kritiker sich aus ihrer ungünstigen Rolle, in die sie lange verstrickt waren, lösen können, brauchen sie Würdigung für ihre Anstrengungen und meist die Sicherheit, dass wir uns um die verletzlichen Teile, die sie vor Zurückweisung bewahren wollen, kümmern können. Bei extremen Kritikern (die entsprechend stark verletzte innere Kinder beschützen) ist dafür therapeutische Unterstützung nötig. Erleben Kritiker irgendwann, dass die verletzlichen Teile in Sicherheit sind, sind sie oft nur zu gern bereit, eine andere Aufgabe zu übernehmen. Häufig besteht diese genau im Gegenteil dessen, was sie zuvor getan haben, und sie entwickeln sich zu inneren Mentoren, Mitstreitern oder Cheerleadern.

Bei inneren Kritikern gilt wie bei allen Teilen:

***Veränderung kann geschehen,
wenn wir eine zugewandte Beziehung
nach innen aufbauen.***

Wege aus Entscheidungsschwierigkeiten

Kennen Sie das? Sie stehen vor einer Entscheidung und wissen nicht, was Sie tun sollen. Sollen Sie dieses Jobangebot annehmen? Ist es der richtige Zeitpunkt, mit Ihrem Partner zusammenzuziehen? Oder im Gegenteil, ihn endlich doch zu verlassen? Vielleicht ist es auch eine weniger weitreichende, aber dennoch bedeutsame Frage. Sollen Sie Ihrer Tochter erlauben, mit vierzehn allein mit Freunden ein Popkonzert zu besuchen? Oder wie sollen Sie es mit der Geburtstagsparty Ihrer besten Freundin halten? Sollen Sie hingehen, obwohl Sie sich kürzlich so schrecklich mit ihr gestritten haben?

Je schwerer wir uns mit einer Entscheidung tun, desto weiter auseinanderliegende Perspektiven haben die WG-Mitglieder in uns. Wenn in einer Frage alle mehr oder weniger an einem Strang ziehen, ist die Sache klar: *Auf jeden Fall im Urlaub ans Meer.* Es gibt keine Berg-Fraktion, die für einen Wanderurlaub in Südtirol plädiert, daher entsteht auch kein innerliches Hin und Her. Wenn Sie sich schwertun, sich in einer anstehenden Frage zu entscheiden, ist es sinnvoll, den Anteilen zuzuhören, die unterschiedlicher Meinung sind. Hier zwei Vorschläge dafür. Je nachdem, wie viele Entscheidungsoptionen es gibt, eignet sich besser die »Liegende Acht« oder »Der runde Tisch«.

ÜBUNG: Liegende Acht

Die folgende Übung, angelehnt an die sogenannte Ambivalenz-Arbeit aus der systemischen Therapie, ist besonders nützlich für Entscheidungsfragen, bei denen es zwei klare Optionen gibt. Im Teile-Kontext habe ich sie von der IFS-Ausbilderin Susan McConnell kennengelernt.

Legen Sie für Option A und Option B je ein etwa gleich großes Sofakissen circa einen Meter entfernt voneinander auf den Boden.

Statt Kissen können Sie auch zwei gefaltete Decken, zwei große Bücher oder zwei andere Gegenstände verwenden. Am besten sollten die Platzhalter ähnlich groß oder von ähnlicher Qualität, jedoch von unterschiedlicher Farbe sein. Entscheiden Sie spontan, welcher der Platzhalter für die eine, welcher für die andere Option steht.

Gehen Sie nun, in geruhsamem Tempo und in Form einer liegenden Acht, mehrfach um beide Optionen herum. Wenn Sie die Schleife um den jeweiligen Platzhalter drehen, stellen Sie sich vor, Sie hätten die entsprechende Entscheidung bereits getroffen. Angenommen, Ihre Partnerin hat Sie gebeten, mit ihr zusammenzuziehen, und Sie sind sich nicht sicher, ob das wirklich eine gute Idee ist, würde das bedeuten: Wenn Sie um das grüne Kissen herumlaufen, stellen Sie sich vor, Sie haben Ja gesagt. Sie haben Ihre bisherige Wohnung gekündigt, den Umzugswagen bestellt und alle notwendigen Schritte in die Wege geleitet. Wie fühlt sich das an? Welche körperlichen, gedanklichen oder emotionalen Rückmeldungen bekommen Sie dazu? Wenn Sie mögen, bleiben Sie einen Moment stehen, um genauer wahrzunehmen, welche Anteile sich in Ihnen melden.

Gehen Sie dann langsam weiter in Richtung der zweiten Option. Das blaue Kissen steht für die andere Entscheidung: Sie haben Nein gesagt. Sie haben die Entscheidung getroffen, dass dieser Schritt im Moment nicht der richtige ist. Sie haben das entsprechende Gespräch mit Ihrer Partnerin geführt. Wie fühlt sich das innerlich an? Welche Anteile melden sich dazu?

Gehen Sie mehrfach die liegende Acht um beide Optionen, bleiben Sie nach Belieben stehen und nehmen Sie vor allem wahr, wie sich Ihr Befinden verändert, während Sie von der einen zur anderen Entscheidung wechseln.

Diese Übung kann, muss aber nicht unbedingt dazu führen, dass Sie sich nun sicher sind, was die richtige Entscheidung ist. Sie wird Ihnen aber auf jeden Fall mehr Klarheit verschaffen, welche

Perspektiven die Teile dazu haben, die in Bezug auf diese Frage unterschiedlicher Meinung sind. Durch den Positionswechsel und die Vorstellung, die Entscheidung bereits getroffen zu haben, können Sie präziser erkennen, wer in Ihnen was darüber denkt und fühlt. Wenn die Pro- und die Kontra-Fraktion nach der Übung weiterhin definitiv an ihrer Perspektive festhalten, können Sie nun leichter mit den Anteilen darüber ins Gespräch kommen. Entweder mit den fünf Schritten aus Kapitel 4 oder mit der nachfolgenden Übung »Der runde Tisch«.

ÜBUNG: Der runde Tisch

Die folgende Methode eignet sich besonders, wenn Sie sich innerlich hin und her gerissen fühlen oder in Bezug auf ein Thema sehr viele Teile auf einmal wahrnehmen. Sie ist in vielen Varianten bekannt, etwa als »innere Teamsitzung« bei Schulz von Thun. Sie brauchen etwa eine halbe Stunde Zeit und einen Ort, wo Sie ungestört für sich sein können.

Wenden Sie sich dem Konflikt oder Thema zu, mit dem Sie gerade beschäftigt sind. Berufen Sie nun innerlich ein Meeting ein, in dem sich alle WG-Bewohner äußern dürfen. Sie selbst sind Moderatorin oder Moderator. Ihre Rolle ist es also sicherzustellen, dass alle ihre Meinung sagen dürfen, niemand unterbrochen oder für seine Meinung kritisiert wird. Jede Stimme ist willkommen. Das Meeting dauert so lange, bis alle gehört worden sind. Egal, wie vehement manche Teile vielleicht ihre Meinung vertreten oder wie schüchtern sich andere fühlen – jede Stimme gilt grundsätzlich gleich viel.

Ziel des runden Tisches ist es nicht in erster Linie, zu einer Lösung zu kommen. Es kann sein, dass sich bereits während des Treffens eine gute Lösung für alle herauskristallisiert, vielleicht aber auch nicht. Die Entlastung geschieht vor allem dadurch, dass

Sie in der Lage sind, sich mit all Ihren teils widersprüchlichen inneren Impulsen und verschiedenen Perspektiven zuzuhören – dass Raum ist für Ihre ganze innere Bandbreite.

Sobald Sie bereit sind, fragen Sie innerlich in die Runde: »Wer möchte als Erster etwas dazu sagen?« Verändern Sie nun Ihre Sitzposition ein wenig, indem Sie von Ihrem ursprünglichen Platz (als Moderatorin) ein klein wenig nach rechts oder links rücken. Diese Positionsänderung zeigt an, dass jemand anderes in Ihnen das Wort erhält. Jedes Mal, wenn ein weiterer Anteil seine Sicht der Dinge darlegt, nehmen Sie wieder eine leicht veränderte Sitzposition ein, indem Sie sich etwas umsetzen. Das funktioniert gut auf einer Couch, auf dem Bett oder auch auf dem Fußboden. Es geht aber zum Beispiel auch auf einem breiteren Stuhl mit Armlehnen.

Welche Seite auch immer in Ihnen das Wort ergreifen will, gibt ihre Meinung kund. Sie darf ohne Zensur, ohne Unterbrechung und mit ihrer ganzen Emotionalität sprechen. Wenn sie fertig ist, kommt der Nächste dran. Vielleicht ist es jemand, der eine ganz andere Perspektive vertritt, oder jemand, der nur in einem bestimmten Aspekt eine andere Sichtweise hat. Wenn ein Teil die Meinung dessen, der gerade spricht, unmöglich findet, darf er als Nächster drankommen – aber erst, wenn derjenige, der jetzt spricht, fertig geredet hat. Es ist wie in einer aufgeheizten Diskussion im Parlament: Es ist völlig in Ordnung, konträrer Meinung zu sein. Aber etwas Sinnvolles herauskommen wird nur, wenn sich nicht alle ständig ins Wort fallen. Denn das ist es ja, was üblicherweise passiert, wenn in unserem Kopf alles durcheinandergeht. Dann fallen sich die Anteile mit ihren Ansichten ständig ins Wort. Die Idee des runden Tisches ist es eben, ein strukturiertes Vorgehen zu ermöglichen, indem Sie darauf achten, dass alle gehört werden und jeder Meinung Respekt entgegengebracht wird.

Meiner Erfahrung nach funktioniert das am besten, wenn Sie Ihren Teilen erlauben, laut zu sprechen. Das heißt also, mit jeder leicht veränderten Sitzposition kommt ein anderer Teil an die Reihe und darf laut sagen, was er zu dem Thema denkt. Indem das tatsächlich hörbar ausgesprochen wird, können Sie die unterschiedlichen Ansichten und Perspektiven viel leichter auseinanderhalten, und es passiert eben genau nicht das, was üblicherweise geschieht, wenn wir im Grübelkarussell stecken. Sobald die Teile hörbar werden, werden Sie auch merken, wie sie sich über Stimme, Tonfall, aber auch über Körperhaltung oder Gestik ausdrücken und welche Emotionen sie tragen.

Vielleicht fühlt sich die Vorstellung, WG-Bewohnern laut das Wort zu erteilen, also quasi ein hörbares Selbstgespräch zu führen, erst einmal seltsam an, und Sie fragen sich, was andere Menschen wohl denken würden, wenn sie Sie hören könnten. Falls Sie dieser Gedanke sehr beschäftigt, dann machen Sie sich bewusst, dass das die Sorge eines Teils ist, der Sie davor bewahren möchte, beurteilt zu werden. Bedanken Sie sich bei ihm, dass er um Ihr Wohlergehen besorgt ist, und versichern Sie ihm, dass diese Gefahr im Moment nicht besteht. Dafür haben Sie ja einen Ort gewählt, an dem Sie ungestört sind.

Gehen Sie neugierig an die Sache heran und probieren Sie es einfach einmal aus. Hier ein Beispiel, wie sich ein solcher runder Tisch anhören könnte.

Leila ist freiberufliche Qigong-Lehrerin. Kürzlich hat sie das Angebot bekommen, die Urlaubsvertretung einer Kollegin zu übernehmen, die in einer Klinik arbeitet. Für beide wäre es eine prima Lösung. Die Kollegin könnte entspannt in die Ferien gehen und wüsste ihre Kursteilnehmerinnen in kompetenten Händen, Leila hätte als Freiberuflerin einen Auftrag, der zu ihrem Zeitplan passt. Allerdings verlaufen die Verhandlungen mit der Personalabteilung unerwartet schwierig. Damit Leila die Vertretung annehmen könnte, die letztlich nur fünf Stunden beträgt, sind viele bürokratische Hürden zu nehmen. Obwohl Leila große Lust auf die Arbeit mit den Teilnehmerinnen gehabt hatte, schwindet ihre

Motivation, je mehr Nachweise über ihre Qualifikation, ihre Steuergruppe und ihren Sozialversicherungsstatus sie erbringen soll. Sie ist am nächsten Tag noch einmal zum Telefonieren mit der Personalreferentin verabredet und innerlich hin- und hergerissen. Soll sie den Auftrag absagen oder annehmen? Es wäre ja eine tolle Chance, aus der sich vielleicht eine weitere Zusammenarbeit ergeben könnte. Andererseits ist sie genervt von dem bürokratischen Prozedere. Aber ist das nicht bloß wieder eine Entschuldigung, sich nicht auf etwas einzulassen? Hat sie eigentlich Angst davor, nicht kompetent genug zu sein?

Ein runder Tisch kann mehr Klarheit bringen. Leila setzt sich auf die Couch, atmet einmal tief durch, und dann ergibt sich folgendes Gespräch mit ihrer WG.

LEILA: *»Okay, da haben wir ja ein ziemliches Durcheinander. Ich möchte jetzt einmal genauer hören, was ihr zu sagen habt – aber einer nach dem anderen, einverstanden? Also, wer will anfangen?«*

Leila rutscht ein wenig auf der Couch nach links, und sogleich sprudelt ein Teil los, der sich erst einmal allen Frust über die Sache von der Seele reden will. (Erinnern Sie sich daran, dass die Teile in diesem geführten Dialog ihre Meinung mit voller Vehemenz äußern dürfen. Das gibt ihnen die Möglichkeit, sich wirklich verstanden zu fühlen und sich ganz ausdrücken zu können. Wichtig ist, dass alle nacheinander und nicht gleichzeitig reden.)

FRUST-TEIL: *»Hey, mich nervt das Ganze total! Was soll denn dieser Scheiß mit all dem Papierkram! Ich bin schon über fünfzehn Jahre Qigong-Lehrerin, da muss ich mich doch nicht beweisen und wie ein Schulmädchen alle meine Zeugnisse auslegen!«*

Leila spürt, dass ein anderer Teil in ihr dringend dazu etwas sagen will. Sie rutscht etwas nach rechts, um zu signalisieren, dass jemand anderes die innere Bühne betreten darf. So verfährt sie bei jedem weiteren Wechsel.

KRITISCHER TEIL *(spricht harsch und von oben herab): »Du willst dich doch bloß nicht auf etwas einlassen. Immer, wenn es ein bisschen* *unbequem wird, gibst du auf! Letztlich hast du doch bloß Angst, dass die Teilnehmerinnen merken, dass du eine viel schlechtere Qigong-Lehrerin bist als ihre reguläre Kursleitung, und jetzt nimmst du diese kleine bürokratische Hürde als Ausweg, um abzusagen.«*

FRUST-TEIL *(fällt dem kritischen Teil ins Wort): »Das stimmt doch überhaupt nicht. Ich ...«*

LEILA: *»Moment, Moment. Einer nach dem anderen. Bitte nicht unterbrechen (wendet sich innerlich dem kritischen Teil zu). War es das im Prinzip, oder hast du noch etwas Wichtiges, was du sagen willst?«*

KRITISCHER TEIL: *»Da geht es einfach ums Kneifen. Wenn es ein bisschen unbequem wird, hast du einfach zu viel Schiss.«*

LEILA: *»Okay, danke für deine Perspektive. Wie ist es denn, gibt es tatsächlich jemanden, der sich ängstlich fühlt, was diese Sache angeht?«*

UNSICHERER TEIL *(klingt zaghaf »Also, ein bisschen mulmig ist mir schon, wenn ich mir vorstelle, dass ich zu all den Leuten gehen müsste, die eine andere Leitung gewohnt sind (atmet tief durch, wirkt jetzt entspannter, weil diese Tatsache ausgesprochen ist). Aber eigentlich – eigentlich glaube ich, dass wir das gut hinkriegen würden. Ist ja kein Hexenwerk.«*

SICHERHEITSBEWUSSTER TEIL: *»Und es wäre doch eine super Möglichkeit, unser Netzwerk zu erweitern. Daraus könnten sich tolle Folgeaufträge ergeben, und dann hätten wir endlich mehr finanzielle Sicherheit.«*

FRUST-TEIL: *»Ich habe einfach keine Lust, in so einem Umfeld zu arbeiten. Jedes Mal fällt ihnen noch was anderes ein, was ich nachweisen soll! Und der zeitliche Aufwand, all die Nachweise rauszusuchen, das steht doch in keinem Verhältnis zum Honorar. Aber am meisten stört mich dieses Kleinkrämerhafte, dieses Bürokratentum. Da möchte ich überhaupt keine Folgeaufträge!«*

LEILA: *»Okay, danke. Noch jemand, der etwas beitragen will?«*

KRITISCHER TEIL *(weniger harsch und in ruhigerem Tonfall): »Stimmt schon, das ist irgendwie blöd, wie die das handhaben.«*

LEILA: »*Noch etwas?* (lauscht einen Moment nach innen, doch es scheint im Moment das Wichtigste gesagt. Leila rutscht wieder bewusst in die Mitte auf den Platz, den sie auch ganz am Anfang innehatte. Sie lässt die Aussagen der Teile noch einen Moment auf sich wirken und fasst dann in ihrer Position als WG-Leitung zusammen) *Also, wenn ich euch so zuhöre, dann scheint mir, dass es hier nicht um Kompetenz geht, sondern eher darum, ob wir in so einem Umfeld arbeiten wollen oder nicht. Pragmatisch gesehen macht es vielleicht Sinn, von wegen finanzieller Sicherheit. Und natürlich ist finanzielle Sicherheit wichtig. Aber nicht um jeden Preis, richtig? Und die Rahmenbedingungen passen einfach nicht für uns, stimmt's?* (nimmt ein inneres Gefühl von Resonanz und Stimmigkeit wahr) *Mein Vorschlag wäre, die Sache freundlich und entspannt abzusagen. Könntet ihr diese Entscheidung mittragen, oder hat jemand etwas dagegen?*«

SICHERHEITSBEWUSSTER TEIL: »*Mir wäre wichtig, dass wir der Personalabteilung signalisieren, dass wir an einer grundsätzlichen Zusammenarbeit durchaus interessiert sind.*«

LEILA: »*Ja, das verstehe ich. Deshalb meine ich ja auch: freundlich und entspannt absagen, ohne dass ein Eindruck von Groll entsteht.*«

Innere Führungsqualitäten

Wenn wir beginnen, unsere Teile kennenzulernen und mehr darüber zu verstehen, wer sie eigentlich sind und was ihre Geschichte ist, wird nicht selten sichtbar, wie angestrengt, allein oder verkannt sie sich fühlen. Unsere WG gleicht mitunter stark zerstrittenen oder feindselig gestimmten Lagern ohne Einvernehmen oder gemeinsame Ausrichtung. In der Arbeit mit meinen Klienten erkläre ich daher oft, dass es für ein Gefühl innerer Harmonie und Ausgeglichenheit wichtig ist zu lernen, im eigenen Inneren eine gute Führungskraft, eine weise

Anführerin oder ein guter Elternteil zu werden. In dieser Hinsicht ist IFS-Arbeit so etwas wie ein Leadership-Training. Es geht darum, unser inneres System auf eine Weise zu führen, dass sich alle gehört fühlen, bekommen, was sie brauchen, und ihre Fähigkeiten einbringen können, ohne sich gegenseitig im Weg zu stehen.

Was zeichnet für Sie eine gute Chefin aus? Was würden Sie sich von einer weisen Stammesführerin wünschen? Wie verhält sich ein Abteilungsleiter, dem Sie auch in Krisenzeiten vertrauen? Oder denken Sie daran, welche Rolle Eltern spielen können, damit eine Familie zu einem starken Team wird. Welche Werte, Verhaltensweisen und Kommunikationsformen sind hilfreich für ein Miteinander, in dem sich alle wohlfühlen und gemeinsam Ziele verfolgen können, statt sich gegenseitig zu bekämpfen?

Das, was in dieser Hinsicht zu einem guten Miteinander mit anderen beiträgt, ist auch im Kontakt nach innen hilfreich. Viele von uns wünschen sich eine Abkehr von Machtkämpfen, Ellbogenmentalität und autoritären Strukturen, wo der Stärkere sich durchsetzt und die Belange der Schwächeren ignoriert werden. In unseren Familien, unserem Freundeskreis, unseren Arbeitsteams, im gesellschaftlichen Miteinander sind uns Fairness, Wertschätzung, Glaubwürdigkeit und Begegnungen auf Augenhöhe wichtig. Ist es da nicht angebracht, das, was in der äußeren Welt zu guten Beziehungen führt – anderen mit Respekt begegnen, ihnen zuhören, ihnen Anerkennung für ihre Bemühungen zeigen, sie unterstützen, wenn sie Hilfe brauchen, die eigenen Interessen nicht auf Kosten des gemeinsamen Ganzen durchsetzen –, auch in der inneren Welt umzusetzen? Das, was wir als Eltern, als Partner, als Chefinnen, als Freunde, als soziale Wesen gelernt haben, was im Kontakt mit anderen hilft, um das Beste in ihnen zum Vorschein zu bringen, ist das, was im Kontakt mit uns selbst nützlich ist.

Eigentlich nicht weiter verwunderlich. Es geht nur darum, es auch anzuwenden.

Würden wir ganz im Selbst verankert leben, ist gute Selbst-Führung die natürlichste Sache der Welt. Aus IFS-Sicht ist es die ureigentliche Aufgabe des Selbst, das System der Anteile aus Qualitäten wie Ruhe, Klarheit, Zuversicht, Kreativität und Verbundenheit zu führen. Weil wir uns im Alltag jedoch beständig in einem Kontinuum bewegen, wie viel oder wie wenig Selbst-Energie uns zur Verfügung steht, kommen hier zwölf Vorschläge, die helfen können, in diese Aufgabe hineinzuwachsen.

Zwölf Tipps für innere Führungskräfte

1. Werden Sie zum Leitwolf

Stellen Sie sich ein Wolfsrudel vor: lauter starke, eigenwillige Individuen, die zusammenarbeiten und ihre Kräfte gemeinsam für ein Ziel einsetzen. Teamwork im Rudel gelingt jedoch nur deshalb, weil es einen Leitwolf gibt, der das Wohlergehen der gesamten Gruppe im Auge hat. Er wird in der Leitungsposition nur dann akzeptiert, wenn er das Vertrauen der anderen in sich durch sein Verhalten rechtfertigt. Der dänische Pädagoge Jesper Juul schlägt auch für Eltern das Modell des Leitwolfs vor: »Die ideale durch Erwachsene ausgeübte Führung ließe sich folgendermaßen beschreiben: Sie ist proaktiv [wartet also nicht darauf, bis es ein Problem gibt, sondern ergreift von sich aus die Initiative], empathisch, flexibel, dialogbasiert und fürsorglich.«[66] Weil eine solche Haltung Kooperation so sehr fördert, werden Juuls Anregungen für eine gute Führung in der Familie mittlerweile sogar in die moderne Unternehmungsführung übernommen. Und sie können uns auch für das innere Miteinander inspirieren.

Ähnlich wie die Wölfe in einem Rudel könnte man unsere WG-Bewohner als ganz eigenständige Individuen sehen, die ihre Kräfte und Talente grundsätzlich gerne für das große Ganze einsetzen möchten, aber dazu nur dann bereit sind, wenn sie von der WG-Leitung auch Respekt, Anerkennung und Wertschätzung erfahren. Ein autoritärer Führungsstil ist hinderlich, er resultiert in der äußeren wie in der inneren Welt schnell in Widerstand, Lagerbildung oder innerer Kündigung. Teile sind auch nur Menschen! Sie wollen einbezogen und wertgeschätzt werden, sie wollen in ihren Belangen gehört werden und sicher sein, dass man sie nicht übergeht oder ignoriert.

(Falls Ihnen Wölfe nicht zusagen, können Sie natürlich auch ein anderes Tier als Metapher nehmen und sich etwa als weise Anführerin einer Gruppe von Wildpferden sehen.)

2. Fördern Sie eine neue Gesprächskultur

Beginnen Sie, regelmäßig mit Ihren Teilen zu sprechen und ihnen zuzuhören. Wer den Abläufen in der eigenen Psyche ein wenig Aufmerksamkeit schenkt, wird merken, dass im Inneren ohnehin ständig monologisiert oder dialogisiert wird. Phänomene wie endloses Gedankenkreisen oder mentales Hin und Her sind ja letztlich nichts anderes als die Stimmen unserer Anteile, die versuchen, sich Gehör zu verschaffen. Was in solchen Situationen gemeinhin fehlt, ist die Instanz, die wirklich zuhört – eben eine gute innere Führungskraft, ein Leitwolf, unser Selbst.

Wenn Sie also das nächste Mal bemerken, dass in Ihnen wieder und wieder dieselbe gedankliche Schleife oder bestimmte emotionale Reaktion abläuft, dann treten Sie innerlich einen Schritt zurück und richten Sie das Wort an Ihre WG-Bewohner. Fragen Sie, was los ist, und zeigen Sie, dass Sie bereit sind, zuzuhören.

3. Beziehen Sie bei Ihren Entscheidungen alle im Team mit ein

Nicht autoritär zu führen bedeutet nicht, *nicht* zu führen. Ein guter Chef, eine gute Chefin führt, aber er oder sie tut das unter Einbeziehung aller im Team. Besonders wenn in Ihrem Leben wichtige Entscheidungen anstehen oder eine Herausforderung zu bewältigen ist, sind Kommunikation, Transparenz und Offenheit für alle Positionen entscheidend. Jesper Juul hat an dieser Stelle den Begriff der Gleichwürdigkeit geprägt. Er besagt, dass die Bedürfnisse und Perspektiven aller Beteiligten als gleichwertig zu betrachten und ernst zu nehmen sind. So wie Eltern und Kinder, so haben auch alle Teile ein Recht auf ihre eigenen Sichtweisen und Wünsche. Das heißt nicht, dass sie immer umgesetzt werden können. Doch es bedeutet, dass nicht grundsätzlich die Wünsche und Sichtweisen der einen mehr zählen als die der anderen.

Angenommen, Sie haben ein tolles Stellenangebot erhalten, für das Sie jedoch in eine andere Stadt umziehen müssten. Dann können Sie vermutlich keine Entscheidung treffen, die sowohl den Wünschen bestimmter WG-Mitglieder nach Entwicklung, Abenteuer oder einem Karriereschritt gleichermaßen entgegenkommt wie denen anderer Teile in Ihnen, die den Freundeskreis und die geliebte Wohnung nicht verlieren wollen. Sie können nicht sowohl an den anderen Ort umziehen als auch zu Hause bleiben – Sie können es nicht allen Teilen gleichermaßen recht machen. Vielmehr geht es darum, niemanden zu ignorieren oder seine Sichtweise als nebensächlich abzutun. Hören Sie den Bedenken oder Einwänden zu, ohne sie gleich abzuwiegeln, weil sie unbequem sind oder den Wünschen anderer WG-Bewohner entgegenstehen.

Zeigen Sie, dass Sie sich nach Kräften bemühen, eine Entscheidung zu treffen, mit der alle leben können. Kommunizieren Sie, was und warum Sie so oder so entscheiden möchten.

Wenn Sie sich klar darüber sind, dass Ihre Entscheidung auf Einwände treffen könnte, fragen Sie die betroffenen Anteile, was ihnen helfen würde, sich mit dem vorgeschlagenen Weg zu arrangieren.

Vermutlich kennen Sie das aus eigener Erfahrung: Wenn wir uns einbezogen und ernst genommen fühlen, statt vor vollendete Tatsachen gestellt zu werden, sind wir eher bereit, auch unpopuläre Entscheidungen mitzutragen. Ansonsten sinkt die Motivation, und wir verlieren das Vertrauen in das Gegenüber. Wenn unsere Teile merken, dass sie mit ihren Bedenken nicht gehört werden, wenden sie oft Guerillataktiken an und torpedieren den Prozess, um sich durchzusetzen. (Erinnern Sie sich an meine Wegläufer in meiner ersten Begegnung mit meinem Mann aus dem Beispiel vom Buchanfang? Hätte ich sie nicht bemerkt und ihre Bedürfnisse nach einem langsameren Tempo nicht ernst genommen, dann hätten sie mich dazu gebracht, mich ganz aus dem Kontakt zurückzuziehen.)

Wenn viele Teile in Ihnen *für* eine bestimmte Entscheidung sind, mindestens ein Teil jedoch vehement dagegen, können Sie fragen: »Was bräuchtest du, um Ja dazu sagen zu können? Oder um zumindest nicht dagegen zu arbeiten?« Bemühen Sie sich aufrichtig um einen Konsens. Je mehr Raum und Zeit zur Partizipation Sie im Vorfeld geben, desto nachhaltiger können Entscheidungen oder Richtungswechsel sein.

4. Respektieren Sie die Würde und Gefühle Ihrer Teile

Schwierige Gefühle sind normal, und wir dürfen sie haben, auch wenn wir uns selbst in Situationen gebracht haben, die sie auslösen. Eine Freundin von mir hatte sich von ihrem Mann getrennt. Trotz ihrer Erleichterung darüber, dass die Beziehung, die sie als immer belastender erlebt hatte, beendet war, fühlte sie sich doch oft allein und vermisste die Nähe und Vertrautheit mit ihrem Ex. Als sie davon erzählte, schob sie jedoch gleich hinterher: »Aber ich darf mich nicht beschweren, ich hab es mir ja schließlich selbst ausgesucht.«

Vielleicht kennen Sie eine solche Haltung aus der Familie? »Hör auf zu jammern, ich hab dir doch gleich gesagt, dass XYZ. Aber du wolltest ja nicht auf mich hören. Jetzt sieh zu, wie du klarkommst.« Wenn Eltern so reagieren, finden die Kinder weder Respekt noch Verständnis für ihre schmerzlichen Gefühle geschweige denn Unterstützung dafür, eine gute Umgehensweise mit der Situation zu finden. Oder wir hören Kommentare nach dem Motto: »Wer A sagt, muss auch B sagen«, und man signalisiert uns, dass wir keine widerstreitenden Gefühle haben dürften und unsere Emotionen gefälligst kongruent mit unseren Entscheidungen sein müssten.

Doch unsere Psyche ist eben keine nach logischen Regeln funktionierende Maschine. Aufgrund unserer komplexen inneren Systeme und unserer verschiedenen Teile ist es normal, widersprüchliche Gefühle zu haben. Schon möglich, dass meine Freundin sich selbst für das Ende ihrer Ehe entschieden hatte – trotzdem gab es in ihr Anteile, für die die Situation schwierig war.

Was könnte eine gute innere Führungskraft tun? Hilfreich wäre es, zuzuhören, die Gefühle der traurigen Teile anzuerkennen und Verständnis zu zeigen. Sie könnten zu dem traurigen Teil in sich sagen: »Ja, ich verstehe, dass die Situation schwierig für dich ist. Es tut mir leid, dass du dich oft einsam fühlst. Erzähl mir, was es so schwer für dich macht.« Das Anerkennen und Validieren der Gefühle wird sehr viel eher dazu beitragen, dass sich ein aufgewühlter Teil beruhigen kann, als ihm die Schuld dafür zu geben oder ihn dafür abzustrafen, dass er sich fühlt, wie er sich fühlt. Was wir uns in schwierigen Situationen vor allem wünschen, ist jemand, der uns zuhört. Jemand, der unsere Gefühle mit uns zusammen aushalten kann, sie nicht ignoriert, überspielt oder uns ausredet, sondern uns mit offenem Herzen und offenen Ohren Zeit und Zuwendung schenkt. Wenn wir die Möglichkeit haben, uns jemandem in dieser Weise anzuvertrauen, finden wir leichter wieder in die Balance. Das ist auf der innerlichen Ebene mit unseren Teilen ähnlich wie auf der äußeren Ebene mit anderen Menschen.

Nehmen Sie sich Zeit, um die Sorgen und Nöte der Teile anzuhören. All Ihre Persönlichkeitsanteile verdienen es, ernst genommen zu werden.

5. Helfen Sie Anteilen, sich zu entwickeln

Lassen Sie nicht zu, dass Teile ungefiltert über andere Teile herziehen oder ihre Gefühle beschämen. Es ist okay, wenn sie zu Ihnen kommen, um zu erzählen, wenn sie mit etwas unzufrieden sind oder sich Veränderung wünschen. Doch stellen Sie klar, dass es nicht angemessen ist, wenn andere Anteile abgewertet oder verächtlich gemacht werden. Wenn Teile gegen diese Regel aufbegehren, kann man erklären: »Ich verstehe gut, dass für dich das Verhalten von XY schwierig ist (etwa: dass die traurigen Teile den Ex-Partner vermissen, wo du doch endlich deine Freiheit genießen willst). Ich habe ein offenes Ohr für dein Anliegen und möchte wirklich gern wissen, wie es dir geht und wie ich dir helfen kann. Aber ich möchte nicht, dass du dabei respektlos über andere Mitglieder der WG redest. Du würdest ja auch nicht wollen, dass ich zulasse, dass andere respektlos über dich reden, richtig?«

Waren Anteile von uns abgespalten, abgelehnt oder isoliert, dann hatten sie keine Chance, sich mit der Gesamtpersönlichkeit weiterzuentwickeln. Sie sind gleichsam in unseren früheren Entwicklungsstadien hängen geblieben. Je mehr Kontakt zwischen Selbst und Teilen entsteht, desto leichter wird es für Anteile, in ihren Verhaltens- und Sichtweisen zu reifen und ihre Fähigkeiten und Qualitäten dort einzubringen, wo sie angemessen und willkommen sind oder gebraucht werden.

Teile verhalten sich oft dem Alter entsprechend, in dem sie entstanden sind. Sie fühlen sich innerlich kindlich an und haben kindliche Sichtweisen. Es ist nicht angebracht, sie dafür abzuwerten. Es ist normal, dass ein Kind einen eingeschränkten Blick auf bestimmte Dinge hat. Es ist nicht dumm, weil es manches noch nicht weiß. Wir können ihm Zusammenhänge so erklären, dass es sie versteht.

Eine meiner Klientinnen nahm wahr, dass ein sehr junger Teil immer wieder zu klammern anfing, wenn ihr Freund einen Motorradausflug mit seinen Kumpeln unternehmen wollte. Dieser Teil wurde dann sehr aufgeregt und hatte Sorge, dass der Wunsch ihres Partners, etwas ohne sie zu unternehmen, bedeutete, dass er drauf und dran war, sie zu verlassen. Als sie dieses kleine Mädchen in sich kennenlernte, konnte sie anfangen, es in solchen Situationen zu trösten, und ihm erklären, dass es normal ist, dass ihr Freund eigenständige Interessen hat.

6. Machen Sie den ersten Schritt zu Verständigung und Versöhnung

Unsere Anteile sind zu Beginn oft skeptisch, ob sie uns vertrauen können. Viele von ihnen strengen sich seit Jahren an, ohne jemals dafür Wertschätzung bekommen zu haben – im Gegenteil, oft haben sie lediglich Abwehr, Abwertung und Widerstand von anderen Teilen erfahren, und sie haben erlebt, dass wir gegen sie gekämpft haben. Doch das geschah von unserer Seite aus nicht aus böser Absicht, sondern aus Unwissenheit. Uns war ja nicht bewusst, dass unsere Anteile immer ihr Bestes versucht haben, uns zu helfen, oder in Not waren. Doch verständlicherweise sind sie aufgrund dieser Erfahrungen des Alleingelassen-, Missverstanden- oder Bekämpftwerdens oft gekränkt und misstrauisch. Jetzt, da Sie die Ihnen zukommende Führung Ihrer WG wieder übernehmen, liegt es daher an Ihnen, den ersten Schritt zu machen und auf die Teile zuzugehen.

Wenn man beginnt zu verstehen, mit welcher Tapferkeit und unter welch hohem Einsatz manche Teile ihr Möglichstes getan haben, um uns zu unterstützen und mit früheren schwierigen Umständen umzugehen, ist oft eine Entschuldigung angebracht. Vielleicht entdecken Sie durch die Teile-Perspektive, dass ein Verhalten, für das Sie sich seit Jahren verurteilen oder schämen, eigentlich ein Versuch ist, die schmerzlichen Gefühle anderer Anteile in Schach zu halten. Dann könnten Sie beispielsweise zu einem Teil sagen, der Sie zu Ess-Brech-Anfällen drängt: »Es tut mir wirklich leid, dass ich so lange nicht verstanden habe, wer du eigentlich bist und warum du dich so verhältst. Du hast immer versucht zu helfen, nicht wahr? Es tut mir leid, dass ich dir nicht zugehört habe. Ich will mein Bestes tun, um das zu ändern und dich kennenzulernen. Was soll ich über dich wissen?«

7. Geben Sie den Teilen Zeit, mit Ihnen vertraut zu werden

Oft brauchen die Teile einfach genügend Raum und Zeit, um sich daran zu gewöhnen, dass sie nicht mehr alleine sind. Auch die Botschaft einer solchen Entschuldigung (siehe oben) braucht manchmal Zeit, um anzukommen. Stellen Sie sich eine Firma vor, in der seit Jahrzehnten unter einem ungünstigen Führungsstil gearbeitet wird oder wo eigentlich gar keine Führung zu erkennen ist. Stattdessen stehen sich unterschiedliche Gruppen oder Einzelkämpfer gegenüber und streiten um die beste Vorgehensweise. Ist es nicht in unserer inneren WG ähnlich gelaufen, und zwar seit 20, 30, 40 oder 50 Jahren? Und jetzt kommen Sie daher, um diese Situation zu ändern. Üben Sie sich in Geduld, wenn Ihnen erst einmal Skepsis oder Abwehr entgegenschlägt.

Gerade die Teile in uns, die im System lange isoliert waren – die von anderen Teilen als böse, schlecht oder lästig wahrgenommen wurden und viel Kritik von uns oder aus unserem

Umfeld erlebt haben –, ähneln Tieren, die schlimme Erfahrungen mit Menschen gemacht haben: So wie ein Hund, der mit einer Pfote in eine Falle geraten ist, nach der Hand schnappt, die ihm eigentlich helfen will.

Ich denke in diesem Zusammenhang gern an die Geschichte vom Kleinen Prinzen, der dem Fuchs begegnet. Der Fuchs ist zu Beginn sehr scheu und auf der Hut. Er ist gewohnt, dass die Menschen auf ihn schießen. Obwohl er sich nach Kontakt sehnt, verdeutlicht er dem Kleinen Prinzen, dass es notwendig ist, Zeit und Aufmerksamkeit zu investieren, damit er, der Fuchs, sich auf den Jungen einlassen kann. Damit eine wirkliche Begegnung möglich ist, erklärt der Fuchs, »musst du mich zähmen«. Was das bedeutet, will der Kleine Prinz wissen. Der Fuchs antwortet: »Das ist eine in Vergessenheit geratene Sache. Es bedeutet ›sich vertraut machen‹.« Der Kleine Prinz müsse sehr geduldig sein. Er müsse jeden Tag kommen, und der Fuchs würde ihn verstohlen aus dem Augenwinkel betrachten. Jeden Tag könne er ein bisschen näher rücken – so lange, bis der Fuchs sicher sein kann, dass der Kleine Prinz wirklich vertrauenswürdig ist.[67]

Wie in einem Unternehmen oder in der Familie ist es Aufgabe der *Führungskraft* bzw. der *Eltern,* für eine Atmosphäre von Sicherheit und Respekt zu sorgen. Wenn wir gute Beziehungen zu unseren inneren Anteilen aufbauen wollen, brauchen wir den Willen zur Selbstreflexion und die Fähigkeit, uns in die Perspektive der anderen hineinzuversetzen.

8. Priorisieren Sie Beziehung und Kontakt

Sich immer wieder Zeit zu nehmen und sich den eigenen Mitbewohnern zuzuwenden ist aus meiner Sicht absolut zentral für uns als innere Führungskräfte. Etablieren Sie am besten ein kleines Ritual, in dessen Rahmen Sie sich regelmäßig Ihren Teilen widmen, beispielsweise einen morgendlichen Check-in.

Bleiben Sie vor dem Aufstehen noch einige Minuten liegen und sagen Sie nach innen Guten Morgen. Erkundigen Sie sich, wie es allen geht, ob jemand Sie etwas wissen lassen will oder vielleicht Bedenken hat, was den Tag oder ein bestimmtes Thema in Ihrem Leben angeht. Oder Sie könnten diesen gemeinsamen Austausch auf die Zeit vor dem Schlafengehen oder einen anderen Zeitpunkt legen, der zu Ihrem Rhythmus passt. Wichtig ist, dass es eine möglichst verlässliche Regelmäßigkeit gibt.

Wann immer Sie feststellen, dass Teile in Ihnen akut zu kämpfen haben, Sie sich ihnen aber gerade nicht zuwenden können (beispielsweise, weil Sie in der Arbeit sind), reservieren Sie möglichst bald Zeit für einen Austausch. Sie könnten sich zum Beispiel kurz auf die Toilette zurückziehen, um sich innerlich einen Moment zu sammeln, und dann dem aufgewühlten Teil sagen: »Ich merke, dass du da bist und Aufmerksamkeit brauchst. Jetzt im Moment kann ich mich noch nicht um dich kümmern, aber spätestens heute Abend nehme ich mir Zeit dafür, okay?«

Halten Sie solche Verabredungen unbedingt ein, selbst wenn die Gefühle bis dahin nachgelassen haben, damit aufgebautes Vertrauen nicht beeinträchtigt wird. Wenn die Teile zu dem vereinbarten Zeitpunkt keine Unterstützung mehr brauchen, werden sie Ihnen das schon zeigen.

9. Seien Sie ehrlich, nicht perfekt

Eine gute Führungskraft wird man ebenso wenig über Nacht wie eine gute Mutter oder ein guter Vater. Lange Jahre eingespielte ungünstige oder einseitige Kommunikations- und Verhaltensmuster brauchen Zeit, um sich zu verändern. So wie Kinder keine perfekten Eltern brauchen oder Mitarbeiter perfekte Chefs, so brauchen auch unsere Anteile nicht, dass wir perfekt sind. Viel wichtiger ist, dass wir zeigen, dass wir es ehrlich meinen und uns bemühen. Entschuldigen Sie sich, falls die

Verständigung mit WG-Mitgliedern wieder einmal abgerissen ist oder es zu einem Missverständnis gekommen sein sollte. Sie könnten sagen: »Ich bin noch nicht so geübt darin, mit euch in Kontakt zu sein und euch so zuzuhören, wie ihr es braucht. Bestimmt übersehe ich euch manchmal oder verstehe euch nicht richtig. Ich mache es, so gut ich kann. Bitte sagt mir, was ihr euch wünscht oder wie es besser laufen könnte.«

10. Hat jemand versehentlich Ihren Platz als WG-Leitung übernommen?

Alle schwierigen Gefühle oder aufgewühlten inneren Zustände können wir als Achtsamkeitsglocke verwenden. Sie geben uns einen Hinweis darauf, dass Teile unseren Platz am Sitz des Bewusstseins übernommen haben – sie sind mit uns verschmolzen, sodass die Selbst-Qualitäten nicht mehr spürbar sind. Sobald Ärger, Frustration, Verzweiflung, Gleichgültigkeit, Resignation, Verwirrung, Angst, Taubheit oder andere schwierige Zustände in uns vorherrschen, ist das ein deutliches Zeichen dafür, dass wir mit unserem Selbst nicht mehr in Führung sind.

Erinnern Sie sich an die Qualitäten des Selbst, die man mit den acht Cs zusammenfassen kann: Clarity/Klarheit – Calmness/Ruhe – Courage/Mut – Confidence/Zuversicht, Vertrauen – Compassion/Mitgefühl – Curiosity/Offenheit, Interesse – Connectedness/Verbundenheit und Creativity/Kreativität. Je weniger davon spürbar ist, desto mehr sind ganz offensichtlich Teile angesprungen, die eben all die natürlichen Eigenschaften blockieren, die unangestrengt in uns immer dann aufscheinen, wenn unser Selbst genug Raum hat.

Nehmen Sie schwierige Gefühle, Gedanken und körperliche Empfindungen also als Erinnerungszeichen, so wie eine Glocke, die läutet, um uns auf etwas hinzuweisen: »Achtung, hier ist etwas außer Balance geraten. WG-Mitglieder brauchen Aufmerksamkeit und mein offenes Ohr.«

11. Sprechen Sie für Ihre Teile, nicht aus ihnen heraus

Diese Bitte stand immer ganz oben auf der Liste von Verhaltensvorschlägen, die meine Lehrtrainerin Eva Orinsky in Seminaren ausgab: »Sprecht *für* eure Teile, nicht *aus* ihnen heraus.« Damit ist gemeint, dass wir, wenn wir uns über jemanden ärgern, gekränkt sind oder eine andere schwierige Emotion erleben, nicht diesen Anteil den ganzen Raum in uns füllen lassen, sodass er sein Gefühl ungefiltert kommuniziert, sondern ihn bemerken und dann *für ihn* das Wort ergreifen.

Kürzlich stellte ich beim Blick in die Küchenschublade fest, dass die Tafel meiner Lieblingsschokolade, die ich gekauft hatte, um sie bei einer schönen Gelegenheit zu öffnen, verschwunden war. Mein Mann Lothar hatte sie offensichtlich in der Zwischenzeit verspeist. Nicht eine Rippe davon, nicht die Hälfte, sondern die ganze Tafel. Ich war wirklich empört – zumal er weiß, dass ich diese Sorte gern esse. Ein Teil in mir war richtig sauer. Ungefiltert, in meinem Kopf, hörte sich seine erste Reaktion in etwa so an: »Ich fass es nicht! Der Arsch! Da kauf ich einmal was für mich, und er stopft es einfach in sich rein!« Stellen Sie sich das Gespräch vor, wenn ich ganz *aus diesem Teil heraus* sprechen würde – der Konflikt ist vorprogrammiert.

Das, was da in mir wach wurde, ist ein Schützer: ein Teil, der mich verteidigt, wenn etwas passiert, was er für unangemessen hält. Schützerenergie, gerade wenn sie sehr plötzlich aktiviert wird, ist oft stark und energievoll. Sie kennen das vielleicht vom Autofahren, wenn ein anderer Fahrer Sie in eine gefährliche Situation gebracht hat: »Arschloch!« und ähnliche Formulierungen sind dann oft schnell und lautstark zu hören. Ausgelöst durch die gefährliche Situation, schießt der Schützer nach oben und übernimmt wortwörtlich das Steuer.

Was passiert, wenn unser Gegenüber einer solchen Energie ausgesetzt ist? Meist wird dadurch eine entsprechende Gegenreaktion ausgelöst. Die heftigen Worte, begleitet von passender

Körpersprache, aktivieren auch im Gesprächspartner einen Schützer, der sich angegriffen fühlt und zur Wehr setzt. Schnell ist man mitten in einem Streit, in dem zwei Schützer aufeinandertreffen. Nun ist ja an einem Streit grundsätzlich nichts Falsches. Nur führt ein von zwei Schützern ausgetragener Streit selten dazu, dass wir bekommen, was wir eigentlich wollen. Wenn ich direkt aus meinem Schützer heraus Lothar einen wütenden Vorwurf gemacht hätte (»Du bist so rücksichtslos! Nie denkst du mal an mich und meine Wünsche!«), hätte er wohl kaum entspannt gesagt: »Oh, du hast recht. Das war unaufmerksam von mir. Ich weiß ja, wie gern du die Schokolade magst, da verstehe ich gut, dass du dich über mich geärgert hast. Bitte nimm meine Entschuldigung an, und ich besorge dir nachher eine neue Tafel.«

Sinnvoller ist es also, *für* den Teil zu sprechen: »Ein Teil in mir hat sich total geärgert, dass du die Schokolade aufgegessen hast.« Natürlich ist das keine Garantie dafür, dass eine solche Formulierung bei Ihrem Gegenüber keine Teile hervorruft, die sich angegriffen fühlen und zum Gegenschlag ausholen. Doch die Wahrscheinlichkeit für ein konstruktives Gespräch steigt deutlich.

12. Machen Sie Ihre Hausaufgaben

Auch wenn wir uns bemühen, wird es oft nicht gelingen, für unsere Teile zu sprechen oder in Selbst-Führung zu bleiben. Anteile werden im Alltag getriggert, und wir rauschen mitten hinein in ihre heftigen Gefühle und Verhaltensweisen.

Reife hat etwas damit zu tun, dass wir zumindest hinterher bemerken, dass unsere Teile angesprungen sind, und uns, falls angemessen, entschuldigen. Statt zu erwarten, dass unsere Partner, Freunde oder Familie uns all das geben, was wir brauchen, ist es an uns, unsere WG-Mitglieder zu versorgen und uns vom Selbst aus um sie zu kümmern. Wenn unsere verletzten, belasteten oder extremen Teile so richtig aktiviert werden, sind sie in der Regel so heftig, wütend oder verzweifelt und so sehr um Selbstschutz und Sicherheit bemüht, dass andere Menschen überfordert sind, wenn sie mit ihnen umgehen sollen.

Wir müssen unsere Arbeit mit uns selbst machen – oder uns die passende Unterstützung dafür holen.

Selbstakzeptanz und Selbstliebe

Solange wir nicht anfangen, mit uns selbst – mit all den verschiedenen Teilen in uns – Frieden zu schließen, leben nach meiner Beobachtung viele von uns in der Überzeugung, dass mit ihnen etwas fundamental nicht in Ordnung wäre. Wir würden es vielleicht anderen gegenüber nicht eingestehen (und manchmal nicht einmal vor uns selbst), doch tief in uns lauert die Sorge, in irgendeiner Art und Weise falsch oder unzulänglich zu sein. Mir erging es lange auch so, obwohl ich das damals nicht hätte formulieren können.

Tara Brach, die als Psychologin und Meditationslehrerin Tausende von Menschen begleitet, nennt das die Trance der Wertlosigkeit. Sie kann beispielsweise in der Überzeugung auftauchen, die manchmal Hochstapler-Syndrom genannt wird. Ein guter Freund von mir hat es einmal so ausgedrückt: »An sich lebe ich immer in der Erwartung, dass mein Chef irgendwann merkt, dass ich ein Loser bin und eine komplette Fehlbesetzung für meinen Job. Eigentlich ist mir ein Rätsel, wie ich es bislang geschafft habe, das zu verbergen.« Oder wir glauben vielleicht, wenn die anderen wüssten, wer wir *wirklich* sind, würden sie uns nicht mehr um sich haben wollen. Brach erzählt von einem Preisausschreiben, das die renommierte amerikanische Tageszeitung *Washington Post* ausgeschrieben hatte. Leser sollten die besten T-Shirt-Sprüche nennen, die sie gesehen hatten. Einer der Gewinnerbeiträge lautete: »Ich habe gelegentlich die Wahnvorstellung, gut genug zu sein.«[68]

Brach schreibt weiter: »Sowohl unsere Erziehung wie auch unsere Kultur schaffen den Nährboden für diese zeitgenössische Epidemie, sich mangelhaft und wertlos zu fühlen. Viele von uns sind mit Eltern aufgewachsen, die uns Botschaften vermittelt haben, wo wir unzureichend sind und wie wir anders sein sollten. Uns wurde gesagt, wir sollten etwas Besonderes sein, in einer bestimmten Weise aussehen, uns auf eine bestimmte Art und Weise verhalten, uns mehr anstrengen, gewinnen, Erfolg haben und nicht zu anspruchsvoll sein, so schüchtern oder laut. … Die grundlegende Botschaft lautet also: ›Deine natürliche Art zu sein ist nicht okay. Um akzeptabel zu sein, musst du anders sein, als du bist.‹«

Wir können in einer Familie groß werden mit Eltern, die uns lieben und die aufrichtig ihr Bestes tun, und dennoch das Gefühl haben, in zentralen Momenten nicht angenommen, allein gelassen oder unverstanden zu sein. Bindungswunden entstehen so leicht durch einen Mangel an elterlichem Eingestimmtsein, an Präsenz, an wirklich offener Zuwendung. Unzählige Eltern sind so von Geldnöten, Sorgen um die eigene Gesundheit oder die anderer Familienangehöriger eingenommen, so mit Arbeit oder Ängsten belastet, dass sich ein Kind nicht wirklich gesehen oder willkommen fühlt, wenn es in die Augen von Mutter oder Vater schaut.

Auch ist es schwer, etwas weiterzugeben, was man selbst nicht bekommen hat. Wenn Sie an die Kindheitsumstände Ihrer eigenen Eltern denken: Wie viel Präsenz, wie viel Resonanz gab es da wohl vonseiten Ihrer Großeltern? Wenn Sie selbst oder Ihre Eltern zu Kriegs- oder anderen Notzeiten Kind waren, wie verständlich ist es da, dass die Großen mit Überleben beschäftigt waren und es vor allem ums Funktionieren ging?

Unsere Teile entwickeln von klein auf Strategien, um mit dem spezifischen Umfeld unserer Familie klarzukommen. Andreas Amann, Gruppenpsychoanalytiker und Paartherapeut, beschreibt diesen Prozess so: »Wir haben durch die, die wir damals hilflos und unbedingt liebten, dreierlei gelernt: 1. Welche Bedürfnisse man haben darf, um dazuzugehören, und welche nicht. 2. Welche Gefühle wir haben dürfen und sollen, wenn ein Bedürfnis erfüllt wird oder eben nicht. Und 3. haben wir die Strategien gelernt, wie man sich die Bedürfnisse erfüllt oder deren Erfüllung geschickt verhindert.«[69] Wenn wir anfangen zu verstehen, warum sich in uns bestimmte Verhaltensweisen herausgebildet haben, wird es leichter, uns selbst auch mit den Seiten anzunehmen, die wir vielleicht weniger an uns schätzen.

Hat es Ihnen früh schon geholfen, ganz lieb und brav zu sein, um zu bekommen, was Sie so dringend brauchten? Oder war es vonnöten, sich unsichtbar zu machen und möglichst überhaupt nicht aufzufallen, um Hohn oder Abwertung zu entgehen? Hat es geholfen, zu schmeicheln, sich in den Vordergrund zu schieben oder immer gut gelaunt und lustig zu sein? Oder hat es geholfen, auf jemanden loszugehen, zu schreien, wütend für die eigenen Bedürfnisse zu kämpfen?

Je nachdem, wie unsere frühen prägenden Erfahrungen sind, entwickeln sich unsere Anteile ganz unterschiedlich. Und was in unserer kindlichen Entwicklung am wirksamsten oder notwendigsten war, das wird sich etablieren. Notwendig, pflegt meine Lehrtherapeutin Eva Orinsky gern zu sagen, kommt von *Not wenden*. Es war eine Verhaltensweise, um Not zu wenden. Wenn sie uns als Kind hilft, dann ist es wahrscheinlich, dass wir diesen Weg immer wieder einschlagen. Je öfter wir ihn gehen, desto fester wird er als Standard-Modus etabliert.

Gegen Ende dieses Kapitels möchte ich noch einmal aufzeigen, wie wir schrittweise zu mehr Verständnis, Akzeptanz und Transformation schmerzlicher Verhaltensmuster kommen können, und zwar anhand eines Themenkreises, der für viele von uns mit Herausforderungen behaftet ist: sich abgrenzen, Nein sagen und mit der eigenen Wut umgehen.

Abgrenzung, Wut und Nein sagen

Eine der vermutlich schwierigsten Aufgaben für Eltern ist es, einem Kind bei dem Lernprozess zu helfen, sich auf gute Weise abzugrenzen – die eigenen Grenzen und Bedürfnisse zu wahren, ohne dabei andere zu verletzen. Aus meiner Sicht ist Wut Lebensenergie, die in Fluss kommt, um unsere Sicherheit und Grenzen zu gewährleisten und Veränderung herbeizuführen. Mit der heftigen, manchmal erschreckenden Kraft umzugehen, die Wut mit sich bringen kann, ist allerdings eine echte Herausforderung.

Typischerweise ist dieses Thema in zwei Lebensphasen besonders präsent: im Kleinkindalter und während der Pubertät. Idealerweise erleben wir in dieser Zeit, dass unsere Bestrebungen für Autonomie und Abgrenzung grundsätzlich bejaht werden, während unser Umfeld uns auch hilft, diese Energie so auszudrücken, dass sie andere nicht verletzt und uns nicht schädigt.

Leider ist es jedoch häufiger der Fall, dass unsere Eltern oder andere Erwachsene dem grundlegenden Prinzip von Wut und Selbstbehauptung wenig Wertschätzung entgegenbringen können. Oft haben sie selbst keine guten Wege gelernt, Impulse für Selbstbestimmung und Grenzsetzung zum Ausdruck zu bringen, und sind daher gewohnt, sie entweder unkontrolliert in sich hochschießen zu lassen oder sie in sich selbst zu kritisieren, zu unterdrücken oder sich davor zu fürchten. Entsprechend reagieren sie, wenn wir diese Energie als Kinder und Jugendliche an den Tag legen, mit Kritik, Strafe, Beziehungsabbruch oder anderen hilflosen Versuchen zur Eindämmung.

Je nach persönlicher Veranlagung, familiären Notwendigkeiten und anhand der »Vorbilder« unseres Umfelds entwickeln wir dann eher eine WG, in der diese Energie von den Managern so gut als möglich unterdrückt wird oder in der sie sich über heftige Schützer in Jähzorn, destruktiven Verhaltensweisen oder sogar Gewalttätigkeit entlädt. Nicht selten geschieht beides in einem unguten Kreislauf, wie es beispielsweise mein Freund Deniz von sich erzählt:

»Als Kind habe ich immer wieder über mich gehört, dass ich so jähzornig und ›unmöglich‹ sei. Je älter ich wurde, desto mehr habe ich mich für meine Wut geschämt. Und ich habe damit auch wirklich oft Porzellan zerschmissen und Beziehungen beschädigt. Doch ich wusste mir in solchen Momenten einfach nicht anders zu helfen, die Wut war und ist (das kann ich heute sehen) immer ein Ausdruck innerer Not.

Weil die Wut aber dann so heftig wurde, habe ich mich total bemüht, diese Gefühle unten zu halten, zum Beispiel wenn ich mich in der Arbeit über jemanden geärgert habe. Auf unangemessenes Verhalten habe ich oft gar nicht oder mit angestrengtem Verständnis reagiert. Der Ärger staute sich dann so in mir an, dass irgendwann ein letzter Tropfen das Fass zum Überlaufen brachte. Die Person hat dann natürlich überhaupt nicht verstanden, warum ich auf einmal so ausgerastet bin.

Solche Ausbrüche waren mir unendlich peinlich. Gerade in der Arbeit, auch weil meine Kollegen diese heftige Wut so gar nicht mit meinem sonstigen Verhalten unter einen Hut bringen konnten. Ich habe mich ja immer so angestrengt bemüht, verständnisvoll oder gelassen zu sein. Also haben die Wutwegdrücker in mir das nächste Mal alles darangesetzt, die Wut nicht hochkommen zu lassen – und klar, die nächste Explosion, die sicher irgendwann kam, war umso heftiger, mein

Gegenüber total sauer oder verletzt, und ich fühlte mich mal wieder wie der letzte Arsch.

Jetzt, da ich meine WG besser kennenlerne, wird es etwas einfacher. Ich werde natürlich immer noch wütend, aber ich schäme mich nicht mehr ganz so dafür. Stattdessen merke ich jetzt manchmal früher, was passiert, und nehme die aufsteigende Wut als Hinweis, dass es offensichtlich an der Zeit ist, auf meine Grenzen zu achten. Ich schlucke nicht mehr immer alles runter, bis es zu spät ist, sondern übe, früher etwas zu sagen. Dann staut sich das Ganze nicht mehr so an. Das ändert sich echt langsam und in kleinen Schritten. Aber es ändert sich was.«

Man kann an der Erfahrung von Deniz auch sehen, wie leicht Manager und Feuerbekämpfer sich gegenseitig aufschaukeln: Die Absicht der Feuerbekämpfer liegt darin, uns von den schmerzlichen Gefühlen verletzter Teile abzuschirmen oder diese vor weiteren Angriffen zu beschützen – ebenso wie es auch die Manager wollen. Doch während Manager diese Aufgabe angehen, indem sie uns zu möglichst »perfektem« Verhalten veranlassen wollen, geraten unsere Feuerbekämpfer durch ihr Verhalten leicht in Konflikt mit dem Umfeld. Da ihre gute Intention in der Regel nicht erkannt wird – weder von uns noch von anderen Menschen –, ziehen sie oft Kritik auf sich, werden abgelehnt oder sogar gefürchtet.

Wann immer die Wut-Teile von Deniz hochschießen, ist kurz vorher etwas innerlich in Not geraten – so formuliert er es selbst. Es gibt offensichtlich einen verletzten Teil in Deniz, der in Bedrängnis gerät, und den will der Wut-Teil schützen. Weil Deniz aber mit seiner Wut immer wieder aneckt und sich dann schämt und sich fühlt »wie der letzte Arsch«, wollen andere Anteile verhindern, dass er sich so verhält: Das sind Manager, Deniz nennt sie die Wutwegdrücker, die ihn dazu bringen wollen, verständnisvoll und geduldig zu sein und eben nicht wütend zu werden. Ironischerweise verschlimmern sie die

Sache aber: Deniz schluckt dann zu lange Dinge, die ihm gegen den Strich gehen, bis ihm irgendwann der Kragen platzt und die wütenden Anteile umso heftiger werden.

Damit sich nachhaltig etwas ändern kann, brauchen die verletzten Teile in Deniz Aufmerksamkeit. Wenn sie Heilung erfahren, müssen die Schützer nicht mehr so rabiat verhindern, dass Schmerz getriggert wird, und können stattdessen gesunde, souveräne Abgrenzungskräfte beisteuern.

Fallbeispiel: Wenn das Nein im Hals stecken bleibt

Während Deniz die Energie der Wut grundsätzlich leicht zur Verfügung steht (wenn auch nicht gerade in besonders günstiger Form), haben andere von uns wenig Zugang dazu. Dabei ist sie eine wichtige Kraft, und sie nicht zu spüren kann schmerzliche Folgen haben. Abgrenzung und Neinsagen fallen vor allem dann schwer, wenn entsprechendes Verhalten in der Familie sanktioniert wurde. Das muss nicht unbedingt durch offenkundige Strafe passiert sein, sondern kann viel unauffälliger geschehen, wie man bei mir sehen kann.

Als ich klein war, galt ich als »Trotzkopf«. Wie es in einem bestimmten Alter normal und für die gesunde Entwicklung eines Kindes wichtig und angemessen ist, brachte ich lautstark zum Ausdruck, wenn mir etwas nicht passte. Dafür wurde ich oft lächerlich gemacht. Das geschah vonseiten meiner Eltern nicht in böser Absicht. Ich sollte eben nicht immer so viel aufstampfen, nicht immer so laut, anstrengend und wütend sein. Langsam, aber sicher wurde mir (wie vielen kleinen Mädchen, aber auch Jungen) abtrainiert, deutlich für meine Grenzen und Bedürfnisse einzutreten. Ich bekam keine Unterstützung dafür, Nein zu sagen, und ich lernte, immer öfter zu verstummen und etwas über mich ergehen zu lassen. Wie kaum ein anderer klingt der höhnische Satz in meinen Ohren, den ich als Mädchen so oft hörte, wenn ich (auf sicher oft nicht ideale Weise) versuchte, meinen Willen zu äußern oder Grenzen zu setzen, und dann abblitzte: »Jetzt spielt sie wieder die beleidigte Leberwurst.«

Natürlich war es nicht das Ziel meiner Eltern, mir auf diese Weise Selbstvertrauen und gesunde Abgrenzungsfähigkeiten zu nehmen. Tatsächlich haben sie an anderen Stellen mein Selbstvertrauen bewusst gefördert. Doch aus diesen prägenden Erlebnissen im Umgang mit Wut und Neinsagen zusammen mit Erfahrungen in der Schule und abträglichen gesellschaftlichen Strukturen im Umgang mit Mädchen und Frauen resultierten in meiner inneren WG einerseits verletzte Teile, die sich lächerlich vorkamen und Angst hatten, ausgeschlossen oder nicht ernst genommen zu werden, und andererseits Schützer, die mich davon abhielten, gegen Ungerechtigkeit oder Grenzüberschreitungen aufzustehen. Ich wehrte mich nicht gegen einen Kieferorthopäden, dessen Behandlung mir so wehtat, dass mir auf dem Zahnarztstuhl die Tränen über das Gesicht liefen, und ich blieb als Zwölfjährige stumm und mit niedergeschlagenen Augen sitzen, als mir gegenüber im Bus ein Exhibitionist seinen Penis aus der Hose holte.

Ich hatte so tief verinnerlicht, dass mein Nein ohnehin nicht gehört wird, dass es zu meinem Standard-Modus wurde, etwas auszuhalten und möglichst so zu tun, als würde es mir nichts ausmachen. Dafür habe ich mich lange geschämt. Meine kritischen Teile verurteilten mich als feige, durchsetzungsschwach und konfliktscheu. Mittlerweile verstehe ich, wie tapfer die Stillhalter in mir bemüht waren, mich vor Beschämung und Liebesentzug zu bewahren. Aus Teile-Sicht kann ich erkennen: Ich bin kein Feigling, wenn ich es nicht schaffe, für mich und meine Rechte einzustehen. Sondern Anteile in mir, die sich abgrenzen wollen, werden offensichtlich von anderen Anteilen in mir gebremst. Und zwar, weil diese schmerzhaft gelernt haben, dass es unangenehme Folgen hat, gegen Grenzüberschreitungen aufzustehen. Wenn ich nun *an diesem Verhalten etwas ändern will, helfen Selbstkritik und Selbstbeschämung nichts, im Gegenteil. Was daran etwas ändern kann, ist die mitfühlende und weitsichtige Perspektive aus dem Selbst heraus, die erkennen kann, warum die Teile sich verhalten, wie sie es tun.*

Heute kann ich die kindlichen Teile in mir, die früher so oft beschämt wurden, trösten und ihnen zusichern, dass ihre Bedürfnisse zählen und sie es wert sind, gehört zu werden. Ich kann den Schützern sagen, dass ich es verstehe und wertschätze, dass sie verhindern wollen, dass ich abgewiesen oder lächerlich gemacht werde. Ich kann ihnen zeigen, dass ich kein kleines Kind mehr bin, das es sich so zu Herzen nimmt, wenn jemand vermeintlich Stärkeres mir meine Perspektive absprechen will. Weil ich immer öfter im Selbst bin, stehen mir Qualitäten wie Mut, Gelassenheit und Klarheit mehr zur Verfügung. Und das, was ich früher gebraucht hätte, um zu mir und meinen Werten zu stehen, kann ich mir heute selbst geben: Verständnis und Trost, Achtung und Respekt, Rückendeckung und Unterstützung.

Anschließend an dieses Beispiel ist es mir ein Anliegen zu betonen, dass ich an anderen Stellen von meinen Eltern jede Menge Rückendeckung und Unterstützung erhalten habe. Sie haben mich in vielem gefördert und mich in meinem Selbstwert gestärkt, und dafür bin ich ihnen sehr dankbar. Das ist ja oft das Komplizierte daran, wenn wir auf unsere Kindheit zurückblicken: dass es sein kann, dass wir zwar viel Gutes mitbekommen haben, anderes aber Wunden hinterlassen hat, deren Folgen sich noch heute in unserem Leben bemerkbar machen.

So ist beispielsweise bei vielen Menschen die Angst vor Beziehungsabbruch oder Liebesentzug die eigentliche Ursache, wenn Neinsagen schwerfällt: Mag uns die andere Person dann noch, oder ist sie uns böse und will nichts mehr von uns wissen? Meine Freundin Katja erzählt dazu:

»Als freiberufliche Journalistin hatte ich von einer Bekannten in einer Agentur das Angebot bekommen, ein längerfristiges Projekt zu übernehmen. Eigentlich hatte ich auf das Projektthema keine Lust, aber meine Sicherheitsbeauftragten [also die Teile in Katja, die für materielle Sicherheit sorgen wollen] erlaubten mir nicht so einfach abzusagen. Immer wieder zögerte ich die Entscheidung hinaus. Irgendwann merkte ich, dass ich eigentlich auch Angst hatte, dass die Bekannte sauer auf mich sein könnte, wenn ich ihr großzügiges Angebot ablehne. Obwohl ich immer wieder dazu ansetzte, ihr zu sagen, dass das Projekt nicht das Richtige für mich war, konnte ich mich nicht dazu durchringen.

Aus der Rückschau ist mir klar, dass das Bauchgrummeln und das ganze Zögern auch von einem kleinen Mädchen in mir kamen. Es hatte Angst, die Bekannte wäre so böse auf mich, wie meine Mutter oft böse auf mich war, wenn ich etwas ›angestellt‹ hatte. Letztlich war die Agenturchefin dann wirklich angefressen – aber nicht, weil ich abgesagt habe, sondern weil ich die Antwort so lange hinausgezögert habe und sie das Projekt längst an jemand anderen hätte vergeben können.«

Sowohl an Katjas Beispiel wie an dem von Deniz sieht man gut, dass unsere Teile ironischerweise oft genau das heraufbeschwören, was sie mit ihrem Verhalten verhindern wollen. Wenn wir anfangen, unsere WG-Bewohner kennenzulernen und die Zusammenhänge zu durchschauen, öffnet sich die Tür zu Veränderung. Sobald wir uns selbst mit mehr Zuneigung und Wohlwollen begegnen, werden wir unabhängiger von den Mustern unserer Kindheit und davon, ob die Menschen um uns herum zu jedem Zeitpunkt mit uns einverstanden sind.

Kann man sich selbst lieben?

Der Schauspieler Lars Eidinger sagte in einem Interview: »Man kann sich selbst nicht lieben, zumindest findet man darin keine Erfüllung, weil man von sich selbst nicht zurückgeliebt werden kann.«[70] Das entspricht absolut nicht meiner Erfahrung.

Die Sichtweise auf die Psyche als etwas aus verschiedenen Teilen Zusammengesetztes ermöglicht nämlich etwas ganz Besonderes: Wir können uns selbst gegenüber Wertschätzung, Dankbarkeit, Respekt, Mitgefühl und auch tiefe Liebe empfinden, ohne dass sich das in irgendeiner Weise gekünstelt, eingebildet oder selbstverliebt anfühlen würde. Aus dem Selbst heraus spüren wir, dass es schützende Anteile in uns gibt, die unsere Anerkennung, Zuneigung und Wohlwollen zutiefst verdienen. Wir können die jungen, verletzlichen Teile in uns wie die unschuldigen Kinder lieben, die wir früher waren. Und diese kindlichen Teile in uns können uns mit ihrer offenen, kindlichen Liebe entgegenkommen. Wer das noch nicht selbst erlebt hat, vermag sich das womöglich schwer vorzustellen, doch diese Art der inneren Begegnung fühlt sich so natürlich, aufrichtig und beglückend an, wie in die Augen einer Person zu blicken, die wir wirklich lieben, und diese Liebe fließen zu lassen. Es ist wie ein inneres Nach-Hause-Kommen.

Von innerer Belastung zu Entlastung

Die folgende Übersicht stellt dar, wie sich ein belastetes beziehungsweise schon stärker entlastetes inneres System eines Menschen zeigen kann.

Komponenten des menschlichen »Ökosystems«	WG ist eher belastet, Teile leben in Widerstreit, Vorgänge sind oft unbewusst
Selbst	Da die eigentliche Essenz der Person oft von den Teilen überlagert wird, ist Selbst-Führung aus den Qualitäten wie Ruhe, Gelassenheit, Zuversicht, Mitgefühl, Mut und Verbundenheit eher weniger möglich. Die »leise innere Stimme« wird oft nicht gehört.
Vorausschauende Schützer/ Manager	Beschützen das System. Fokus liegt v. a. auf Funktionieren im Alltag. Aufmerksamkeit ist oft auf die Zukunft gerichtet: »Wie müssen wir sein, was müssen wir verhindern, damit nichts Schlimmes passiert?« Verletzliche Teile sollen möglichst eingedämmt, beschützt oder aus dem Bewusstsein ferngehalten werden.
Reaktive Schützer/ Feuerbekämpfer	Beschützen das System v. a. in gefühlten Notsituationen. Nutzen mehr oder minder extreme Methoden, um den Schmerz der verletzlichen Teile einzudämmen, davon abzulenken oder ihn zu betäuben. Handeln ohne langfristige Perspektive und oft in heftigem Widerstreit mit den vorausschauenden Managern oder der Außenwelt.
Verletzliche/ empfindsame Teile	Oft aus dem Bewusstsein ferngehalten (»verbannt«). Tragen oft Scham, Schmerz und andere leidvolle Gefühle, die ihre ursprünglichen Qualitäten überlagern. Werden in Krisenzeiten oder wenn die Methoden der Schützer nicht (mehr) wirken, spürbarer in ihrer Verzweiflung, endlich Hilfe zu finden, überschwemmen dann manchmal das System. Häufig kindlich/jugendlich.

WG ist eher integriert, es gibt mehr Zusammenspiel und Bewusstheit	Grundlegende Aspekte
Selbst-Energie ist stärker verkörpert, das Selbst führt das ganze System öfter im Sinne eines weisen Anführers. Es hat die Bedürfnisse aller Teile im Blick und hilft, dass sie ihre Fähigkeiten und Qualitäten je nach Situation angemessen einsetzen können.	Je mehr Wertschätzung und Respekt alle WG-Mitglieder erfahren, desto mehr Vertrauen in die Führung durch das Selbst entsteht. Die Teile können ihre bevorzugten Rollen einnehmen bzw. ihre eigentlichen Fähigkeiten einbringen.
Sind von ihren extremen Verhaltensweisen entlastet, da die verletzlichen Anteile Unterstützung und Trost vom Selbst erfahren. Können ihre Kompetenzen für die Gesamtpersönlichkeit einsetzen. Sie vertrauen der Selbst-Führung und können die Bedürfnisse und Perspektiven anderer Teile gelten lassen.	Wenn die Person nicht länger ständig von ihren Teilen »gekapert« wird, sondern die WG unter Führung des Selbst zusammen an einem Strang zieht und weniger gegeneinander oder gegen Personen im Außen arbeiten muss, wird Lebenskraft frei, die zuvor in inneren und äußeren Konflikten gebunden war.
Durch das vermehrte Heilwerden verletzter Teile können sie extreme Verhaltensweisen ablegen und sich stattdessen melden, wenn sie Ungleichgewicht oder drohende Erschöpfung wahrnehmen. Nutzen angemessene Maßnahmen zur Entlastung und Beruhigung. Bringen Leidenschaft, Mut, Gerechtigkeitssinn, Risikobereitschaft und Vitalität in die innere WG.	Wenn alte emotionale Lasten ins Bewusstsein treten und Heilung finden, lösen sich auch überkommene Glaubenssätze und verzerrte Vorstellungen der eigenen Person. Durch eine Verminderung innerer Konflikte entstehen oft mehr Bereitschaft und Energie, die eigenen Gaben und Stärken anzuerkennen und sie zum eigenen und dem Wohlergehen anderer einzusetzen.
Sobald sie mehr von ihren Lasten ablegen können, bereichern sie mit ihren eigentlichen Qualitäten wie Unschuld, Offenheit, Verspieltheit oder Kreativität das gesamte System. Ermöglichen so auch Nähe zu anderen Menschen. Wenn sie in Bedrängnis geraten, wenden sie sich direkt ans Selbst, weil sie darauf vertrauen, dass sie Hilfe und Unterstützung finden.	Je mehr ein System entlastet wird, desto deutlicher treten Selbstakzeptanz, Selbstmitgefühl und Selbstliebe zum Vorschein, da sie zu den natürlichen Haltungen des Selbst den Anteilen gegenüber gehören. Das Selbst wird zu einer guten und verlässlichen Bindungsinstanz für alle Teile.

Q & A – Fragen und Antworten

Ist es nicht ein totales Klischee, dass unsere Eltern Quelle all unserer Probleme sind?

Ob wir wollen oder nicht: Unsere Kindheit prägt uns zutiefst, besonders die ersten acht Jahre. Oder wie Luise Reddemann, die Grande Dame der deutschen Psychotherapie, es lakonisch ausdrückt: »Kindheit hat ja bekanntlich Folgen.«[71] Das heißt nicht, dass unsere Eltern schuld wären an dem, was in unserem Leben als Erwachsene schiefläuft. Erstens besteht unsere Kindheit nicht nur aus unseren Eltern. Die anderen Menschen in unserem Umfeld, soziale, kulturelle, gesundheitliche, sogar klimatische Bedingungen haben Einfluss darauf, wie wir uns entwickeln. Anzuerkennen, wie uns etwas prägt, ist nicht gleichbedeutend damit, Schuldzuweisungen auszusprechen. Zudem sind alle Eltern ja wiederum geprägt von ihren eigenen frühen Erfahrungen, an denen sie ebenfalls nicht schuld sind. Sie sind auch Opfer ihrer eigenen Erziehung. Es ist schwer, etwas Positives weiterzugeben, was man selbst nicht bekommen hat.

Für die Entwicklung der eigenen Persönlichkeit ist es wichtig, zu einem realistischen Bild unserer Kindheit und unserer Eltern zu finden und sie mit ihren Stärken und Schwächen zu sehen – mit dem, was sie uns geschenkt, und den Fehlern, die sie gemacht haben. Wenn wir die Prägungen und Verwundungen erkennen, die wir aus der Kindheit mitgenommen haben, können wir Selbstverantwortung übernehmen und Schritte zu Veränderung gehen. Das, was wir nicht sehen wollen (oder nicht sehen können) und somit nicht als existent anerkennen, das können wir auch nicht ändern. In der Folge geben wir es oft ungewollt an die nächste Generation weiter.

Die Vorstellung, mir therapeutische Begleitung zu suchen, ist mir einfach peinlich. Man sollte doch als Erwachsener mit sich selbst klarkommen.
Wenn wir als Kinder oder Jugendliche gelernt hätten, wie man auf gute Weise mit Gefühlen und Bedürfnissen umgeht, würde das vielleicht stimmen. Aber wer hat uns das beigebracht oder war dafür ein Vorbild? Wenn wir Autofahren lernen wollen, gehen wir in die Fahrschule. Wenn wir Tennis spielen wollen, machen wir einen Kurs oder nehmen eine Trainerstunde, um unsere Technik zu verbessern. In schwierigen Lebensphasen oder wenn wir uns wohler mit uns selbst fühlen möchten, ist es nicht nur ein Zeichen von Selbstverantwortung und Selbstfürsorge, uns dafür Unterstützung zu holen, sondern einfach klug. Kurse beispielsweise für Achtsamkeit oder andere Gruppen, wo es um Selbsterfahrung oder innere Entwicklung geht, können Türen öffnen, von denen wir überhaupt nicht wussten, dass sie uns bislang verschlossen waren. In einer Einzelarbeit mit einem Therapeuten können Sie eigene Themen noch spezifischer beleuchten und beispielsweise in einer IFS-Arbeit verletzte Teile von ihren Lasten befreien. (Und wenn Ihnen das Wort Therapeut unangenehm ist, dann suchen Sie sich eben einen emotionalen Coach.)

Ich weiß nicht, wie ich mit meinen »Teilen« sprechen soll – das alles fühlt sich einfach komplett an »wie ich«.
Manche Teile sind es sehr gewohnt, mit »ihrer« Person verschmolzen zu sein. Sie haben den zentralen Platz am Sitz des Bewusstseins oft inne, und wir kennen die Welt vor allem aus ihrer Perspektive. Daher halten wir uns für sie beziehungsweise sie halten sich für uns.

Im Buch *Die Intelligenz der Psyche* schreibt Teile-Therapeut Artho Wittemann: »Wenn wir etwas nicht sehen können, dann ist es entweder zu weit weg oder es ist zu nahe.«[72] Wenn etwas ganz nah bei uns ist, fällt es schwer, es bewusst zu bemerken. So können wir zwar unsere Hände sehen, aber eben nicht unsere Wangen oder Stirn – sie liegen einfach zu dicht an unseren Augen. Ebenso kann es gerade auch mit den Teilen passieren, die eigentlich eine sehr große Rolle in uns spielen, aber im Phänomen der Blindheit gegenüber dem Naheliegenden verborgen bleiben, wie Wittemann es ausdrückt. Um sie kennenlernen zu können, müssen wir zumindest ein kleines Stückchen Abstand schaffen – sodass wenigstens ein Blatt Papier zwischen uns und sie passt.

Was Sie im Kern sind, ist Selbst-Energie. Gefühle, Verhaltensweisen, Gedanken, die damit nicht in Einklang stehen, stammen sicherlich von inneren Anteilen, auch wenn diese absolut überzeugt sind, sie wären keine. Solange sie nicht fürchten müssen, dass wir sie loswerden oder sie von ihrer wichtigen Arbeit abhalten wollen, möchten sie meiner Erfahrung nach aber auch gern gesehen und verstanden werden. Versuchen Sie es mit folgenden Ansätzen:

- Beginnen Sie mit einer Hypothese: Einfach einmal angenommen, dieses Gefühl, dieses Verhalten käme doch von einem WG-Bewohner. Es könnte doch spannend sein, den einmal kennenzulernen.
- Suchen Sie sich als Nächstes ein Symbol für diesen Persönlichkeitsanteil und legen Sie den Gegenstand vor sich hin. Das kann etwas ganz Einfaches wie ein Stein sein oder auch etwas Symbolhaftes, das mit den entsprechenden Gefühlen oder Verhaltensweisen zu tun hat. Sie könnten zum Beispiel ein trauriges Gesicht auf ein Stück Papier malen für das, was sich in Ihnen so oft depressiv fühlt, oder eine Bürste nehmen für das, was sich so kratzbürstig anfühlt etc. Nun haben Sie ein Gegenüber, das Sie ansprechen können.

- Finden Sie einen Namen für den Anteil (zum Beispiel analytischer Teil, Skeptiker, Mutlosigkeit …), schreiben Sie ihn auf ein Stück Papier und legen Sie ihn vor sich hin. Wie fühlt es sich an, wenn Sie anerkennen: Das ist ein Teil von mir, aber nicht alles, was ich bin?
- Versichern Sie dem Anteil, dass es nicht darum geht, dass er verschwinden oder arbeitslos werden soll. Sagen Sie ihm, dass er ein wichtiger Teil in Ihnen ist (das ist er ganz offensichtlich, sonst würde er innerlich nicht so viel Raum einnehmen, und dafür gibt es zweifellos einen guten Grund) und dass Sie ihn deswegen gern kennenlernen wollen. Versuchen Sie dann, im Gespräch mit ihm herauszufinden, wozu er beitragen will oder warum es so wichtig ist, dass er tut, was er tut.

Das folgende Kapitel zeigt, wie sich Teile aufgrund von traumatisierenden Umständen entwickeln und was ein Trauma eigentlich ist. Selbst wenn Sie davon ausgehen, dass Sie kein eigenes Thema damit haben, möchte ich Ihnen ans Herz legen, sich damit zu befassen. Trauma ist häufiger, als man denkt. Daher ist erstens die Wahrscheinlichkeit hoch, dass jemand in Ihrem Umfeld damit zu tun hat oder zu einem späteren Zeitpunkt haben wird. Und es könnte sein, dass Sie Ihre eigene Lebensgeschichte oder bestimmte innere Mechanismen noch einmal neu betrachten, wenn Sie aus einem traumasensiblen Blickwinkel darauf schauen.

Zusammenfassung Kapitel 5

- Persönlichkeitsanteile wie etwa der innere Kritiker können sich von Widersachern zu Verbündeten wandeln, wenn wir anfangen zu verstehen, wie und warum sie uns zu helfen versuchen.
- Wir können uns zu einer weisen inneren Führungskraft entwickeln und lernen, unsere WG wie eine gute Chefin, wie ein guter Chef zu führen. Wir laufen dann auch nicht mehr so stark Gefahr, auf jeden Reiz von außen zu reagieren beziehungsweise können uns selbst in kluger und liebevoller Weise um unsere Anteile kümmern, wenn sie von außen getriggert werden.
- Gesunde Wut stellt uns Energie für den Selbstschutz und zur Wahrung unserer Grenzen zur Verfügung. Es ist wichtig, Wege zu lernen, sie so auszudrücken, dass sie uns und anderen keinen Schaden zufügt.
- Tragischerweise führt das Verhalten unserer Teile oft dazu, dass genau das eintritt, was sie verhindern wollen.
- Wenn wir mehr darüber verstehen, warum sich unsere Mitbewohner so entwickelt haben, und sie wirklich kennenlernen, werden Selbstakzeptanz, Selbstmitgefühl und Selbstliebe möglich.

KAPITEL 6

Innere Anteile im Trauma

Stecken geblieben, nicht zerbrochen

»Trauma ist nicht das, was Ihnen passiert ist.
Trauma ist das, was aufgrund dessen,
was Ihnen passiert ist, in Ihnen passiert.«
GABOR MATÉ[73]

Das Wort Trauma hört man heutzutage oft, es wird allerdings häufig missverstanden. Einerseits wird es inflationär gebraucht und fälschlicherweise verwendet für alle möglichen Erfahrungen, die als belastend wahrgenommen werden (bis hin dazu, dass die Medien ein verlorenes Fußball-Endspiel als traumatisch bezeichnen). Andererseits herrscht die Fehlannahme, dass ein Trauma immer mit einer Extremerfahrung einhergehen müsse. Das führt dazu, dass viele Menschen, die tatsächlich unter Traumafolgen leiden, das nicht erkennen oder sich nicht zugestehen und keine Hilfe in Anspruch nehmen, weil das, was sie erlebt haben, nicht in die typische Kategorie einer massiven Gewalt- oder Schreckenserfahrung fällt.

Obwohl so viele der Symptome für diejenigen von uns, die an Traumafolgen leiden, verstörend und belastend sind, sind sie aus einer neurobiologisch orientierten Teile-Perspektive nachvollziehbare, einleuchtende Lösungsversuche von Körper und Psyche. Anders ausgedrückt:

Ein Trauma ist eine normale Reaktion auf eine abnorme Situation.

Von diesem Verständnisrahmen her gesehen können wir leichter begreifen, was in uns vorgeht, es einordnen und positive Veränderungen und Heilungsschritte einleiten.[74]

Prävention und Heilung brauchen ein Verstehen der Zusammenhänge

Einiges in diesem Kapitel mag vielleicht erst einmal komplex oder »schwerer« klingen als andere Teile des Buches. Bitte lassen Sie sich dadurch nicht vom Lesen abhalten. In meinen Augen ist die Aufklärung über das Thema Trauma eine gesamtgesellschaftliche Aufgabe und wichtig für alle von uns. Schätzungen gehen davon aus, dass siebzig bis neunzig Prozent von uns mindestens einmal in ihrem Leben Erfahrungen machen werden, die potenziell traumatisierend sind[75] – also so gut wie jeder von uns! Jedoch muss nicht aus jeder traumatischen Erfahrung eine anhaltende Problematik wie etwa ein posttraumatisches Belastungssyndrom, kurz PTBS, entstehen. Ein Grundverständnis der Risikofaktoren sowie der körperlich-seelischen Abläufe kombiniert mit Wissen über sinnvolle Umgangsweisen können bei der Prävention helfen und dazu beitragen, dass aus *potenziell* traumatisierenden Erfahrungen kein Trauma wird. Mehr Verständnis und Wissen über Traumata unterstützen uns im Umgang mit uns selbst und im Zusammenleben mit anderen Menschen, von denen weit mehr mit den Folgen eines Traumas leben, als uns in der Regel bewusst ist. Der Psychiater und weltweit renommierte Traumaforscher Bessel van der Kolk spricht in diesem Zusammenhang von einer verborgenen Epidemie.[76]

Eine Traumatisierung tritt zudem selten allein für sich auf. Je weiter das wissenschaftliche Verständnis über Trauma voranschreitet, desto sichtbarer wird, wie viele körperliche Erkrankungen und seelische Probleme vermutlich unmittelbar oder mittelbar Traumafolgeerscheinungen sind.[77] Das Risiko, dass wir im Verlaufe des Lebens chronische Krankheiten, Schmerz- oder Autoimmunerkrankungen (etwa Fibromyalgie oder Reizdarmsyndrom) entwickeln, ist erhöht, ebenso die Wahrscheinlichkeit, Opfer von Gewalt oder aber selbst gewalttätig zu werden. Auch Beziehungsschwierigkeiten, Suchtverhalten oder Suizidalität entwickeln sich häufig im Nachgang. Ebenso stehen Depressionen, Angststörungen, Zwänge, Essstörungen oder Borderline-Symptomatiken häufig (wenn auch nicht immer!) in Zusammenhang mit Traumaerleben beziehungsweise können sich in der Folge entwickeln. Und: Traumata können von Generation zu Generation weitergegeben werden und damit immer wieder von Neuem Menschen belasten.

Ich möchte daher in diesem Kapitel eine kurze Übersicht geben über potenziell traumatisierende Erfahrungen und Risikofaktoren und Ihnen dann möglichst leicht verständlich vermitteln, was bei einem Trauma im menschlichen Gehirn und Körper sowie in Hinblick auf unsere inneren Anteile passiert – und was uns helfen kann, uns aus den Folgen eines Traumas herauszubewegen. Wenn wir mit den lähmenden Auswirkungen eines Traumas leben, sind wir nicht etwa zerbrochen oder kaputt, sondern wir stecken fest: auf körperlicher Ebene in einer unterbrochenen Verteidigungsreaktion und auf Teile-Ebene in einer verzweifelten Suche von verletzten und schützenden Teilen nach einem Ausweg.

Was bei einem Trauma passiert und was davor schützt

Traumatisch wirkt, um die Psychotherapeutin Dagmar Kumbier zu zitieren, »alles, was die Bewältigungsmöglichkeiten eines Menschen zu einem bestimmten Zeitpunkt gravierend überschreitet und ihn ohne Schutz, Trost und Unterstützung durch andere Menschen einem unerträglichen Ausmaß an Angst, Schmerz und Ohnmacht aussetzt«.[78] Es sind also nicht ganz bestimmte Erlebnisse, die automatisch zu einem Trauma führen, sondern die Gefahr einer traumatisierenden Wirkung steigt,

- je jünger die Person ist,
- je weniger ausgereift ihr Nervensystem ist (es braucht ein gut reguliertes Nervensystem, um nach schlimmen Erfahrungen wieder ein Gefühl von Sicherheit empfinden zu können),
- je enger das Trauma mit Vertrauenspersonen verknüpft ist,
- je direkter der Körper angegriffen oder in seiner Integrität verletzt wird,
- je mehr Vorbelastungen bestehen beziehungsweise je weniger emotionale Ressourcen die Person zur Verfügung hat,
- je weniger Mitgefühl und Unterstützung die Person erfährt und je länger sie mit der Erfahrung allein ist,
- je mehr/je länger seelische Verletzungen aufeinanderfolgen.

Schocktrauma und Entwicklungstrauma

Traumata durch Extremerfahrungen standen lange im Fokus und sind relativ gut erforscht. Auch die meisten therapeutischen Ansätze sind bisher auf solche sogenannte Schocktraumata abgestimmt, die zum Beispiel aus folgenden Erfahrungen entstehen können:

- Vergewaltigung, sexueller Missbrauch
- Erleben von körperlicher Gewalt, Folter
- Kampfeinsatz, Erfahrungen während Krieg, Flucht oder Vertreibung
- Geiselnahme, Entführung, Terroranschläge
- Naturkatastrophen
- schwere Unfälle

Lange nicht so bekannt ist, dass auch weniger dramatisch erscheinende Erfahrungen genauso schwerwiegende Folgen haben können, mitunter noch schwerere. Ein sogenanntes Entwicklungstrauma wird unter anderem durch mangelnde Bindung und Fürsorge in der Kindheit oder anhaltende Erfahrungen von toxischem Stress ausgelöst. Scheinbar banale Dinge, wie fehlende körperliche Zuwendung oder empathische Einfühlung in den ersten Lebensjahren, als Baby zu früh allein schlafen zu müssen oder Eltern, die aufgrund eigener Erfahrungen kaum in der Lage zu echtem Kontakt sind, können sich traumatisierend auswirken.

Ein Entwicklungstrauma entsteht vor allem, wenn grundlegende Bedürfnisse unbeantwortet bleiben oder unser emotionaler Schmerz kein Gegenüber findet, das uns unterstützt, ihn zu verarbeiten. Der Psychoanalytiker Robert Stolorow beschreibt: »Schmerzhafte oder beängstigende Emotionen werden traumatisch, wenn die Einfühlung, die das Kind braucht, um sie zu tolerieren und zu integrieren, zutiefst fehlt.«[79] Ein Entwicklungstrauma formt sich besonders in einem Umfeld, das keinen verständnisvollen Raum bietet, in dem schwerer emotionaler Schmerz gehalten werden kann. Ein solcher haltender Raum entsteht, wenn jemand unsere Not sieht, statt darüber hinwegzugehen, sie kleinzureden, uns für unsere Erfahrung zu kritisieren, uns die Schuld daran zu geben oder uns davon abzulenken. Letzteres geschieht, wenn die andere Person beispielsweise nicht aushalten kann, dass wir weinen. Statt zu versuchen, den Schmerz möglichst schnell »wegzumachen«, ist es also wichtig, dass unser Gegenüber bereit ist, dazubleiben, anzuerkennen, dass wir fühlen, was wir fühlen, und diese Erfahrung mitfühlend mit uns zu teilen, ohne davon überwältigt zu sein. Anders ausgedrückt: Die Person ist in der Lage, aus ihren Selbst-Qualitäten für uns da zu sein. Eva Orinsky bringt es auf den Punkt: »Ein Mensch kann sehr viel unbeschadet aushalten, wenn er nur einen anderen Menschen hat, der seine Not sieht, der mit ihm fühlt, ihn tröstet und ihm beisteht.«[80]

Der grundlegende emotionale Schmerz in den ersten drei Lebensjahren, der vermutlich vielen unserer Schwierigkeiten als Erwachsene zugrunde liegt, ist jedoch schlicht, dass wir oft nicht die körperliche und emotionale Zuwendung bekommen haben, die ein Baby braucht, um sich gesund zu entwickeln. Lange propagierte Erziehungsmethoden wie Babys schreien zu lassen, damit sie lernen, allein einzuschlafen, oder sich nicht zu »kleinen Tyrannen« entwickeln[81], tragen dazu bei, ebenso wie elterlicher Zeitnotstand. Umstände, die uns mittlerweile vielleicht normal erscheinen, haben damit zu tun, etwa wenn Kleinkinder vor dem Fernseher »geparkt« werden oder Versuche von Babys zur Kontaktaufnahme ins Leere laufen, wenn Eltern mit ihrem Handy beschäftigt sind. Natürlich lösen gelegentliche Erfahrungen dieser Art noch lange kein Trauma aus, doch sie können den Nährboden bilden, wenn sich darin ein anhaltendes Muster fehlender Bindung widerspiegelt.

Neben mangelnder Einfühlung und Resonanz sind weitere mögliche Auslöser für Entwicklungstraumata:

- Geburtstraumata oder vorgeburtliche Traumatisierungen (beispielsweise durch einen überlebten Abtreibungsversuch, durch von der Mutter während der Schwangerschaft erlebten Stress oder aufgrund von Ablehnung durch die Mutter),

- früh vernachlässigte Grundbedürfnisse,
- wiederholte Beziehungsverletzungen, Bindungsstörungen oder -unterbrechungen, etwa durch Krankenhausaufenthalte oder sehr frühe, sehr lange, wenig fürsorgliche Fremdbetreuung,
- Tod eines Elternteils während der Kindheit,
- depressiv erkrankte oder selbst traumatisierte Eltern,
- Trennung der Eltern,
- körperliche oder emotionale Vernachlässigung, emotionale Gewalt,
- anhaltende Abwertung, Demütigung oder Erniedrigung, wie sie u.a. bei Mobbing, in narzisstischen Beziehungen, aber auch im Kontext von Rassismus, Armut, in totalitären Regimes oder anderer Marginalisierung geschieht.
- Und auch kleinere Unfälle, medizinische Eingriffe, Operationen oder eine lebensbedrohliche Diagnose können (sowohl Kinder wie Erwachsene) traumatisieren.

Häufig entsteht auch eine Kombination aus Entwicklungs- und Schocktrauma, beispielsweise wenn Kinder in der Familie über Jahre Gewalt oder sexuellen Missbrauch erleben. Zudem erhöht ein Entwicklungstrauma die Wahrscheinlichkeit, später Opfer von Gewalt zu werden oder uns auf ungute Beziehungen einzulassen, in denen wir wieder etwas Traumatisches erleben.

Auch das (wiederholte) Miterleben schrecklicher Erfahrungen bei anderen kann traumatisierend wirken, etwa für Menschen, die im Katastrophenschutz, bei Polizei, Feuerwehr oder psychotherapeutisch arbeiten oder die Zeugen von Unfällen oder Gewalthandlungen werden. Und schließlich werden häufig transgenerationale Traumata wie etwa Erfahrungen von Krieg, Flucht oder Suizid von Eltern auf Kinder oder die Enkel weitergegeben.[82]

Die Wahrscheinlichkeit, dass Eltern, die unter den Auswirkungen eigener traumatischer Erfahrungen leiden, sich ungewollt belastend verhalten, ist enorm groß. Je mehr wir alle über solche Zusammenhänge wissen, desto besser können wir daran mitwirken, dass nicht immer neue Trauma-Kreisläufe entstehen. Unterstützung für Kinder und Familien, Aufklärung, Prävention und traumasensible Interventionen des direkten Umfelds sowie der Fachwelt müssen zusammenwirken, um die bedrückende Anzahl von belastenden Kindheitserfahrungen und Traumarisiken zu verringern.[83]

Welche Folgen hat ein Trauma?

Nach einem einzelnen Schreckensereignis ist es mit der richtigen Unterstützung leichter möglich, zu einem Lebensgefühl zurückzufinden, das dem ähnelt, wie wir es zuvor kannten. Bei einem Entwicklungstrauma gibt es häufig kein »Davor«, sodass unser gesamtes Gefühl für uns selbst, unseren Körper und die Welt nachhaltig beeinflusst ist. Dieses Leid ist häufig deshalb zusätzlich belastend, weil wir uns selbst nicht erklären können, was in uns vorgeht. Oft sind wir uns nicht bewusst, dass wir etwas Traumatisches erlebt haben, und vermutlich auch nicht, dass es überhaupt ein anderes Lebensgefühl geben könnte. Doch auch in diesen Fällen ist es möglich, einen Weg zu mehr Wohlbefinden und Heilung zu gehen, wie im Verlauf des Kapitels noch sichtbar werden wird.

Nachfolgend ein kurzer Überblick über mögliche Auswirkungen von sowohl Entwicklungs- wie Schocktraumata. Diese treten manchmal zeitversetzt auf, mitunter erst Jahre nach den auslösenden Umständen.

- Anhaltende Dysregulation im Nervensystem: Übererregbarkeit, Zustände von hoher Anspannung und/oder Taubheit, Gefühllosigkeit, Teilnahmslosigkeit (häufig im Wechsel); verminderte Stressresistenz, das Nervensystem wird durch eingehende Reize schneller überfordert;
- eingeschränkte Selbstregulationsfähigkeit (sich selbst schwer beruhigen oder mit eigenen Gefühlen umgehen können);
- unterschiedlichste Formen von Suchtverhalten oder anderen Strategien als Versuch der Regulation, also als Ausweg aus überwältigenden inneren Zuständen;
- negatives Selbstbild sowie überflutende Gefühle wie Wertlosigkeit oder Scham; starke Reizbarkeit, Wut oder Schreckhaftigkeit; Angst bis zu Panikzuständen;
- sich sehr schnell angegriffen oder bedroht fühlen;
- sich abgeschnitten fühlen von sich selbst und dem eigenen Körper, dadurch wenig Wahrnehmung für die eigenen Bedürfnisse und Grenzen;
- Zustände von Dissoziation, sich fühlen, als würde man alles durch Watte wahrnehmen, abtauchen in Zustände, bei denen man die Welt und den eigenen Körper nicht mehr spüren muss;
- Verlust von Vertrauen in sich, andere Menschen und die Welt als sicheren Ort;
- Schwierigkeiten, sich auf nahe Verbindungen einzulassen oder sich in Beziehungen wohlzufühlen, sich von anderen abgeschnitten oder »wie ein Alien« fühlen;
- Depressivität, Erschöpfung, Erleben von Sinnlosigkeit;
- Schlaflosigkeit; Konzentrationsschwierigkeiten;
- Flashbacks (Nachhallerinnerungen, v. a. bei Schocktrauma).

Neben all diesen möglichen Symptomen beeinträchtigt traumatischer Stress zudem die Erinnerungsfunktionen, sodass das Erlebte oft nicht in einer chronologisch und begrifflich nachvollziehbaren Weise im Gedächtnis »abgelegt« und von dort abgerufen werden kann. Abgesehen davon sind uns Erfahrungen unserer ersten zwei Lebensjahre grundsätzlich nicht über kognitive Erinnerung zugänglich, da sich das biografische Gedächtnis erst danach ausbildet. Stattdessen tauchen bruchstückhafte Bilder, Erinnerungsfetzen, Körperempfindungen oder Gefühle auf, die sich dann nicht zuordnen oder zu einer kohärenten Geschichte von dem, was passiert ist, zusammenfügen lassen.

Fallbeispiel: Ich hab nie verstanden, was mit mir los ist

Wie das Entdecken und Heilen eines Entwicklungstraumas manchmal einen jahrelangen Forschungsprozess erfordern kann und welche verändernden Kräfte durch eine liebevolle Begleitung in der Teile-Arbeit frei werden können, beschreibt die IFS-Klientin Sophie so:

»Als ich mit Anfang vierzig, nach jahrelanger Therapie und Selbsterfahrung, den Rückseitentext eines Buches über Entwicklungstrauma las, traf es mich wie ein Blitz: ›Das ist es also, was mir geschehen ist!‹ Diesen Moment werde ich nie vergessen. Denn schon seit meinem 18. Geburtstag war ich auf der Suche nach dem Grund für dieses eigenartige Gefühl, dass ganz tief drin etwas mit mir nicht stimmt, ich aber keine Ahnung habe, was. Und auch nach dem Grund dafür, dass ich trotzdem im Leben sehr wohl erfolgreich war.

Zu dieser Zeit hatte ich einen guten Job, der mir Spaß machte, war verheiratet, hatte zwei Kinder und einen großen Freundeskreis – aber immer wieder gab es Phasen, in denen ich depressiv gestimmt war, mir nichts Freude machte, wo ich mich wie abgestorben fühlte und mich für mich selber schämte. Einer meiner Therapeuten hatte mich schon Jahre vorher darauf aufmerksam gemacht, dass ich emotional völlig ›flach‹ sei. Keine große Trauer, keine Wut, keine Angst ... aber auch keine Vorfreude, keine Begeisterung, kein Verliebtsein. Immer hatte ich nur mit dem bewussten Denken analysiert: Also, mir geschieht gerade dieses und jenes, das ist eine erfreuliche Erfahrung, also freue ich mich wohl ... Ich möchte meinem Freund nahe sein und meinen Kopf an seine Schulter lehnen, also liebe ich ihn wohl. Oder? ...

Wenn kein Kribbeln im Bauch, kein Herzklopfen, kein heißes Wüten im Magen, keine ängstliche Gänsehaut als Wegweiser zur Verfügung stehen, um durchs Leben zu navigieren, wird alles ganz schön anstrengend. Ich war beliebt und erfolgreich, hatte mich aber erst mit dreißig zum ersten Mal ein bisschen verliebt. In Konflikten war ich unheimlich diplomatisch – aber zu sagen: ›Mir reicht's!‹ und den Raum zu verlassen, war undenkbar. Lange Zeit träumte ich davon, einfach mal impulsiv eine Kaffeetasse an die Wand zu donnern. Aber ich blieb vernünftig, stabil, und die innere Leere zog mich immer wieder in ein fahlgraues Halbdunkel.

Die heruntergeregelten Gefühle waren natürlich noch in mir vorhanden. Aber sie zeigten sich ganz anders: als Kopfschmerzen, Atemblockaden im Zwerchfell, als Magenschleimhautentzündungen, Allergien ... Irgendeine kleine Beschwerde hatte ich immer. Mein Körper musste unheimlich viel Energie aufwenden, um die natürlichen Gefühlsempfindungen herunterzudimmen, sodass sie mich nicht überforderten. Und wie war das also geschehen, dass mein Organismus so ein radikales Herunterregeln nötig fand, dass ich bis dahin nie die Chance hatte zu erfahren, wie sich Schmetterlinge im Bauch anfühlen?

In meiner Herkunftsfamilie – das habe ich in all den Jahren Selbsterforschung und in vielen Gesprächen mit meinen Eltern und Geschwistern herausgefunden – war es gefährlich gewesen, Gefühle zu haben. Sowohl meine Mutter wie mein Vater waren von ihren kriegstraumatisierten Vätern regelmäßig verprügelt worden. Und um das nicht an ihre Kinder weiterzugeben, entschieden sich meine Eltern, ob bewusst oder unbewusst, dass Zorn in unserer Familie keinen Platz haben darf. Kam es doch einmal zum Streit, hing ganz viel Angst in der Luft, dass nun Beziehungen zerbrechen könnten. Angst jedoch gab es in der Kindheit meiner Eltern so viel und so existenziell, dass dieses Gefühl in ihrem heilen Erwachsenenleben nicht vorkommen durfte. Hatte ich Schmerzen, ob seelisch oder körperlich, war ich damit konfrontiert, dass meine Mutter vor lauter Mitleiden fast stärker litt als ich selbst. So hörte ich schnell auf, Schmerz zu zeigen – oder ihn überhaupt zu spüren. Für meinen Vater waren Humor und Ironie zu einem wichtigen Ausweg aus seinem eigenen Trauma geworden. Heute bin ich sehr dankbar für unsere gemeinsamen Familienwitze – für die vierjährige Sophie gab es jedoch die ständige Angst, beim Zeigen von Gefühlen von einem scharfen Geschoss getroffen zu werden und sich ausgelacht und abgelehnt zu fühlen.

All dies war eine Mischung, von der ich mich heute erinnere, dass sie mich ›entscheiden‹ ließ, nichts mehr zu fühlen. Denn niemand stand mir bei, um große Emotionen auszuhalten. Und alleine, ohne Trost und einfühlsames Gegenüber, war ich von ihrer Wucht völlig überfordert. Eine innere Schützerin entstand, und es folgten viele andere, die dafür sorgten, dass Gefühle ganz konkret körperlich nicht spürbar wurden.

So wuchs mir im Lauf der Zeit ein Panzer, der mich wirksam schützte. Bis in meinen IFS-Sessions nicht nur Teile mit einem ganz starken Bedürfnis nach Lebendigkeit auftauchten, sondern auch ein gestrenger Gefängniswärter, der all die kleinen Fühlenden bis dahin mit harter Hand sicher in einem Kellerloch verwahrt hatte. Es war, als hätte er längst gewartet, von diesem anstrengenden Job befreit zu werden. Und seit dem Zeitpunkt, als er bereit war, zur Seite zu treten und die Klappe in mein Innerstes zu öffnen, fließt mehr und mehr Energie durch meinen Solarplexus, klopft mein Herz wieder bis zum Hals, wird meine Stimme unwillkürlich laut, wenn ich streite. Heute weiß ich, was es heißt, heftig wütend, ängstlich oder verliebt zu sein – es ist nicht nur angenehm, es ist nicht immer leicht zu steuern. Aber es ist lebendig. Endlich.«

Resilienzfaktoren und Umstände, die ein Trauma verhindern

Mit Resilienz bezeichnet man die seelische Widerstandsfähigkeit: dass es gelingt, mit schweren Belastungen umzugehen, ohne daran kaputtzugehen. Hohe Resilienz kann dazu beitragen, dass aus einer potenziell schädigenden Erfahrung kein Trauma wird. Primär entsteht Resilienz durch gute Bindungserfahrungen, vor allem im ersten Lebensjahr: verlässlich zu erleben, dass wir von zugewandten Erwachsenen liebevoll gehalten und einfühlsam umsorgt werden, dass jemand angemessen auf unsere Bedürfnisse eingeht und uns hilft, mit intensiven Gefühlen umzugehen – so, wie es Sophie im Fallbeispiel oben auch gebraucht hätte. Dadurch wird der beste Grundstein für die Selbstregulationsfähigkeit des menschlichen Nervensystems gelegt. Weitere günstige Faktoren sind das sichere Eingebundensein in eine Familie oder Gemeinschaft, Glaube oder spirituelles Verwurzeltsein sowie die Erfahrung, dass wir bereits andere schwierige Erlebnisse meistern oder bewältigen konnten. In letzterem Fall spricht man von erlebter Selbstwirksamkeit.

Doch nicht nur Faktoren im Vorfeld beeinflussen, ob sich aus einer massiven Belastung tatsächlich ein Trauma ausbildet. Blickt man auf die Überlebenden der Terroranschläge in New York am 11. September 2001, so entwickelten auffallend wenige von ihnen Symptome einer posttraumatischen Belastungsstörung. Dabei würde man doch gerade bei einem solchen Erleben anhaltende Folgen eines Schocktraumas erwarten. Die traten aber in vielen Fällen nicht ein.[84] Warum?

Zum einen, weil die Überlebenden fast alle genau das tun konnten, wofür der Körper in einer lebensgefährlichen Situation gemacht ist: wegrennen. Ihr Körper war in Bewegung, um sie in Sicherheit zu bringen. Ein Trauma dagegen entsteht unter anderem durch Immobilisation: wenn wir die Reaktionen des

Körpers, die er zu unserem Schutz aufbringen will, nicht ausführen oder zu Ende bringen können und wir uns gelähmt, hilflos und überwältigt fühlen.

Zum anderen erfuhren die Betroffenen viel Mitgefühl und Unterstützung. Es gab weltweite Verbundenheit, ebenso ganz viel direkten körperlichen Trost: Überlebende umarmten sich, weinten miteinander, waren füreinander da. Freunde und Angehörige reagierten mit Anteilnahme und Fürsorge, es gab Angebote für professionelle psychologische Begleitung. In so vielen Umständen, die nachhaltig traumatisierend wirken, bleibt die Person hingegen allein und isoliert. Häufig schämt sie sich für das Vorgefallene und wagt vielleicht nicht, sich jemandem anzuvertrauen. Ein Kind, das zu Hause sexuellem Missbrauch oder einem Entwicklungstrauma durch Vernachlässigung ausgesetzt ist, lebt in einem Umfeld, in dem es täglich bedroht ist, aus dem es nicht fliehen kann und wo es keine Unterstützung erfährt – obwohl doch genau das elterliche Zuhause für ein Kind ein sicherer Hafen sein sollte, der es vor Gefahr schützt.

Vorgänge in Körper, Gehirn und Nervensystem

Es ist die elementare Aufgabe unseres autonomen Nervensystems (ANS), unser Überleben zu sichern. Zum autonomen Nervensystem gehört neben verschiedenen Nervenbahnen, die sich durch unseren Körper ziehen, auch das Gehirn. Das ANS wird autonom genannt, weil es seine Aufgabe unabhängig von unserem bewussten Willen erledigt, zum Beispiel Herzschlag, Atmung, Verdauung und Stoffwechsel zu regeln. Und weil eben das Überleben höchste Priorität hat, ist ein Bereich des Gehirns, die sogenannte Amygdala, konstant damit beschäftigt einzuschätzen, wie gefährlich oder ungefährlich die Situation ist, in der wir uns befinden. Bei wahrgenommener Gefahr wird dann vom ANS die evolutionär in uns angelegte Kampf-oder-Flucht-Reaktion eingeleitet.

Traumatische Auswirkungen haben nun besonders solche Situationen, in denen unser Impuls zu Kampf oder Flucht zwar ausgelöst, aber unterbrochen wird oder nicht umgesetzt werden kann. Sich zu wehren, gegen die Gefahr zu kämpfen oder aus der Situation zu fliehen ist nicht oder nicht in ausreichendem Maße möglich: etwa, wenn ein Angreifer seinem Opfer ein Messer an die Kehle hält oder ein Missbrauchstäter einem Kind droht, dass etwas Schlimmes passieren wird, wenn es jemandem etwas erzählt. Vielleicht haben wir aber auch gelernt, dass es sinnlos ist, uns zu wehren, weil dann alles nur noch schlimmer wird oder weil die Bedrohung von einer wichtigen Bezugsperson ausgeht, zu der wir die Nähe aufrechterhalten müssen, um zu überleben. Während also der Körper einerseits instinktiv maximale Energie für Kampf oder Flucht aufbringt, um der Gefahr zu entgehen, müssen diese Kräfte gleichzeitig radikal unterdrückt werden. So kommt es zu einer massiven Stressreaktion und einer Dysregulation des gesamten Nervensystems, aus der es oft nicht mehr allein herausfindet.[85]

Dabei ist wichtig zu verstehen, dass die Entscheidung, ob Kampf oder Flucht möglich sind, nicht von unserem bewussten Willen oder unserer aktiven Entscheidung abhängt, sondern eben vom autonomen Nervensystem gesteuert wird. Aufgrund eines blitzschnellen, außerhalb unserer bewussten Wahrnehmung ablaufenden Abgleichs von äußeren Umständen, den eigenen Ressourcen und den bisherigen Lernerfahrungen kann das ANS zu dem Schluss kommen, dass es im Sinne des Überlebens am besten ist, statt Kampf oder Flucht eine der anderen Reaktionsweisen für den Umgang mit einer großen Gefahr einzuschalten, nämlich

- erstarren/sich tot stellen,
- sich unterwerfen/kooperieren
- oder schließlich kollabieren und komplett abschalten, sodass wir den Schmerz oder das Grauen des möglicherweise kurz bevorstehenden Todes nicht mehr spüren.

So geschieht es beispielsweise, dass Opfer von Vergewaltigungen vorwurfsvoll oder zumindest irritiert gefragt werden, warum sie sich nicht gewehrt hätten – und auch die Person selbst kann sich das häufig nicht erklären. Die Antwort lautet, dass ihr Nervensystem in einen Überlebensmodus von Immobilisation geschaltet hat, in dem ein Sich-zur-Wehr-Setzen gar nicht möglich war.[86]

Im Übrigen spielt es keine Rolle, ob die Situation tatsächlich lebensbedrohlich ist oder nur als potenziell lebensbedrohlich interpretiert wird, weil wir bestimmte Lernerfahrungen gemacht haben. Für unser Gehirn ist es dasselbe. Und natürlich nehmen wir als neugeborenes Baby ganz andere Situationen als lebensbedrohlich wahr, als wir es mit fünf tun würden, mit fünfzehn oder mit fünfzig. Das »Füttern nach der Uhr« beispielsweise, das lange Jahre als pädagogisch sinnvoll gesehen wurde, bringt einen Säugling wieder und wieder in die Situation, sich vom Verhungern bedroht zu fühlen. Anders als ein älteres Kind kann er nicht verstehen, dass die Mutter in einer halben Stunde kommen wird, um ihn zu füttern. Ein Dreijähriges kann es eher verkraften, sein Bedürfnis nach etwas zu essen eine Weile aufzuschieben. Für einen Säugling kommt dieses Erleben einer realen Todesbedrohung gleich, auf das sein Nervensystem entsprechend antwortet. Eine erschreckende Erfahrung prägt uns daher als Baby anders denn als Schulkind, als Jugendlicher oder als Erwachsener, da sie sich anders auf unser sich entwickelndes Gehirn, unseren Körper und unsere emotionalen Fähigkeiten zur Verarbeitung auswirkt.

Die vier Überlebensreaktionen: *fight, flight, freeze, fawn*

Evolutionär gesehen gibt es mehrere Reaktionen, die zum Einsatz kommen können, wenn wir starkem Stress oder einer massiven Gefahr ausgesetzt sind. Sie haben sich über die Jahrmillionen unserer stammesgeschichtlichen Entwicklung gebildet und sind von ihrer Grundausrichtung auf die Bewältigung körperlich bedrohlicher Situationen zugeschnitten.

Im Englischen spricht man von den vier Fs: *fight, flight, freeze* und *fawn* (Kampf, Flucht, Erstarren und Unterwerfung). Die ersten beiden, *fight or flight,* werden häufig benannt, nicht nur im Zusammenhang mit Trauma, sondern weil die Kampf-oder-Flucht-Reaktion auch bei Stress zum Tragen kommt. Von der dritten, *freeze,* hört man seltener: dass nämlich auch das Erstarren beziehungsweise Kollabieren eine in uns angelegte, sinnvolle Überlebensstrategie darstellt. Im Tierreich ist dieses Verhalten als »Totstellen« bekannt: Wenn eine Antilope vor einem Gepard flieht, aber ein Entkommen nicht mehr möglich ist, bricht sie im rasenden Lauf zusammen. Sie sackt wie leblos zu Boden – und wenn sie Glück hat, lässt der Gepard (der kein Aasfresser ist und sich deshalb nur für lebende Beute interessiert) von ihr ab.

Dabei ist Totstellen ein irreführender Begriff, denn er klingt, als verhalte die Antilope sich absichtlich so oder hätte eine Wahl, sich eben tot zu stellen oder nicht. Das ist jedoch nicht der Fall. Dieses Kollabieren ist ein Überlebensreflex, der vom ANS der Antilope automatisch ausgelöst wird und ihre anderen Reflexe unterdrückt. Wird im menschlichen Nervensystem der Freeze-Reflex ausgelöst, erleben wir uns wie vor Angst erstarrt, unfähig zu irgendeiner Reaktion. Sich zu wehren oder zu fliehen ist dann beispielsweise für ein Opfer von sexueller Gewalt, selbst wenn es theoretisch vielleicht möglich gewesen wäre, nicht umsetzbar. Das Nervensystem hat in einen Reaktionsmodus geschaltet, der dem Überleben dient und ein aktives Handeln unmöglich macht.

Kommt unser Nervensystem aufgrund innerer und äußerer Schlüsselreize zu dem Schluss, dass wir uns in Lebensgefahr befinden und kein Ausweg besteht, kann der Freeze-Zustand in einen Shutdown übergeleitet werden. Als Vorbereitung auf den möglicherweise unmittelbar bevorstehenden Tod werden alle Körperfunktionen heruntergefahren und Endorphine ausgeschüttet, die vor Schmerz schützen. Dieser Zustand ist von der Natur als absolutes Notfallprogramm vorgesehen. Besonders in den Fällen, wo wir aufgrund chronischer körperlicher oder emotionaler Gewalt wieder und wieder in diesen Kollaps geraten, ist das Nervensystem alleine schwer in der Lage, sich selbstständig wieder aus diesem Zustand herauszubewegen.[87]

Auch der vierte Überlebensmodus ist evolutionär angelegt und wird vom ANS ohne unsere bewusste Entscheidung eingesetzt: den Angreifer besänftigen, kooperieren, sich unterwerfen. Im englischsprachigen Raum wird dieser Modus in Anklang zu *fight, flight* und *freeze* als *fawn* bezeichnet (*fawn* engl. = Rehkitz, *to fawn* = mit dem Schwanz wedeln). Es ist also ein deeskalierendes Verhalten, das den Angreifer besänftigen, eventuell auch ablenken oder ihm signalisieren soll, dass von uns keinerlei Bedrohung ausgeht. Im Fall von Sophie im vorigen Fallbeispiel zeigte sich das etwa so, dass ihr in Auseinandersetzungen, wenn sie unbewusst Angst bekam, das Gegenüber wütend zu machen, regelmäßig die Stimme versagte, sie alle Argumente vergaß und nur noch betreten lächeln konnte.

Ausgelöst werden diese vier instinktiven Überlebensreaktionen (die je nach Situation auch nacheinander oder in Kombination erfolgen können) ohne die Beteiligung des präfrontalen Kortex, also abseits von den Gehirnteilen, die mit rationaler Überlegung, willentlicher Urteilsfindung und persönlicher

Entscheidung zu tun haben. Warum? Weil die Einschätzung von Gefahrensignalen in älteren Gehirnteilen stattfindet, die schneller funktionieren. Und in bedrohlichen Situationen hat Geschwindigkeit Priorität – egal ob sie tatsächlich gefährlich sind oder ob unser Gehirn das nur so einschätzt. Jedes Zögern und Abwägen (»Mache ich jetzt besser X oder Y?«) könnte den Tod bedeuten. Die instinktiven Reaktionen übernehmen daher die Kontrolle, und wir als Person werden dabei nicht gefragt.

Allerdings sehen unsere kulturellen Normen vor allem Kampf oder Sich-zur-Wehr-Setzen als respektabel an, eventuell auch noch Flucht. Schaltet unser ANS jedoch in *freeze* oder *fawn*, resultieren daraus häufig Reaktionen wie Scham, Unverständnis oder Abwertung. Wir kritisieren uns vielleicht selbst oder werden von Außenstehenden als »schwach«, »feige« oder »selbst schuld« beäugt: weil wir uns ja nicht gewehrt haben oder der andere meint, er selbst würde sich in einer solchen Situation ganz anders verhalten. Leider betrachten in der Regel weder die betroffene Person selbst noch ihr persönliches oder gesellschaftliches Umfeld diese vier Überlebensreaktionen als die gleichrangig gesunden, sinnvollen Reaktionen auf bedrohliche Situationen, die sie in Wahrheit sind.

Stecken geblieben im Bedrohungszustand

Wie bereits in Bezug auf die Flüchtenden vom World Trade Center beschrieben, kommt es in der Regel nicht zu einer anhaltenden Traumatisierung, wenn wir die bedrohliche Situation durch Kampf oder Flucht bewältigen können. Denn dann wird die vom Körper zur Verfügung gestellte Energie verbraucht (beispielsweise durch wegrennen oder schlagen), und wir bleiben nicht in der Erfahrung von Lähmung, Hilflosigkeit und Überwältigtsein gefangen. Peter Levine, einer der Pioniere körperorientierter Traumatherapie, war meines Wissens der Erste, der dargelegt hat, wie andernfalls die überschüssige Energie, die für Kampf oder Flucht gedacht war, im Nervensystem stecken bleibt und so die belastenden Symptome eines Traumas mitauslöst.[88]

Weiterhin ist für die Verarbeitung von entscheidender Bedeutung, sich von anderen Menschen aufgefangen und verstanden zu fühlen. Ein Kind muss beispielsweise von einem Erwachsenen hören, dass es nichts falsch gemacht hat oder dass so etwas wie ein Übergriff nicht hätte passieren dürfen.

Verbleibt unser Nervensystem durch die eingefrorene Überlebensenergie im Bedrohungszustand und kann sich auch im Nachgang nicht daraus befreien (weil etwa das Nervensystem noch keine Selbstregulationsfähigkeiten ausbilden konnte, keine Unterstützung aus dem Umfeld erfolgt oder sich wie bei Entwicklungstraumen eine überwältigende Situation an die nächste reiht), dann festigt sich für uns das Erleben, dass die Gefahr unvermindert weiterbesteht. Der Körper verändert seinen Zustand hin zu einer *chronischen* Bedrohungsreaktion. So entstehen körperliche Empfindungen, die wir nicht als Teil einer Erinnerung an eine überlebte Gefährdung empfinden, sondern wie eine unmittelbare Bedrohung für unser *gegenwärtiges* Leben. Wann immer ein entsprechender Trigger auftaucht, der an die Ursprungssituation erinnert, werden Stresshormone ausgeschüttet, die den Körper weiter in Alarm versetzen, sodass sich die Erfahrungen wieder als reale Bedrohung anfühlen (auch wenn sie es gar nicht mehr sind) und sich weiter und weiter in uns eingraben.

Ein Beispiel: Ein Soldat, zurück nach einem Kriegseinsatz, wo er nur knapp einem Anschlag entgangen ist, geht zu Hause eine Straße entlang. Eine Fehlzündung am Auspuff eines Autos verursacht einen lauten Knall. Während andere Passanten kurz erschrecken, sich umschauen und wahrnehmen, dass keine

Gefahr besteht, befindet sich der Soldat mitten in einem Traumaerleben. Er kann die gegenwärtige Situation nicht mehr unterscheiden von seinen Erlebnissen im Krieg, wo durch eine Explosion Kameraden umgekommen sind und er in Lebensgefahr war: »So lange das Trauma noch nicht aufgelöst ist, bleiben die Stresshormone, die der Körper zu seinem Schutz produziert, aktiv, und die defensiven Augenblicke und die emotionalen Reaktionen der ursprünglichen traumatischen Situation wiederholen sich unablässig.«[89]

Obwohl wir es uns aus dem Hier und Jetzt nicht richtig erklären können, fühlen wir uns aufgrund der Traumafolgen immer wieder massiv bedroht, wütend, in Panik erstarrt oder kollabieren in unerträglicher Erschöpfung. Aus diesen Gefühlen bilden sich dann oft verzerrte Überzeugungen darüber, was diese Gefühle über uns aussagen: »Wenn Menschen Traumatisches erleben, bewirkt dies, dass sie sich schlecht fühlen; und vor allem Kinder entwickeln, wenn sie sich schlecht fühlen, dann zudem die Vorstellung, sie selbst *seien* schlecht.«[90] So lässt sich auch nachvollziehen, warum wir, wenn wir unter den Folgen eines Traumas leiden, so oft in Scham und Schuldgefühlen feststecken: Warum können wir bloß nicht normal sein und uns entspannt und sicher fühlen wie alle anderen?

Unsere Teile versuchen, dem Trauma zu entkommen

Die Arbeit mit Persönlichkeitsanteilen nach dem IFS-Modell ist schon von seiner Entstehungsgeschichte her ein traumabewusster Ansatz. Richard Schwartz hat das Modell aufgestellt, indem er von seinen Klienten lernte, aufschrieb und systematisierte, was sie ihm von ihren Anteilen erzählten. Viele seiner Klienten hatten einen Traumahintergrund, kämpften mit Essstörungen oder autoaggressivem Verhalten. Seine Erkenntnis nach einem jahrelangen Beobachtungs- und Lernprozess lautete, dass unsere seelische Reaktion auf Verletzungen vorhersehbar ist: Wenn empfindsame Teile unserer Psyche verletzt werden, übernehmen andere Teile Beschützerrollen. Und auch im Verhalten dieser Beschützer zeigen sich absehbare Anpassungsstrategien: Es handelt sich um natürliche Bemühungen, Probleme zu lösen beziehungsweise mit einer Situation fertigzuwerden, zu überleben oder die eigene Sicherheit zu gewährleisten.[91] Der Unterschied zwischen einer Person mit oder ohne Traumahintergrund besteht lediglich darin, dass die Situationen, mit denen die Beschützer umgehen müssen, bei einem Trauma so extrem sind. Was die Psychiatrie nach wie vor oft als pathologische, krankhafte Symptome deutet, sieht IFS als Lösungsversuche, die ebenfalls extrem sind und aufgrund der Umstände auch nicht anders sein können.

Aus dieser Perspektive sind die belastenden Symptome, zu denen es infolge eines Traumas kommen kann – von Suchtverhalten, Dissoziation, Gereiztheit oder Aggressivität über Gefühllosigkeit, selbstdestruktives Verhalten, Panikattacken oder Flashbacks bis hin zu Suizidalität –, nicht etwas, was es zu eliminieren, sondern was es zu verstehen gilt.

Welche inneren Anteile legen dieses Verhalten an den Tag? Was bringen sie damit zum Ausdruck? Wie versuchen sie auf diese Weise zu helfen? Warum ist es heute oder war es im Kontext der früheren Lebensgeschichte notwendig? In welcher erschreckenden Erfahrung sind sie eingefroren, sodass sie wieder und wieder die entsetzlichen Gefühle erleben und nach Wegen suchen, sich davon zu befreien?

Der Kontakt mit unseren Teilen ermöglicht es uns zu sehen, dass alles, für das wir uns verurteilen, zu dem Zeitpunkt, als es entstanden ist, einen Zweck erfüllt hat.

Oft können wir uns erst dann aus den damals überlebensdienlichen, heute kontraproduktiven Gefühls- und Verhaltensmustern herausbewegen, wenn dieser Zweck verstanden wird und die Teile Würdigung für ihre positive Absicht erfahren. Davon erzählt auch das folgende Fallbeispiel.

Fallbeispiel: Arbeiten bis zum Umfallen

Claudia kommt zu mir, weil sie kurz vor einem Burn-out steht. Sie hat schon jahrelang mit Depressionen, starker innerer Unruhe, chronischen Rückenschmerzen und Tinnitus zu tun, und oft scheint es ihr, als ob sie sich selbst wie durch einen Nebel wahrnimmt. Ihr eigenes Leben fühlt sich gleichsam fremd an. Aber am meisten macht es ihr zu schaffen, dass sie scheinbar süchtig nach Arbeit ist.

»Ich weiß nicht, wie ich es erklären soll. Ich will ja nicht bis zur Erschöpfung arbeiten, aber ich schaffe es nicht, es nicht zu tun.« Dass ihr Vorgesetzter ihr angeboten hat, Stunden zu reduzieren, ändert nichts. »Klar, es kommt schon Druck von außen, durch die Firma. Aber die anderen Kollegen gehen eben irgendwann nach Hause, selbst wenn noch nicht alles erledigt ist, was sie schaffen sollten. Ich kann das nicht. Alle sagen zu mir ›Mach doch einfach mal früher Schluss‹, aber dann sitze ich wieder bis neun am Schreibtisch. Mein Tinnitus wird lauter und lauter, und ich habe nicht einmal mehr die Energie, mich mit einer Freundin zu verabreden. Ich fühle mich, als wäre ich nicht Anfang vierzig, sondern doppelt so alt. Ein Wrack. Ich kann nicht mehr schlafen, und mein Leben rauscht an mir vorbei, während ich nur arbeite und arbeite und arbeite. Ich mache mich kaputt dabei und kann nicht aufhören. Das ist doch Selbstsabotage! Will ich eigentlich gar kein glückliches Leben führen?«

Ich bitte Claudia, sich in eine Situation hineinzuversetzen, wo sie gerne aufhören würde zu arbeiten, es aber nicht schafft. Was genau pas-

siert in solchen Momenten? Es zeigt sich, dass dann jemand in ihr mit unterschiedlichen Begründungen erklärt, warum sie keinesfalls jetzt schon Schluss machen kann. Diese Stimme klingt oft streng, droht wütend: »Du musst das jetzt noch fertig machen, sonst gibt es morgen total Ärger!« Manchmal lockt sie: »Eigentlich macht dir die Arbeit doch Spaß!«, oder sie argumentiert scheinbar vernünftig: »Jetzt, da alle anderen gegangen sind, kannst du endlich ungestört konzentriert arbeiten. Wenn du noch ein, zwei Stunden weitermachst, dann hast du das Projekt endlich abgeschlossen!« Egal, wie fest Claudia es sich vornimmt zu gehen, sie ist wie an den Schreibtisch gefesselt.

Welcher Anteil in Claudia bringt sie also dazu, bis weit über ihre Belastungsgrenzen zu arbeiten, und warum ist das aus seiner Sicht so dringend notwendig? Dass es diesem Teil im Grunde darum geht, dass Claudia kein glückliches Leben führen soll, wage ich zu bezweifeln. Ich habe noch nie erlebt, dass selbst hinter dem destruktivsten Verhalten eines Teils nicht eine gute Absicht für die Person gelegen hätte. Um diese jedoch herauszufinden, ist es nötig, dass Claudia Kontakt mit dem Zwinger aufnimmt (so hat sie den Teil getauft, der ihr nicht erlaubt, zu einer regulären Zeit Feierabend zu machen). Und dabei ist es unabdingbar, dass dieser Kontakt vom Selbst ausgeht, wenn der Zwinger wirklich etwas darüber offenbaren soll, was sein eigentlicher Antrieb ist: also aus einer Haltung, die getragen ist von Interesse und Offenheit.

Verständlicherweise stehen in Claudia aber erst einmal ganz andere Gefühle im Vordergrund. Denn natürlich sind andere WG-Bewohner extrem wütend auf das, was sie als Selbstsabotage bezeichnet und ihr Leben auffrisst. Wieder andere Anteile haben Angst davor: Was ist das, was so eine Macht hat, dass sie sogar ihr letztes bisschen Gesundheit ruiniert, ohne es zu wollen?

Wir verbringen daher eine ganze Weile damit, den wütenden und ängstlichen Anteilen empathisch zuzuhören und dann mit ihnen zu verhandeln: Wenn es die Chance gäbe, dass Claudia und ich dazu beitragen könnten, den Zwinger von seinem extremen Verhalten zu entlasten, würden sie uns dann erlauben, unvoreingenommen mit ihm zu spre-

chen, während sie sich im Hintergrund halten? Es braucht eine Zeit, bis dafür genug Vertrauen entsteht und sie sich darauf einlassen können. Doch dann ziehen sie sich auf Claudias Bitte etwas in den Hintergrund zurück. Für Claudia ist das daran spürbar, dass ihre Gefühle wie Abwehr, Unbehagen und Wut dem Zwinger gegenüber deutlich nachlassen. Sobald die ängstlichen und wütenden Teile etwas beiseitegetreten sind, wird automatisch mehr Selbst-Energie frei, und sie kann sich ihm mit Interesse zuwenden.

Dennoch will er zu Beginn überhaupt nichts von sich preisgeben. In Claudias innerem Bild erscheint er wie ein schwarzer Riese, der mit verschränkten Armen abgewandt dasteht. Er weiß ja, wie er von den anderen Anteilen in Claudias System gehasst wird, und nimmt an, dass auch Claudia und ich ihn nur davon abbringen wollen, seine Aufgabe zu erledigen, aber das darf auf keinen Fall passieren. Ich versichere ihm, dass mir klar ist, dass er das, was er tut, deshalb macht, weil es enorm wichtig ist – ganz offensichtlich überlebenswichtig. So wichtig, dass bislang nichts, was Claudia versucht hat, ihn davon abbringen konnte.

Langsam, Stück für Stück, dringt zu ihm durch, dass Claudia und ich ihn tatsächlich kennenlernen und verstehen möchten. Es dauert lang, bis er bereit ist, etwas davon zu zeigen, was er eigentlich macht – und zwar schon seit Claudia ganz klein ist. Er sorgt dafür, dass Claudia sich so benimmt, dass sie Wertschätzung und Anerkennung bekommt. Wenn sie nicht vollen Einsatz bei der Arbeit zeigt, wenn sie auch nur ein kleines bisschen nachlässt, wird Claudia, davon ist er überzeugt, jede Anerkennung verlieren, ja mehr noch: Aus seiner Sicht setzt sie damit ihre Existenzberechtigung aufs Spiel. Weil wir ihm mit Respekt und Wertschätzung zuhören, zeigt er uns schließlich etwas darüber, warum er angefangen hat, Claudia so anzutreiben.

Claudia war in einer lieblosen, oft feindseligen Umgebung aufgewachsen, mit einem jähzornigen, alkoholkranken Vater, der seine Frau regelmäßig schlug. Von klein auf lebte Claudia in der Angst, dass sie die nächsten Schläge abbekommen würde. Zwar geschah das nie, aber die Angst blieb. Von der Mutter konnte das kleine Mädchen keine Hilfe er-

warten. »Du bist der Grund, dass ich hier nicht wegkann«, hörte Claudia von ihr. »Wenn du nicht wärst, könnte ich ihn verlassen, aber du bist mein Klotz am Bein.«

Die Schuldgefühle, für die Gewalt an der Mutter verantwortlich zu sein, nehmen dem Mädchen jede Luft zum Atmen. Für Claudia gibt es zu Hause keinen positiven Blick. Sosehr Claudia unter der Abwertung durch die Mutter und der Gewalt des Vaters leidet und zusammenzuckt, sobald sie hört, dass er nach Hause kommt, so sehr hofft sie, es ihnen irgendwie recht machen zu können, um wenigstens einen Krümel Aufmerksamkeit zu erhaschen. Und dafür will der Zwinger sorgen. Andere Teile in Claudia hassen ihn dafür, weil er sozusagen dem Vater in die Hände spielt. Während Claudia älter wird, beginnt sie sich selbst dafür zu verachten, dass sie sich nie wehrt.

Wenn Claudia wieder einmal in der Lücke zwischen Wand und Kleiderschrank in ihrem Zimmer kauert, während in der Küche das Geschrei ihres Vaters dröhnt, hält sie sich die Ohren zu. Doch den Satz ihrer Mutter kann sie nicht ausblenden: »Wäre ich bloß nie mit dir schwanger geworden.«

Dieses kleine Mädchen lebt auch heute noch in Claudia. Eingefroren in der Vergangenheit trägt es das Gefühl existenzieller Bedrohung in sich: »Eigentlich dürfte ich gar nicht da sein. Ich bin wertlos und verdiene es nicht zu leben.« Der Zwinger tut seit damals alles, damit Claudia nicht Gefahr läuft, das letzte Stück Existenzberechtigung zu verlieren, indem sie »nutzlos« wird und keine Leistung mehr bringt. Daher torpediert er auch alle Versuche der erwachsenen Claudia, die Arbeit weniger wichtig zu nehmen oder sich ein paar Tage Urlaub zu gönnen.

Hier sieht man, warum Ansätze, die eine Verhaltensänderung herbeiführen wollen, ohne die zugrunde liegende Dynamik zu erforschen, so oft ins Leere laufen – oder die Sache noch schlimmer machen. Claudia hat durchaus versucht, die Ratschläge ihrer Betriebsärztin umzusetzen, und mit ihr einen Plan zum Überstundenabbau entworfen. Sie hat einen Entspannungskurs besucht und war auf Reha. Ihre Symptome verstärkten sich dadurch allerdings: Der Tinnitus wurde lauter, ihre Schlaf- und

Konzentrationsstörungen nahmen zu, und statt angenehmer Ruhe, von der andere Teilnehmer bei der Meditation berichteten, spürte sie Beklemmungen, die sich bis zu einer Panikattacke steigerten.

Ihre Veränderungsversuche brachten den Zwinger in massive Bedrängnis, entsprechend heftig wehrte er sich. Aus seiner Perspektive ist er ja nicht das Problem, das es zu eliminieren gilt, sondern die Lösung. Wenn Claudia sich nicht bis zum Letzten abmüht, hat sie kein Anrecht auf Leben mehr. Dann wird sie endgültig vernichtet werden. Davon ist er zutiefst überzeugt, und das wird er nicht zulassen. Wie die verletzlichen Teile, so lebt auch er noch immer im Haus ihrer Kindheit – in einem Zustand, in dem die Gefahr ihrer frühen Jahre niemals aufgehört hat.

Kindliche Schützer

Bei verbannten kindlichen Anteilen ist es offensichtlich, dass es sich dabei um altersmäßig junge Teile handelt. Doch ist es wichtig zu verstehen, dass in der Regel auch die Schützer, die versuchen, die Gefühle dieser Kinder unter Kontrolle zu halten oder die Gefahr zu bannen, in der sie sich befinden, in einem kindlichen Entwicklungsstand stecken geblieben sind. Da die Schützer in der Regel zeitgleich mit der schmerzlichen Erfahrung entstehen, bleiben die Schützer meist in dem Alter stecken, in dem das belastende Ereignis geschehen ist. Das wird jedoch oft erst sichtbar, wenn sie uns erlauben, sie näher kennenzulernen. Denn im ersten Moment erscheinen sie meist Furcht einflößend und autoritär. Auch Claudias Zwinger sieht zu Anfang wie ein dunkler Riese aus.

Betrachtet man jedoch die Lösungsstrategien und Denkweisen dieser schützenden Anteile, wird oft klar, dass sie – ebenso wie die verletzten Teile – auf dem Entwicklungsstand eingefroren sind, in dem die seelische Wunde entstanden ist:

»Trauma unterbricht den natürlichen Fluss der Zeit in der Psyche und verursacht, dass unsere inneren und äußeren Erfahrungen in unterschiedlichen Bahnen verlaufen.«[92] Von der psychischen Weiterentwicklung und den neuen Lernerfahrungen der Person sind solche eingefrorenen Teile in der Regel entkoppelt. Sie denken, handeln und sehen die Welt noch immer so, wie es dem damaligen Lebenszeitpunkt entspricht. Der Zwinger weiß tatsächlich nicht, dass nachlassende Leistung nicht bedeutet, dass Claudia keine Existenzberechtigung mehr hat, auch wenn das für sie als Erwachsene offensichtlich ist. Claudias ANS reagiert heute mit denselben Strategien, die ihr kindliches Nervensystem als Schutz vor Bedrohung gewählt und erfolgreich eingesetzt hat. Darum sind die Schützer gefangen in ihrer kindlichen Logik, und wie reale Kinder sind sie häufig sehr rigide in ihren Ansichten und den daraus entstehenden Verhaltensmustern. Daher fruchten rationale Erklärungen oder Änderungsansätze oft wenig.

Entsteht ein respektvoller Kontakt und kann man die Welt erstmals durch ihre Augen sehen, wird begreiflich, mit wie viel Tapferkeit und Loyalität solche Schützer alles in ihrer Macht Stehende tun, um der Person zu helfen. Häufig haben sie eine Furcht einflößende oder herrische Gestalt angenommen, um ihrer schützenden Funktion besser gerecht werden zu können. Lernen sie dann das Selbst als die natürliche Führungskraft im inneren System kennen und beginnen ihr zu vertrauen, fällt die enorme Verantwortung, die sie damals übernommen haben, wie eine Last von ihnen ab. Erst dann wird oft sichtbar, wie angestrengt und überfordert sie sich eigentlich fühlen. Brauchen sie diese Last nicht mehr zu tragen, wollen manche von ihnen erst einmal »Urlaub machen« und ausruhen, andere wenden sich mit Freude einer neuen Aufgabe zu, mit der sie die Person heute tatsächlich unterstützen können.

Für Claudia waren die Erinnerungen ihrer Kindheit bislang in einem wabernden Nebel verborgen.

»Natürlich weiß ich, dass ich keine besonders schöne Kindheit hatte. Aber an Details erinnere ich mich kaum. Als mein Vater starb, habe ich gar nichts empfunden, und wenn ich meine Mutter im Pflegeheim besuche, bin ich die nächsten Tage immer aufgewühlt und unruhig, ohne genau zu wissen, warum, aber dann lässt es ja wieder nach, wenn ich mich in die Arbeit stürze.« Von den Gefühlen des kleinen Mädchens, das sie einmal war, hat sie lange gar nichts gespürt – nicht den Terror, nicht die Einsamkeit, nicht die Scham. Die schützenden Anteile waren gut darin, die verzweifelten Kinder-Teile in der Verbannung zu halten.

Allerdings wurde Claudia immer wieder von verwirrenden, sehr unangenehmen Körperzuständen und emotionalen Reaktionen heimgesucht, die sie sich nicht erklären konnte. Während manche Menschen mit einer Traumageschichte relativ viele bewusste Erinnerungen an das Geschehen haben, haben andere wenige bis keine. Aber alle haben einen Wust von impliziten Erinnerungen, die unter anderem aus traumaassoziierten Gefühlen, plötzlichen Erregungsreaktionen, Muskel- und Körpererinnerungen, kognitiven Verzerrungen sowie unzusammenhängenden Wahrnehmungsfragmenten bestehen.[93] All das lässt sich oft nicht verbalisieren, weil es vom Sprachzentrum abgespalten in den impliziten, also nicht bewussten Erinnerungsnetzwerken des Gehirns abgelegt oder bereits in vorsprachlicher Zeit entstanden ist.

Im Verlaufe von Claudias Therapie stellt sich heraus, dass auch die Phasen von Depression Bestandteil einer Überlebensstrategie waren. Über die Jahre hatten Claudias Schützer die Erfahrung gemacht, dass es aussichtslos war, nach Trost oder Unterstützung Ausschau zu halten. Darauf zu hoffen und dann wieder enttäuscht zu werden war so schmerzhaft, dass gar nichts spüren irgendwann als die bessere Alternative erschien. Wann immer die verzweifelten Teile doch einmal ver-

suchten, sich bemerkbar zu machen – ein-, zweimal hatte Claudia sich verliebt, und die kindlichen Anteile hatten Hoffnung geschöpft, nun würde endlich jemand kommen, um ihnen beizustehen –, hatte sich die Depression wie eine betäubende Decke darübergelegt. Es stand ja sicher doch nichts als der rasende Schmerz der Enttäuschung bevor und die Scham darüber, dass sie so vermessen gewesen war zu meinen, jemand würde sich für sie interessieren. Dann besser Resignation und gar nichts mehr fühlen.

Als Claudia in der Lage war, die tatsächlichen Beweggründe des Zwingers und der anderen Schützer zu hören, war sie sehr bewegt. Dass es in ihr selbst jemanden gab, der immer versucht hatte, ihr zu helfen oder Schmerz zu ersparen, rührte sie zu Tränen. Angesichts ihrer Wertschätzung war der Zwinger irgendwann bereit, Claudia Zugang zu den Teilen zu erlauben, die im Terror ihrer Kindheit festsaßen. Claudias traumatische Erfahrungen hatten sich in drei Mädchen verdichtet, mit denen sie schließlich Kontakt aufnehmen konnte: einer sprachlosen, völlig verängstigten Zweijährigen, einer Fünfjährigen, die sich für wertlos und verabscheuungswürdig hielt, und einer Zwölfjährigen, die sich selbst dafür hasste, dass sie noch immer den Atem anhielt, wenn ihr Vater nach Hause kam, und, statt sich gegen ihn zu wehren, versuchte, seine Zuneigung zu erlangen.

Die meisten IFS-Klienten, ob mit einem starken Traumahintergrund oder nicht, entdecken verletzliche Anteile in verschiedenen Altersstufen in sich, beispielsweise Babys, Kleinkinder, Schulkinder oder Teenager. Die Kinder-Anteile repräsentieren dabei die impliziten Erinnerungen der jeweiligen Altersstufe.[94] Sogar vorsprachliche, körperlich eingeprägte Erinnerungen aus der frühesten Zeit des Lebens (beispielsweise nach einem Abtreibungsversuch oder einem Geburtstrauma) finden ihren Ausdruck als innere Anteile, die noch immer in der Gefahrensituation festgefroren sind. Auch mit diesen winzigen Wesen kann man im Rahmen einer IFS-Therapie in Kontakt kommen, sie behutsam bergen und versorgen. In der Folge können sich vage Ängste, Bedrohungsgefühle oder unklare Körpersymptome lösen, die mit frühesten Erfahrungen zusammenhängen.

Liegen weniger extreme seelische Wunden vor, verschmilzt die Wahrnehmung der kindlichen Anteile häufig zu ein oder zwei inneren »Kleinen«. Je mehr Verletzungen geschehen sind und je schwerer diese waren, desto separierter und differenzierter zeigen sich die belasteten Kinder-Teile in der Regel, weil sie eben die Erfahrungen eines ganz spezifischen traumatischen Kontexts tragen. Sichtbar werden sie aber meist nur dann, wenn die Schützer davon ausgehen, dass es ungefährlich ist, die verletzten Anteile zum Vorschein kommen zu lassen – oder wenn ihre Schutzstrategien durch eine Krise, Krankheit oder andere Intervention ausgehebelt werden.

Nehmen wir allerdings ohne die Einwilligung und Würdigung der Schützer Kontakt mit Persönlichkeitsanteilen auf, die sonst in der Verbannung bleiben müssen, kann das retraumatisieren – zumal wenn dieser Kontakt nicht aus einer Verankerung in Selbst-Energie erfolgt. Daher ist es bei einem Traumahintergrund nicht sinnvoll oder sogar kontraproduktiv zu versuchen, allein Kontakt mit verletzten Anteilen aufzunehmen. Denn ohne therapeutische Anleitung ist es kaum möglich, die Schützer in ihrem Verhalten zu würdigen – schließlich ist dieses Verhalten ja oft genau das, was wir eigentlich loswerden wollen, wie beispielsweise den unablässigen Leistungsdruck, den der Zwinger auf Claudia ausübt. Doch die Schützer verfolgen mit diesen Strategien ja eine wichtige Absicht. Sie sind überzeugt, dass die verletzten Teile keinesfalls sichtbar werden dürfen, weil sie deren Gefühle für viel zu gefährlich halten oder sie sicher sind, dass die Person wieder Schaden erleidet, wenn die verletzten Anteile nicht in der Verbannung bleiben.

Aus diesem Grund geht man in IFS von Anfang an auf die Schützer zu, um sie respektvoll mit einzubeziehen, zu verstehen und ihnen nach und nach zu ermöglichen, von ihren extremen Verhaltensweisen abzulassen. IFS verfolgt daher, anders als viele andere Therapieformen im Umgang mit Trauma, keinen phasenorientierten Ansatz, wo es zu Beginn ausschließlich um Stabilisierung geht. Da niemals gegen den Widerstand der Schützer, sondern immer nur mit ihrem Einverständnis gearbeitet und Zugang zu Selbst-Energie eröffnet wird, bietet das IFS-Modell in der Therapie (nicht in der Selbstanwendung!) auch für den Umgang mit komplexer Traumatisierung einen sicheren Rahmen.[95]

Für Claudia begann nun ein langer Prozess, in dem die Gefühle der drei Mädchen, die in ihrem Inneren all die Jahre wie in ein Verlies eingesperrt gewesen waren, nach und nach an die Oberfläche kamen. So schmerzhaft das oft auch war, fühlte es sich für Claudia doch an, als ob etwas, was sie verloren hatte, wieder nach Hause fand. Und so war es ja auch – immer mehr Anteile in ihr hatten in ihrer Kindheit innerlich abgetrennt werden müssen und wurden nun wieder in der »inneren Familie« willkommen geheißen.

Das, was bei seelischen Verletzungen am stärksten in uns verwundet wird, sind unsere besonders empfindsamen, unschuldigen, verspielten, offenen, herzlichen Anteile, die, die unsere Verbundenheit mit anderen ermöglichen. Durch die schmerzlichen Erfahrungen werden ihnen falsche Überzeugungen und emotionale Lasten aufgebürdet, die verdecken, wer sie eigentlich sind – und dann wollen wir mit ihnen nichts mehr zu tun haben. Dieses Verleugnen und Ablehnen eines oder mehrerer unserer Teile hilft zu überleben, hat aber oft lebenslange Konsequenzen. Es kann zu toxischer Scham, Selbstabwertung, Beziehungsschwierigkeiten oder (selbst)destruktivem Verhalten führen – und zu dem verwirrenden Gefühl, nicht ganz oder nicht wirklich wir selbst zu sein. Wir glauben dann zwar, wir haben das Erlebte hinter uns gelassen, aber uns ist nicht klar, dass wir die Teile zurücklassen, die uns besonders lebendig machen, wenn sie wieder entlastet sind.

In therapeutischer Begleitung mussten viele von Claudias Erfahrungen mitgeteilt, beweint und mit Mitgefühl vom Selbst aus bezeugt werden. Es geht also darum, Erlebtes wirklich anzuerkennen, ohne dabei von den Gefühlen der traumatisierten Teile vollkommen überwältigt zu werden. In einer IFS-Therapie ist es in einem solchen Prozess möglich, die verletzten Teile aus der Vergangenheit in die Gegenwart zu holen, sie liebevoll zu trösten und ihnen zu zeigen, dass die Gefahr tatsächlich vorüber ist. Dann können wir sie von den Lasten, die sie aus dieser Zeit tragen, befreien. Für die Schützer ist es oft erst dann eine Option, ihre alten Rollen zu verlassen, wenn sie nicht nur für ihren Beitrag zum Überleben gewürdigt worden sind, sondern wenn sie tatsächlich erleben, dass die verletzlichen Teile jetzt jemanden haben – nämlich das Selbst des Klienten –, der ihnen liebevoll beiseitesteht und bei dem sie sicher sind. Wie am Beispiel von Claudia gezeigt, dauert ein solcher Prozess in guter therapeutischer Begleitung eine lange Zeit: Monate, oft auch Jahre. Doch wir alle tragen die Ressourcen in uns, mit denen unsere Wunden zu heilen vermögen.

Was trägt zur Heilung bei?

Innere Zustände in Worte fassen zu können und einen Verständnisrahmen für das zu haben, was durch schwere seelische Verletzungen in uns geschieht, kann enorm stärkend sein und uns ein Gefühl für Würde und Handlungsfähigkeit zurückgeben. Eine Klientin formuliert: »Plötzlich begann sich das, was sich wie reines Chaos anfühlte, nach all den Jahren zu organisieren. Der Prozess des Benennens gab Stärke. Es stellte sich heraus, dass ich nicht hilflos war. Ich brauchte nur die richtige Sprache, um das anzusprechen, was mit mir geschah … Der konzeptionelle Rahmen von IFS hat Stabilität, Ordnung und Verständnis in das gebracht, was sich vorher unüberwindbar anfühlte.«[96]

Um besser verständlich zu machen, was bei heilsamen IFS-Prozessen geschieht, möchte ich noch einmal kurz zusammenfassen, welche biologischen Abläufe bei einem Trauma in Gang gesetzt werden. Dann lässt sich besser nachvollziehen, wie die Arbeit mit verletzten und schützenden Anteilen, wie sie etwa in Claudias Fallbeispiel beschrieben wurde, mit den Vorgängen in Körper, Gehirn und Nervensystem in Zusammenhang steht – und was dabei zu Transformation und Heilung führen kann. Falls diese neurowissenschaftlichen Perspektiven für Sie weniger interessant sind, überspringen Sie sie gern. Vielleicht ist für Sie aber auch spannend, wie sich aus biologischem und physiologischem Blinkwinkel verstehen lässt, was bei dieser Form von innerer Arbeit geschieht.

Im Überblick: Was bei einem Trauma passiert

- In Situationen, die unser Nervensystem als sehr bedrohlich einschätzt, übernehmen automatisch unsere Überlebensinstinkte die Führung. Auch das Gehirn verändert seine Funktionsweise, ohne dass wir das bewusst steuern könnten.[97]
- Um für Kampf oder Flucht bereit zu sein *(fight, flight)*, werden Herzfrequenz und Sauerstoffversorgung der Muskeln erhöht. Zugleich werden in der Großhirnrinde Bereiche, in denen bewusste Informationsverarbeitungs- und Entscheidungsvorgänge ablaufen, gehemmt: Der für bewusstes Denken zuständige präfrontale Kortex (PFC) wird zugunsten evolutionär älterer, schneller und instinktiver arbeitender Gehirnbereiche (Hirnstamm und limbisches System) heruntergedimmt, um die Reaktionsgeschwindigkeit zu steigern. Das kann für das Überleben sehr hilfreich sein, wir zahlen aber unter Umständen einen hohen Preis dafür, wie wir noch sehen werden.

- Problematisch wird es, wenn während eines bedrohlichen Ereignisses die Abwehrreaktionen, die unser Nervensystem für unsere Verteidigung eingeleitet hat, nicht umgesetzt werden können: entweder weil keine Zeit zum Reagieren bleibt, der Täter stärker ist oder wir (zum Beispiel in einer Eltern-Kind-Beziehung) vom ihm abhängig sind.
- Gleichzeitig feuert aber die Alarmzentrale unseres Gehirns, die Amygdala im sogenannten limbischen System, weiterhin auf Hochtouren, ohne dass es einen Ausweg gibt. Gefühle werden unaushaltbar. Der PFC schaltet ab, ebenso das Broca-Zentrum im Gehirn, das für Sprache zuständig ist. Das Nervensystem wechselt von Kampf oder Flucht in Notfallzustände von Erstarrung, Unterwerfung oder Kollaps *(freeze, fawn, shutdown)*.
- Weil PFC und Sprachzentrum während solcher Erfahrungen weitgehend offline sind, entsteht wenig bis keine bewusste, chronologisch nachvollziehbare Erinnerung, und wir können sprachlich kaum ausdrücken, was geschehen ist. Wir waren sozusagen selbst nicht Zeuge unseres eigenen Erlebens.
- Wenn wir sofort im Anschluss Unterstützung bekommen und jemanden haben, bei dem wir uns sicher fühlen, haben wir die Chance, diese extreme Erschütterung mit der Zeit zu verarbeiten. Das menschliche Nervensystem ist auf Co-Regulation ausgerichtet, das heißt, wir brauchen es, dass wir uns zusammen mit jemand anderem beruhigen und uns wieder auf ein Gefühl von Sicherheit oder »Okay-Sein« einpendeln können. Babys und Kleinkinder sind vollständig auf Co-Regulation angewiesen: Ihr Nervensystem ist noch nicht in der Lage, sich alleine in gesunder Weise aus einer überwältigenden Erfahrung herauszubewegen.
- Bleiben wir mit der Erfahrung allein oder wiederholen sich traumatische Erlebnisse sogar, dann verbleiben die unverarbeiteten Gefühle von hilfloser Ohnmacht, Verzweiflung und

größter Not, all die erschreckenden Körperempfindungen und Wahrnehmungsfragmente in Körper und Psyche – oft ohne eine zugehörige »Geschichte«. Im Gehirn werden sie in den impliziten (nicht bewussten) Erinnerungsnetzwerken abgelegt.

- All dieses unverarbeitete Material kann beständig wiederauftauchen, und zwar ohne das Wissen, dass es sich dabei um Eindrücke und Gefühle handelt, die aus einer früheren Zeit stammen. Wir haben kein Bewusstsein davon, dass wir den Schrecken überstanden haben: »Spuren von Traumata [werden] nicht in Form von Erzählungen über schlimme Vorfälle in der Vergangenheit gespeichert, sondern als körperliche Empfindungen, die wir wie eine unmittelbare Bedrohung für unser *gegenwärtiges* Leben erfahren.«[98] Das Trauma gehört nicht der Vergangenheit an, sondern wird immer wieder von Neuem in der Gegenwart erlebt.

Wie hängen diese Abläufe mit unseren Anteilen zusammen?

Studien, anhand derer genau beschrieben werden kann, was bei Heilungsprozessen im Sinne von IFS in Nervensystem und Gehirn vor sich geht, stehen noch aus beziehungsweise sind gerade in Arbeit. Das Folgende sind meine derzeitigen Überlegungen dazu, basierend auf der Forschungsarbeit von renommierten Traumafachleuten sowie erfahrenen IFS-Kollegen und der Arbeit mit meinen Klienten.[99]

- Aus neurobiologischer Sicht ist davon auszugehen, dass unsere verbannten Anteile und manche der extremen Schützer mit den impliziten Erinnerungsnetzwerken des Gehirns in Verbindung stehen.[100] Implizite Erinnerungen sind großteils unbewusst, sprachlich und vom Verstand her kaum zugänglich und nicht mit zeitlichen Abläufen oder einem sinnergebenden Narrativ verknüpft. Wir können also keine Verbindung herstellen zwischen dem, *was* wir in uns spüren, und einem Grund, *warum* wir das spüren. Wir haben keine »Geschichte« dazu. Daher können wir die damit zusammenhängenden Gedanken, Gefühle und Verhaltensmuster auch so schwer begreifen und gesund steuern.

- Verbannte Anteile enthalten das unintegrierte Material, das nach traumatischen Erfahrungen nicht angemessen verarbeitet werden kann. Die Schützer bemühen sich, es unter Verschluss zu halten, weil es sich so bedrohlich anfühlt, wenn es auftaucht, was jedoch immer wieder geschieht.
- Die Schützer wiederholen dann beständig die unterschiedlichen Reaktionen von Kampf, Flucht, Erstarren, sich unterwerfen oder innerlich kollabieren, die bei der Konfrontation mit der ursprünglichen Bedrohung sinnvoll waren. Dabei geraten meist mehrere Schützer über die Zeit hinweg in Konflikt darüber, wie sie der vermeintlich immer noch bestehenden Gefahr am besten begegnen. Was verspricht mehr Sicherheit: sich tot stellen? Sich verstecken? Den Kampf aufnehmen? Soll man doch um Hilfe rufen? Oder sich einschmeicheln? Stumm bleiben? Sich mental »wegbeamen«?[101]
- Durch die Kontaktaufnahme mit den Schützern und den verletzten inneren Anteilen werden implizite Erinnerungen nach und nach explizit und können in einen biografischen Zusammenhang gebracht werden. Wenn wir in einem Selbst-Zustand von unseren Teilen erfahren, was sie durchgemacht haben, dann verstehen wir – nicht nur vom Kopf, sondern auch vom Herzen her –, was wir erlebt haben und warum diese vorher verwirrenden Gefühle und Reaktionsweisen Sinn ergeben. Auch Erfahrungen von sehr jungen verletzten Anteilen, die aus vorsprachlicher Zeit stammen,

werden dann über Bilder, Symbole oder Körperempfindungen, die die jungen Anteile in solchen Begegnungen mit dem Selbst schicken, begreifbar.

- Traumatische Erfahrungen unterbrechen das sinnvoll aufeinander abgestimmte Zusammenspiel von Gehirnfunktionen. Durch den Kontakt zwischen Selbst und Anteilen entsteht jedoch ein emotionales Aufeinander-eingestimmt-Sein, eine Form von verständnisvoller, mitfühlender Präsenz, die wir in Notsituationen gebraucht und nicht bekommen haben. Bereiche des Gehirns, die nach einem Trauma selten integriert und gemeinsam aktiviert werden konnten (Hirnstamm, limbisches System und präfrontaler Kortex), können nun gleichzeitig arbeiten.
- Durch den schrittweisen Kontakt zwischen Schützern, Verbannten und Selbst erhöht sich die Fähigkeit, intensive emotionale Zustände, Körperempfindungen und Erinnerungen wahrzunehmen, ohne davon überflutet zu werden. Wir können solche Zustände besser in uns »halten«, ohne dass unser Nervensystem beziehungsweise unsere Schützer sie als so bedrohlich einschätzen, dass wir in Kampf oder Flucht beziehungsweise Erstarrung und Kollaps schalten. Wir lernen, mit den Erinnerungen der Vergangenheit zu leben, ohne uns davon in der Gegenwart überwältigt zu fühlen.
- Achtsame Selbstreflexion, Körperbewusstsein und duales Gewahrsein werden einfacher, unser sogenanntes Toleranzfenster (»window of tolerance«) für emotionale und körperliche Intensität erhöht sich – oder in Teile-Sprache ausgedrückt: Obwohl die Gefühle unserer verletzten Teile spürbar werden, müssen unsere Schützer nicht gleich eingreifen, um sie zu unterdrücken. Schützer und verletzte Teile erleben, dass sie nicht mehr allein sind, sondern vom Selbst aus Respekt, Mitgefühl und Hilfe bekommen.

Welche Rolle spielt das Selbst dabei?

Erinnern wir uns noch einmal an die Qualitäten, die IFS als charakteristisch für das Selbst beschreibt: Ruhe, Klarheit, Interesse, Verbundenheit, Mitgefühl, Kreativität, Mut und Zuversicht. Neurobiologisch gesehen stehen sie alle, ebenso wie die Fähigkeit zu emotionaler Selbstregulation, mit dem präfrontalen Kortex in Verbindung. Unsere Selbst-Qualitäten »sitzen« sicher nicht allein in unseren Gehirnwindungen, aber wenn bestimmte Gehirnareale nur eingeschränkt arbeiten oder abgeschaltet sind, dann sind sie uns nicht zugänglich. Doch genau der PFC wird in überwältigenden Erfahrungen heruntergedimmt, um durch schneller ablaufende Gehirnprozesse, die auf archaische Instinkte setzen, unsere Überlebenschancen zu erhöhen.

Der Weg aus einem Trauma bedingt also, dass wir nach und nach wieder Zugang zu unseren Selbst-Qualitäten und den Funktionen des PFC finden. In einer IFS-Therapie ist es daher unter anderem von entscheidender Bedeutung, dass auch die Therapeutin in einem Selbst-Zustand ist. In IFS sagt man: Selbst-Energie zieht Selbst-Energie an (während Teile Teile anziehen). Der Zugang zu unseren Selbst-Qualitäten beziehungsweise den zugehörigen Gehirnfunktionen wird deutlich leichter, wenn wir mit einer *anderen* Person zusammen sind, die gut in Kontakt damit ist und mit der wir uns sicher fühlen.

Die Therapeutin kann von ihrem Selbst aus auch helfen, auf die hochschießenden Reaktionen der Schützer einzugehen, damit diese die Klientin nicht »kapern« und die Regie übernehmen. Statt dass die Schützer wie gewohnt mit Überlebensmustern wie kämpfen, fliehen, erstarren, fügsam sein oder abdriften reagieren, können sie beruhigt und dann respektvoll zur Seite gebeten werden, damit das Selbst den verletzten Teilen der Klientin helfen kann.

Wenn sich die inneren Anteile von Selbst bemerkt, gesehen

und verstanden fühlen, entsteht genau die Form von Spiegelung und Resonanz, wie sie auch kleine Kinder von ihren Bindungspersonen brauchen, um gute Selbstregulationsfähigkeiten auszubilden. Emotionen und physiologische Reaktionen im Nervensystem, die sich sonst überfordernd anfühlen, können sich nach und nach beruhigen.

Die Erfahrung mit Klienten, die in einem Selbst-Zustand mit ihren belasteten Teilen in Kontakt treten, zeigt, dass das Selbst auch in der Lage ist, das innere System nach und nach neu zu organisieren. Das achtsame, bewusste Selbst einer Person weiß – besser, als ein Therapeut oder sonst jemand es wissen könnte –, was verletzte Teile brauchen, um sich getröstet, verstanden und geliebt zu fühlen. Bessel van der Kolk betont: »Die neurowissenschaftliche Forschung hat gezeigt, dass … dies nicht einfach nur eine Metapher ist. Achtsamkeit [im Sinne achtsamer Selbst-Führung] verstärkt die Aktivierung des … Präfrontalkortex und verringert die Aktivierung von Strukturen wie der Amygdala, die unsere emotionalen Reaktionen initiieren. Dies vergrößert unseren Einfluss auf das emotionale Gehirn.«[102]

Im tröstlichen, mitfühlenden und verständnisvollen Kontakt zwischen Selbst und verletzten, belasteten Teilen werden die Erlebnisse, die in uns eingefroren waren, aktiviert, dann aber verändert: Wir speichern die vormals überwältigenden impliziten Erinnerungen nun explizit und mit einem neuen, positiven Ausgang ab. Das, was geschehen ist, ist vorbei, und das Leben kann wirklich weitergehen.

Es ist anzunehmen, dass wir durch Forschungsergebnisse in den nächsten Jahren diese Zusammenhänge noch genauer verstehen werden. Vermutlich lässt sich dann immer besser belegen, was die Erfahrung zeigt: Der liebevolle Kontakt zu unseren inneren Anteilen aus Selbst-Führung heraus ist zutiefst heilsam und kann unser gesamtes Lebensgefühl nachhaltig verändern.

ÜBUNG: Ein inneres Fürsorge-Komitee entwickeln

Manchmal ist es uns allein noch nicht möglich, mit verletzten kindlichen Anteilen vom Selbst aus in Kontakt zu kommen. Wir finden vielleicht im Moment kaum Zugang zu den uns innewohnenden Qualitäten wie Mitgefühl, Ruhe, Mut oder Zuversicht, um uns dem liebevoll zuzuwenden, was in uns in Not ist. Dann kann es helfen, uns mit *anderen* zu verbinden, die diese Haltungen für uns verkörpern. So können wir uns selbst eine Brücke bauen, um Zugang zu unseren Selbst-Qualitäten zu finden. Der Neuropsychologe Rick Hanson schlägt vor, dass wir für uns selbst ein seelisches Unterstützungsteam aufstellen, und hat dafür den schönen Begriff »inneres Fürsorge-Komitee« gewählt. Er schreibt: »Zu meinem eigenen Komitee gehören die mollige gute Fee in ›Cinderella‹, ein verinnerlichtes Gefühl für meine Eltern und andere, die mich geliebt haben, spirituelle Lehrer, Gandalf [der Magier aus ›Herr der Ringe‹] und toughe, aber freundliche Coaches auf meinem Lebensweg.«[103]

Wenn Sie an Ihre verletzlichen Seiten denken – die Teile in Ihnen, die sich danach sehnen, gesehen, beschützt, gewollt und geliebt zu sein –, wer wäre dann dafür geeignet, ihnen Liebe, Trost, Wertschätzung und Geborgenheit zu schenken? Nehmen Sie sich etwas Zeit, um zu überlegen, wen Sie gern in Ihr inneres Fürsorge-Komitee aufnehmen wollen.

Sie können an lebende und verstorbene Menschen denken, die für Sie der Inbegriff von Mitgefühl, Weisheit und Wärme sind – solche, die Sie persönlich, oder auch solche, die Sie beispielsweise über Bücher oder das Fernsehen kennen. Es könnten Gestalten aus Märchen, Filmen oder der Geschichte sein, ebenso wie Tiere, Naturwesen oder nichtkörperhafte Energien. Wenn Sie sich in einer spirituellen Tradition beheimatet fühlen, könnten Sie Gott, Maria, einen Engel, die Göttin des Mitgefühls, Buddha oder Allah bitten, die verletzlichen Teile zu halten.

Wenn ich diese Übung mit Klientinnen oder Kursteilnehmern mache, braucht es oft Zeit und Muße, bis sich das Komitee bildet.

Manchmal tauchen Erinnerungen auf an einen Lehrer, der in einer herausfordernden Situation einen ermutigenden Satz ausgesprochen hat, oder an eine Romangestalt, die in Zeiten von Heimweh oder Einsamkeit Trost spendete. Vielleicht gab es Begegnungen mit einem Tier, das Sie bedingungslos angenommen hat, oder eine Freundin, Patentante oder Nachbarin, die Ihnen in schwierigen Zeiten zur Seite stand. Erinnern Sie sich, wer Sie ermutigt, unterstützt oder vorbehaltlos willkommen geheißen hat, selbst wenn es nur für eine kurze Zeit war. Wenn Sie an diese Personen denken, können Sie die entsprechenden Gefühle wieder in sich wachrufen und Ihren verletzlichen Teilen zufließen lassen.

Ihre verletzlichen Teile sind möglicherweise sehr unterschiedlich, was Alter, Wünsche oder Bedürfnisse angeht, daher ist es gut, wenn es eine bunte Vielfalt an unterstützenden Gestalten gibt. Schreiben Sie die Namen auf oder kleben Sie eine Collage. Stellen Sie sich vor, wie die Mitglieder Ihres Fürsorge-Komitees Ihre Teile liebevoll umsorgen, Wertschätzung ausdrücken und als Mentoren fungieren. Natürlich können sie nicht nur für die verletzlichen, sondern auch für die schützenden Teile da sein. Und sollten Sie irgendwann feststellen, dass Sie als Erwachsene selbst diesem Komitee angehören, umso schöner.

Die Beziehung zu sich selbst wieder aufnehmen

Akute Gefühle von toxischem Stress, Angst, Hilflosigkeit oder Verzweiflung können nicht abgebaut und verarbeitet werden, solange sie weggepackt, unterdrückt oder betäubt werden müssen. Nach einer traumatisierenden Erfahrung geschieht das jedoch häufig, weil wir uns nicht in der Lage sehen, uns jemandem mit dem, was wir erlebt haben, anzuvertrauen – oft genug haben wir selbst ja nicht einmal Worte dafür oder können überhaupt noch nicht sprechen. In dem empfehlenswerten Dokumentarfilm *The Wisdom of Trauma* sagt Sucht- und Traumaexperte Gabor Maté: »Kinder werden nicht traumatisiert, weil sie verletzt werden. Kinder werden traumatisiert, weil sie mit ihrer Verletzung allein sind.«[104] Und für viele, die als Erwachsene traumatisiert werden, gilt das sicherlich ebenso.

Ein wichtiger Bestandteil einer IFS-Therapie ist das Bezeugen der schrecklichen Erfahrungen aus der mitfühlenden Qualität des Selbst heraus. So können wir anerkennen, wie schlimm das Erlebte war, ohne uns aus Schreck oder Überwältigung davon abwenden zu müssen. Bessel van der Kolk schreibt: »Wenn wir das Gefühl haben, dass man uns zuhört und uns versteht, verändert sich unsere Physiologie. Wenn wir ein komplexes Gefühl artikulieren können und wenn andere Menschen unsere Gefühle anerkennen, leuchtet unser limbisches Gehirn auf und kreiert einen Aha-Moment. Begegnet man uns hingegen mit Schweigen und Unverständnis, so tötet dies unsere Seele.«[105] Für die Verarbeitung eines Traumas ist es aus meiner Sicht notwendig, dass uns *jemand anderes* in dieser Weise zuhört *und* dass wir dieses Zuhören *uns selbst* entgegenbringen. Dies wird leichter, sobald wir entdecken, dass wir verletzte *Teile* haben, denen wir uns von unserem unverletzten *Selbst* aus zuwenden können.

Wenn wir beginnen zu verstehen, dass unsere schützenden Teile tun, was in ihren Kräften steht, um uns zu helfen, können wir Wertschätzung entwickeln für das, was sich zuvor anfühlte wie etwas, was es zu bekämpfen gilt. Wenn wir uns ihr Vertrauen verdient haben, werden sie uns erlauben, dass wir mit den verbannten und verletzten Teilen Kontakt aufnehmen, um ihnen den Beistand zu geben, den sie in der Ursprungssituation gebraucht hätten. Es geht dabei nicht um Wiedererleben der traumatischen Erfahrung oder Katharsis (diese Idee hat sich in der Traumabehandlung sogar als schädlich herausgestellt), sondern darum, aus einem Selbst-Zustand heraus zu bezeugen, wie schrecklich und schmerzlich war, was uns geschehen ist, die Teile zu würdigen für das, was sie ertragen und leisten mussten, um zu überleben, und sie von den Lasten zu befreien, die ihnen aus dieser Zeit aufgebürdet wurden. Dann erst können sie erkennen, dass die Erfahrung vorbei ist und dass sie nun mit uns in die Gegenwart kommen können.

Das Wunder innerer Heilung

Durch den mitfühlenden, heilsamen Kontakt zwischen Selbst und Teilen entsteht eine innere sichere Beziehung – eine Form der Beziehung, die gerade für diejenigen von uns, die ein Entwicklungstrauma erlitten haben, oft weder im Innen noch im Außen je bestanden hat. Aber auch wer erst im Erwachsenenalter ein Trauma erlebt, beispielsweise durch eine Vergewaltigung oder einen Unfall, für den ist die sichere Beziehung zur Welt, zu sich selbst und zu anderen Menschen oft schmerzlich unterbrochen. Die (in der Regel unbewusste) Überzeugung, grundsätzlich in Ordnung, sicher und aufgehoben zu sein und vertrauensvolle Beziehungen zu anderen aufnehmen zu können, geht durch ein Trauma verloren – und sie kann sich durch diesen inneren Kontakt wieder oder zum ersten Mal entfalten.

Eine Grundannahme von IFS ist, dass die Person mit ihrem Selbst letztlich das beste sichere, liebevolle Gegenüber für die belasteten Teile darstellt – nicht der Partner, nicht der Therapeut, nicht ein spiritueller Lehrer oder sonst irgendjemand. Wenn all diese Menschen auch enorm hilfreich oder sogar unabdingbar auf unserem Weg sein können, so sind es wir selbst, in denen das größte Potenzial für unsere Heilung liegt.

Damit will ich nicht sagen, dass wir alles alleine schaffen sollen, oder falschen Autonomievorstellungen Auftrieb geben, die in unserer Gesellschaft so gefördert werden. In vielen Fällen braucht es die Erfahrung von Verbundenheit und die liebevolle Spiegelung eines anderen Menschen, manchmal über Jahre, um überhaupt wieder Zugang zu unserer Selbst-Energie finden zu können. Doch ist es auf seelischer Ebene letztlich so wie bei körperlicher Heilung: Es braucht einen Arzt, um einen gebrochenen Arm zu schienen, doch ist es am Ende des Tages nicht der Arzt, der den Knochen wieder heilt. Und er muss dem Knochen auch nicht einflüstern, wie dieser die Heilung anstellen soll. Hat ein Knochen die richtigen Umstände, dann wächst er wieder zusammen, weil die Kraft der Selbstheilung *in uns* liegt. Und es mag uns selbstverständlich erscheinen, weil wir es schon so oft erlebt haben, doch ist es eigentlich Anlass zu ehrfürchtigem Staunen, dass eine Wunde einfach wieder zusammenwächst. Haut, Gewebsschichten, Nervenfasern und Zellen, die buchstäblich auseinanderklaffen, haben die ihnen innewohnende Intelligenz, wieder zusammenzuwachsen und heil zu werden.

Auch eine Therapeutin kann die Heilung ihrer Klientin nicht »machen«. Sie kann nur die Umstände befördern, in denen Transformation und Heilung innerlich geschehen. In meinen Augen ist das IFS-Modell eines der entscheidenden Puzzlestücke, die lange gefehlt haben, um auf einfühlsame, klare und effektive Weise die besten Umstände für seelische Selbstheilung zu ermöglichen. Die eigentliche Fähigkeit dazu liegt in Ihnen.

Q & A – Fragen und Antworten

Jetzt verstehe ich zwar besser, was durch ein Trauma in mir passiert. Aber davon geht es ja noch nicht weg.
Das stimmt, das Verstehen alleine bewirkt noch keine Heilung. Doch es kann bereits die Perspektive auf das eigene Innere gravierend verändern. Verunsicherung, Scham und Selbstkritik lassen häufig nach, wenn wir begreifen, wie ein Trauma die Teile aus ihren ursprünglich wertvollen Qualitäten in extreme Gefühls- und Verhaltensweisen treibt, die eigentlich aus Überlebensstrategien stammen.

Bei einem ausgeprägten Traumahintergrund ist die Arbeit mit eigenen Anteilen allein nicht empfehlenswert. Ohne fundierte Ausbildung in IFS kann man unter Umständen mehr Schaden anrichten – gerade im Wechselspiel zwischen den Teilen, die die traumatischen Erfahrungen tragen, und denen, die versuchen, diese Erfahrungen aus dem Bewusstsein fernzuhalten oder die Person vor erneuter Verletzung zu schützen. Bitte suchen Sie sich daher therapeutische Begleitung.[106]

Welche Trauma-Therapie ist für mich geeignet?
Als IFS-Therapeutin bin ich voreingenommen, was diese Frage angeht. Daher: Ja, ich würde IFS definitiv für Traumafolgen empfehlen. Doch Menschen und ihre Erfahrungen sind ganz individuell, und es gibt verschiedene gute Ansätze, die für eine Linderung von Traumasymptomen infrage kommen – allerdings meiner Meinung nach auch einige weniger gute. Dazu würde ich die rechnen, die den Körper nicht mit einbeziehen und es allein beim kognitiv orientierten Sprechen über das Trauma belassen oder ausschließlich verhaltenstherapeutisch vorgehen.

Bessel van der Kolk, Professor für Psychiatrie an der Medizinischen Fakultät der Universität Boston und einer der führenden Traumaexperten weltweit, hat über Jahrzehnte mit Missbrauchsüberlebenden, Kriegsveteranen und Menschen mit Entwicklungstrauma gearbeitet. Seiner Meinung nach hilft eine Kombination verschiedener Behandlungsansätze gemeinsam am besten, um Traumafolgen zu heilen. Seine aktuellen traumatherapeutischen Weiterbildungen basieren daher auf Neurofeedback, EMDR, traumasensitivem Yoga und neurobiologischen, bindungs- und körpertherapeutischen Ansätzen sowie IFS. Seiner Einschätzung nach ist IFS »einer der Eckpfeiler effektiver und nachhaltiger Traumatherapie.«[107]

Explizit warnen möchte ich vor potenziell retraumatisierenden Ansätzen, die direkt auf den Schmerz der verletzlichen Teile zusteuern, ohne die Erlaubnis der Schützer einzuholen. Wer zum Beispiel sogenannte Innere-Kind-Arbeit macht, in der die sonst funktionierenden Abwehrstrategien der Schützer ausgehebelt oder ihre extremen Verhaltensweisen dämonisiert und nicht in ihrer Funktion verstanden werden, riskiert die Verschlechterung der Problematik, einen sogenannten Backlash-Effekt. Verlässt die Klientin dann beispielsweise den haltenden Raum der Therapie, in der sich die verletzten Anteile sicher genug fühlen, sich zu zeigen, reagieren die Schützer anschließend oft umso heftiger. Es kann dann zum Beispiel zu Ausbrüchen von risikoreichem Suchtverhalten oder Selbstverletzung kommen, weil die Schützer das Sichtbarwerden der verletzten Teile als radikale Bedrohung erleben. Daher ist es so wichtig, die schützenden Teile mit einzubeziehen.

Studien zeigen übrigens, dass – egal in welcher Therapieform – die Beziehung zwischen Klient und Therapeut von fundamentaler Bedeutung ist. Wenn Sie einen Therapeuten suchen (gleich, welchen Ansatz er verfolgt), erfragen Sie den Hintergrund seiner Ausbildung im Umgang mit Trauma und versichern Sie sich, dass er über genügend Kompetenz und Erfahrung verfügt. Auch wenn Sie selbst natürlich keine Fachperson in diesen Fragen sind, sollte jedoch der Therapeut solide Auskunft dazu geben können. Achten Sie des Weiteren darauf, ob Sie sich mit der Person sicher und gut aufgehoben fühlen: Ist sie präsent, zugewandt und empathisch? Fühlen Sie sich verstanden? Ist sie zugänglich für Fragen und gegebenenfalls auch für Kritik? Haben Sie einen grundsätzlichen Eindruck von Wertschätzung? Wenn Sie sich auch beim zweiten oder dritten Treffen noch unwohl fühlen, vertrauen Sie auf Ihr Bauchgefühl und suchen Sie lieber weiter.

Und falls Sie bereits in psychotherapeutischer oder psychiatrischer Behandlung sind: Bitte treffen Sie keine vorschnellen Entscheidungen, besonders in Bezug auf Medikation. Eigenständiges Absetzen von Medikamenten oder plötzliche Behandlungsveränderungen können destabilisieren und unangenehme Auswirkungen haben. Sprechen Sie mit Ihrem Arzt oder Therapeuten und anderen Personen, denen Sie vertrauen, und informieren Sie sich gründlich, damit Sie zu einer verantwortlichen, selbstfürsorglichen Entscheidung kommen können, falls Sie neue Schritte gehen möchten.

Ist Meditation oder Achtsamkeitspraxis gut bei einem Trauma?

Meditation und Achtsamkeitsübungen regulieren grundsätzlich das Nervensystem und können den Zugang zu Selbst-Energie stärken. Doch ist nicht jede Übung für jede Person zu jeder Zeit hilfreich. Sinnvoll ist auf jeden Fall eine traumasensible Begleitung durch eine kompetente Meditationslehrerin oder meditationserfahrene Therapeutin. Bei einem Traumahintergrund kann es sich zu Beginn belastend oder überwältigend anfühlen, mit der Aufmerksamkeit nach innen zu gehen oder auch nur zu entspannen, weil die Überlebensmuster der schützenden Teile wie Kampf, Flucht oder permanentes Scannen nach Gefahr lahmgelegt oder die Gefühle verletzter Teile spürbar werden. Besonders die verstärkte Aufmerksamkeit auf den Atem, wie sie in vielen Achtsamkeitsübungen angeleitet wird, kann dann unangenehm sein. Manche von uns fühlen sich unter anderem auch deshalb zu Meditation hingezogen, weil wir uns währenddessen von Körper und Gefühlen abtrennen oder dissoziieren. Die meisten traditionellen Meditationsanleitungen bieten für solche Erfahrungen wenig adäquate Begleitung. Mittlerweile wächst auch in diesem Zusammenhang das Verständnis, dass mehr Sensitivität für die Bedürfnisse von Menschen mit Traumahintergrund erforderlich ist.[108]

Zusammenfassung Kapitel 6

- Traumatisch wirken vor allem solche Erfahrungen, die unsere eigenen Bewältigungsmöglichkeiten gravierend überschreiten und uns dem Erleben von Hilflosigkeit, Schutzlosigkeit, Ohnmacht, Angst und Schrecken aussetzen. Anhaltende Probleme entwickeln sich vor allem, wenn wir mit diesen Erfahrungen allein bleiben.
- Ein traumatisierter Organismus funktioniert nicht nach den Regeln der Logik, sondern nach den Regeln des Überlebens.
- Neben katastrophalen Einzelerlebnissen (sogenanntes Schocktrauma) können auch anhaltende oder sich wiederholende Erfahrungen von Bindungsabbruch, emotionaler Abwertung, Vernachlässigung oder andere belastende Umstände, wie sie häufig in der Kindheit durch die Bezugspersonen ausgelöst werden, traumatisieren. Ein solches sogenanntes Entwicklungstrauma kann auch in einem »ganz normalen« Elternhaus entstehen, wenn

Grundbedürfnisse eines Babys oder Kindes längere Zeit übersehen werden oder ungestillt bleiben.

- Nach solchen Erfahrungen kommt es zu erwartbaren Reaktionen auf Ebene von Körper und Psyche: Physiologisch gesehen bleibt der Körper in einer unterbrochenen Verteidigungsreaktion stecken, und die Fähigkeit des Nervensystems, sich selbst zu regulieren, wird gestört oder kann sich gar nicht erst richtig ausbilden. Auf Ebene der Teile suchen schützende und verletzte Anteile nach Auswegen aus der Gefahr, die im inneren Erleben fortbesteht.
- In IFS geht man davon aus, dass unsere Verbannten, also unsere verletzten und von den Schützern aus dem Bewusstsein abgedrängten inneren Anteile, das unintegrierte Material unserer seelischen Wunden tragen.
- Extremes Verhalten unserer inneren Anteile sind Bewältigungsversuche nach extremen Erfahrungen. Veränderung kann geschehen, wenn sie in ihrem Sinn verstanden und gewürdigt werden und die verletzten Teile vom Selbst aus den Beistand erfahren, den sie in der Ursprungssituation gebraucht hätten.
- Das IFS-Modell geht davon aus, dass unser Selbst durch ein Trauma nicht beschädigt werden kann. Allerdings blockieren Persönlichkeitsanteile in ihren ursprünglich überlebensdienlichen Strategien den Zugang zu den Qualitäten von Selbst-Energie wie Verbundenheit, Vertrauen, Ruhe, Zentriertheit oder Zuversicht, sodass wir sie kaum noch spüren.
- Ein Trauma führt zu einer Entfremdung zwischen Selbst und Teilen und zwischen Teilen untereinander. Heilung ist möglich, wenn die Beziehung wiederhergestellt wird. Das größte Potenzial für unsere Heilung liegt letztlich in uns selbst.

KAPITEL 7

Radikale Zugehörigkeit

Alle Teile sind willkommen

»Ich will lieber ganz sein als gut.«
NACH C. G. JUNG

Für mich ist die Haltung im IFS deshalb ein solcher Quantensprung, weil sie eine grundlegend andere Sicht auf die menschliche Psyche ermöglicht. Es gibt keine »schlechten« Teile.[109] Wir sind weder willensschwach noch faul oder einfach dumm, wenn wir das Gegenteil von dem tun, was wir eigentlich wollen, oder uns schon wieder nicht entscheiden können. Wir sind nicht krank, verrückt, gestört, selber schuld oder bösartig, wenn wir uns selbst im Weg stehen, uns oder anderen schaden oder etwas tun oder fühlen, was erst einmal nicht nachvollziehbar ist. Wir sind schlicht und ergreifend der Tatsache ausgesetzt, dass jede Psyche aus unterschiedlichen Teilen besteht, die durch schmerzliche Erfahrungen belastet sind und sich im Versuch, unsere Verletzlichkeit zu schützen und unser Leben auf die Reihe zu kriegen, in mitunter ausgesprochen ungünstige Strategien verstrickt haben.

Viele therapeutische oder psychiatrische Methoden sind im Reparaturdenken verhaftet, als sei an Menschen etwas kaputt. Der Paradigmenwechsel im IFS liegt zum einen im Erkennen, dass das Verhalten aller Persönlichkeitsanteile Lösungsansätze darstellt, und zwar nachvollziehbare Lösungsansätze, die zwar heute Probleme schaffen, deren Kreativität und Intelligenz man aber schätzen kann, wenn man ihre Entstehungsgeschichte versteht. Noch mehr als dieses Verständnis kann jedoch etwas anderes unser Erleben von uns selbst verändern: wenn wir beginnen, mit unseren Anteilen zu sprechen, und dabei erleben, dass sie fühlenden Wesen gleichen, deren innerster Antrieb immer Fürsorge und Liebe ist.

An so vielen Stellen in der äußeren Welt versuchen wir, mit Schwierigem auf diese Weise umzugehen: es bekämpfen, es ignorieren, es beschämen, es verurteilen … Und es funktioniert nicht. Wir versuchen dasselbe mit uns, und es funktioniert nicht. Wenn wir uns dem zuwenden, was schwierig und erst einmal unverständlich ist, um es zu verstehen, erleben wir, dass es ganz anders ist, als wir dachten.

So ist es an uns, klarer zu sehen, wie wir als Kind begonnen haben, mit Stress, herausfordernden Situationen und schwierigen Gefühlen umzugehen, um Sicherheit zu finden. Wir können diese Mechanismen als tapfere Bewältigungsversuche anerkennen und uns um uns selbst in einer liebevollen Weise kümmern, um diese Muster geduldig zu verändern. Den Trost, die Unterstützung und die weise-erwachsene Führung, die wir als Kinder gebraucht hätten, die geben wir uns jetzt selbst.

Letztlich geht es um eine grandiose menschliche Fähigkeit: die eigenen seelischen Wunden zu heilen, indem wir uns selbst Erfahrungen ermöglichen, die uns früher gefehlt haben. Durch den Kontakt zwischen Selbst und Teilen finden wir in uns Geborgenheit und ein sicheres Zuhause. Wie Richard Schwartz nicht müde wird zu betonen: Alle Teile sind willkommen. Alles in uns gehört dazu. Nichts wird mehr ausgeschlossen. Radikale Zugehörigkeit.

ÜBUNG: Wachsende Kreise der Akzeptanz

Stellen Sie sich vor, Sie stehen an einem ruhigen See und werfen einen Stein hinein. Auf der Wasseroberfläche bilden sich rund um den Eintrittspunkt konzentrische Kreise: einer nach dem anderen, immer noch einer und dahinter noch einer. Dieses Bild kann helfen, in uns einen Raum zu öffnen, in dem wir leichter mit Akzeptanz und Mitgefühl all das sehen und halten können, was sich zeigt. Die Idee ist, in schwierigen Momenten hinter jeden Gedanken, jedes Gefühl, jeden Teil zurückzutreten, als würden Sie mit einem Schritt hinter einen der konzentrischen Kreise auf der Seeoberfläche zurücktreten und sagen: »Auch das darf da sein« oder »Auch das gehört dazu«. Und hinter das, was danach auftaucht, können Sie wieder zurücktreten und sagen: »Auch das.« Die Kreise von Akzeptanz und Mitgefühl können sich endlos bis in den Horizont ausdehnen.

Nach einer Auseinandersetzung mit meinem Mann kürzlich fühlte ich mich gekränkt und missverstanden. Jede Menge WG-Bewohner waren aktiv. So übte ich die wachsenden Kreise der Akzeptanz. Ich war wütend. *Auch das.* Ich wollte nicht wütend sein. *Auch das.* Seine Reaktion war doch total unfair. *Auch das.* Ein Teil in mir fand, ich sollte mehr Verständnis für ihn haben und mehr Gelassenheit. *Auch das.* Ich wollte gefälligst nicht immer die sein, die sich in solchen Konflikten um die innere Arbeit kümmert. *Auch das.* Ein anderer Teil meinte, es sei peinlich, sich als IFS-Therapeutin so von Teilen kapern zu lassen. *Auch das.* Ich war müde und erschöpft vom Streiten. *Auch das.* So ging es weiter und weiter, während ich langsam ruhiger wurde.

Es gibt nichts, hinter dem nicht wieder ein Kreis des Mitgefühls auftauchen kann. Wenn Sie während der Übung denken: »Ich kann das nicht.« *Auch das.* »Ich hab keinen Bock auf Mitgefühl.« *Auch das.* Alles, was wir empfinden, gehört zu uns. Treten Sie einen Kreis zurück und lassen Sie da sein, was ist.

Innerer Frieden entsteht nicht, weil sich auf wundersame Weise irgendwann eine goldene Wolke auf uns niedersenkt oder wir keine Konflikte mehr erleben, sondern weil wir nicht mehr gegen das kämpfen, was in uns lebendig ist. Wir werden nicht frei *von* unseren Schwierigkeiten, sondern frei *inmitten* von ihnen. Und wenn wir die Waffen niederlegen, können wir anfangen, mit uns Freundschaft zu schließen. Das macht es auch leichter, Freundschaft mit anderen zu schließen. Denn so, wie wir mit unseren Anteilen umgehen, so gehen wir meist auch mit den Menschen um uns herum um.

Und schließlich erkennen wir vielleicht, dass die Anteile in uns, die unsere Schwierigkeiten auslösen, in Wahrheit unsere strahlendsten Schätze sind.

Akzeptanz und Veränderung

Vor vielen Jahren auf einem Retreat mit meinem ersten buddhistischen Lehrer Thich Nhat Hanh sang mir eine der vietnamesischen Nonnen ein Lied vor, das mich tief berührte. Der Text lautet:

Take me, take me as I am.
Transform habit energy.
Open space within my heart
And breathe with me.

Nimm mich, so wie ich bin.
Verändere Gewohnheitsenergie.
Öffne Raum in meinem Herzen
Und atme mit mir.

Mit dem Begriff Gewohnheitsenergie beschreibt Thich Nhat Hanh die gewohnten Muster und drängenden Impulse, die uns dazu bringen, Dinge zu tun, die wir eigentlich nicht wollen – unsere Teile sind von Gewohnheitsenergie getrieben. Mittlerweile kommt es mir so vor, als ob die Teile in uns dieses Lied singen und von uns gehört werden wollen:

»Bitte, nimm mich so an und akzeptiere mich, wie ich bin. Und hilf mir zugleich, mich zu verändern und den Weg aus ungünstigen Mustern zu finden. Oft fühle ich mich so eng, ich wünsche mir, dass mein Herz wieder weit wird. Kannst du mich dabei unterstützen? Bitte sei für mich da. Wenn wir hier zusammensitzen und gemeinsam atmen, kann auch ich einfach da sein.«

Ich habe keine ausgebildete Stimme, aber ich singe Ihnen das Lied gern einmal vor.[110]

EPILOG

Zeit, aufzuwachen

»Glück ist keine
individuelle Angelegenheit.«
THICH NHAT HANH

Innere Arbeit, wie sie in diesem Buch vorgeschlagen wird, kann Ihr Leben grundlegend verändern. Das sehe ich an mir selbst, das sehe ich an Menschen in meinem Umfeld und überall auf der Welt. Doch hat das nicht nur Auswirkungen für uns selbst. Natürlich bedeutet es für unser eigenes Leben einen enormen Unterschied: Innere Lasten abzulegen und unsere Teile aus ungünstigen Rollen zu befreien macht das Leben freudvoller, intensiver, wahrhaftiger. Zugleich geht eine solche Transformation weit über die persönliche Ebene hinaus.

Durch seelische Wunden wird die Verbindung zwischen Selbst und Teilen unterbrochen, was zu Schmerz, Wut, Selbstkritik, Scham und unterschiedlichsten Kompensationsstrategien führt. Diese Verbindung wiederherzustellen könnte man sich vorstellen wie die Kopernikanische Revolution: zu erkennen, dass das, was wir immer geglaubt haben, schlicht und ergreifend nicht wahr ist – so wie Kopernikus zeigen konnte, dass sich die Sonne nicht um die Erde dreht. Dass unsere Vorstellung, wir seien unzureichend, ungenügend oder nicht liebenswert, schlicht und ergreifend eine Fehlannahme war. Dass wir komplett in Ordnung sind und dass deshalb all die Teile aufhören können zu tun, was sie immer versucht haben zu tun – beispielsweise auf andere Leute herabzusehen, damit wir uns besser fühlen. Oder uns zu kritisieren, damit wir besser werden. Oder Karriere zu machen oder Status und Macht zu erlangen oder besser auszusehen etc. etc., damit wir uns sicherer fühlen.

All das lässt nach, wenn wir beginnen zu ahnen, dass wir vollkommen okay sind.

Wenn wir anfangen zu glauben und zu erleben, dass wir nicht wertlos oder beschädigt, nicht unwichtig, verquer oder ohnmächtig sind, sondern komplett und golden und großartig – und zwar jeder von uns in seiner ganz eigenen Manifestation und Ausdrucksform –, dann können wir einander und der Welt dienen und dazu beitragen, dass wir nicht länger zerstören, was uns als Geschenk anvertraut ist: »Wenn Sie all Ihre Teile lieben können, können Sie alle Menschen lieben. Wenn Ihre Teile sich geliebt fühlen, erlauben sie Ihnen, vom Selbst aus zu leben … Wenn wir im Selbst sind, erinnern wir uns an die Verbundenheit mit unseren Teilen, mit anderen Menschen und mit der Erde. Wir sehen einander als heilige Wesen und begegnen uns mit Liebe und Respekt.«[111]

Weil wir die ungünstigen Rollen und Verhaltensmuster, in die unsere Teile sich verstrickt haben, für das halten, *was wir sind,* ist unser Planet seit Jahrtausenden in Krieg, Konflikt, Ausbeutung und Unterdrückung gefangen. Wenn es nicht so viel Leid verursachen würde, könnte man nur staunend den Kopf schütteln, wie ein schieres Missverständnis uns letztlich an diesen Punkt gebracht hat, an dem wir dabei sind, unsere eigene Lebensgrundlage zu zerstören.

Solange wir in inneren Konflikten und den Nöten unserer Teile gefangen sind, ist es schwer, unser Strahlen und unsere eigentlichen Kapazitäten und Ressourcen in die Welt zu bringen und zu Heilung beizutragen.

Es ist Zeit, aufzuwachen und zu sehen, wer wir wirklich sind. Und aus diesem Begreifen zu handeln.

Danksagung

Das Netz an Menschen, Ideen und Visionen, von dem ich auf dem Weg zur Entstehung dieses Buches getragen wurde, ist grandios weit und vielfältig, und ich habe die Hoffnung, dass dieses Buch wiederum selbst einen kleinen Knotenpunkt in einem Netz guter Kräfte für Sie, liebe Leserin, lieber Leser, darstellen kann. Danke, dass Sie bis hierher durchgehalten haben!

Meine tiefe Dankbarkeit gilt Richard C. Schwartz, dem Begründer des IFS-Modells. Sein Forschergeist und seine Vision für ein zutiefst dem Leben verbundenes Therapiemodell haben ein Geschenk hervorgebracht, dessen Wirkmächtigkeit wohl zu Beginn niemand ahnen konnte. Allen, die mit ihm zusammen seit über vierzig Jahren an der Weiterentwicklung von IFS beteiligt sind, bin ich in großer Wertschätzung verbunden. Mein tiefer und warmer Dank gilt allen, die IFS in Deutschland verbreitet haben und lehren, besonders Eva Orinsky, Marlene Fellner und Martina Beckhäuser vom IFS-Institut München. Teil eures Ausbildungsteams zu sein ist mir Freude, Privileg und Inspiration. Danke an das ganze Team für alles, was ich von euch lernen durfte – und was damit auch ganz konkret in dieses Buch eingeflossen ist –, und ebenso allen Ausbildungsteilnehmenden, mit denen ich persönlich wie fachlich wachse.

Bücher sind in meinem Leben seit jeher wichtig, und auch mein Weg zu IFS hatte entscheidend mit drei besonderen zu tun. Die Arbeit mit meinen eigenen Anteilen begann im Jahr 2001 über die Lektüre von Artho Wittemanns *Die Intelligenz der Psyche*. Es öffnete mir die Tür zu einem mir bis dahin unbekannten Land und beflügelte mich, mit der Voice-Dialogue-

Therapeutin Regine Lörscher die wunderbarsten innerseelischen Expeditionen anzutreten. Mit dir zu arbeiten hat mein Leben verändert.

Den nächsten Meilenstein bildete die Begegnung mit dem Teile-Therapeuten Tom Holmes, dessen Buch *Reisen in die Innenwelt* ich als Lektorin begleitete: ein Glücksfall für mich im fachlichen wie im persönlichen Kontakt mit dir. Danke!

Als Drittes ausschlaggebend war *Meine innere Welt verstehen* von Jay Earley, ein Selbstlernbuch für IFS-Interessierte. Als betreuende Lektorin meldete ich mich für einen Einführungsworkshop bei Eva Orinsky an, und nach diesem Wochenende war klar: IFS bringt alles zusammen, was mich begeistert und bewegt: Achtsamkeit und den Kontakt mit inneren Anteilen, wirksames therapeutisches Vorgehen und herzerfüllte, undogmatische Spiritualität, Tiefe und Leichtigkeit, Verbundenheit und Authentizität, Klarheit und Weite.

Einige Jahre später führte ein grandios-magischer »Zufall« in einem Gespräch zwischen Regina Denk, Sabine Jaenicke, Andreas Klaus und mir bei Droemer Knaur zum Thema IFS, und das daraus sich entwickelnde Buch stand dort vom ersten Moment an unter einem guten Stern. Danke an Andreas und Sabine für die wunderbare Begleitung und eure unerschütterliche Bereitschaft, immer nach der bestmöglichen Lösung Ausschau zu halten.

Danke an Barbara Wegmüller und Regula Siegfried für eure Freundschaft und zwei der schönsten Orte, die man sich zum Schreiben vorstellen kann, an meine Zen-Lehrerin Linda Lehrhaupt für so vieles, aber auch die Inspiration zur Überschrift von Kapitel 7, und an all die vielen Menschen, die das Manuskript in unterschiedlichen Stadien gelesen und so wertvolle Anregungen und Input beigesteuert haben, besonders an Eva Orinsky, Martina Beckhäuser, Tom Holmes, Jenny Bauschmid, Dami Charf, Karin Hutflötz, Christine Bombosch,

Birgit Magiera und Tina Mai – ihr habt das Buch besser gemacht!

Danke an Friederike Niemeyer für die wunderbaren Grafiken und danke an die weltbeste Lektorin Silke Foos: für deinen klugen Kopf, dein weises Herz und dass du schon vor so vielen Jahren daran geglaubt hast, dass es dieses Buch einmal geben wird.

Ich danke meinem Herzallerliebsten, Lothar, dass du seit Jahren aushältst, dass ich beständig in nicht nachlassender Begeisterung über Teile rede. Unser Austausch ist essenziell für mein Verstehen, Forschen und Entdecken. Danke für deine Liebe und unsere Freiheit.

Meine tiefe Liebe gehört auch meiner Mutter Ricky und meinem Vater Hans Peter. Danke für all das Kostbare, was ihr mir geschenkt und mitgegeben habt.

Meine wichtigsten Lehrerinnen und Lehrer sind meine Klienten. Was ich von euch und mit euch über das Mysterium der menschlichen Seele lernen darf, macht mich reicher, demütiger und vielleicht sogar ein bisschen weiser. Danke, dass ich eure wunderbaren Teile kennenlernen darf und ihr mir erlaubt, mit euch in die Tiefe eures inneren Meeres zu tauchen, von wo wir so oft mit Perlen wieder an die Oberfläche kommen.

Anhang

Verzeichnis der Übungen

Die mit einem Sternchen* versehenen Übungen finden Sie als von mir gesprochene Audio-Anleitung auf der Webseite zum Buch unter https://www.droemer-knaur.de/ich-steh-mir-selbst-nicht-mehr-im-Weg

Webseite zum Buch und Adressen

Die Webseite zum Buch finden Sie im Internet unter der folgenden Adresse. Dort stehen mehrere der Übungen als von mir gesprochene Audio-Anleitungen zur Verfügung.

**https://www.droemer-knaur.de/
ich-steh-mir-selbst-nicht-mehr-im-Weg**

Achtsamkeitskurse, Onlineseminare und Fortbildungsangebote finden Sie auf meiner Seite unter

https://www.achtsamkeitstraining-muenchen.de/

Informationen zu IFS und Therapeutenverzeichnis

Eine umfangreiche Informationsquelle rund um das Internal-Family-Systems-Modell ist die Webseite des deutschsprachigen Vereins IFS-Europe e. V. Dort finden Sie aktuelle Informationen über IFS, seinen Begründer Richard C. Schwartz, IFS-Fortbildungsmöglichkeiten und -Seminarangebote sowie Therapeuten und Coaches, die im deutschsprachigen Raum mit IFS arbeiten.

https://www.ifs-europe.net/

Fort- und Weiterbildungen

IFS-Institut München, Eva Orinsky und Marlene Fellner
Fortbildungsinstitut für die Systemische Therapie mit der Inneren Familie nach Richard C. Schwartz
Seminare, Fort- und Weiterbildungen, u. a. in München, Nürnberg, Köln, Hamburg, Wien sowie online
https://institut-ifs.de/

IIFS Institut Heidelberg, Dr. med. Uta Sonneborn
Institut für Integrative Fortbildung Humanistischer Psychotherapien Innerer Systeme und Professionelle Selbstfürsorge
Seminare, Fort- und Weiterbildungen, u. a. in Heidelberg und Berlin
https://www.iifs-institut-heidelberg.de/

IFS Institute Oak Park, USA, Richard Schwartz und Lead Trainer
Fort- und Weiterbildungen sowie Seminare in IFS in USA, Kanada sowie in Zusammenarbeit mit anderen europäischen IFS-Instituten, auch online
https://ifs-institute.com/

Deutsche Gesellschaft für IIST e. V., Tom Holmes
Integrative Inner Systems Therapie: IIST ist eine von Tom Holmes entwickelte integrative Arbeit mit Persönlichkeitsanteilen, basierend auf IFS, als Verbindung von Psychotherapie und Spiritualität. Workshops und Ausbildungen, u. a. in Freiburg und Bad Bevensen
https://innersystems.org

Literaturhinweise

Folgende Medien und Bücher eignen sich für die Vertiefung in der Begegnung mit inneren Anteilen.

Online-Kurs

Heike Mayer: *Jetzt versteh ich mich endlich selbst. Lerne deine Persönlichkeitsanteile kennen und löse innere Konflikte mit der IFS-Methode.* Sinnsucher, 2023
Praktischer Online-Kurs mit vielen Übungen, zu beziehen über https://www.sinnsucher.de/kurs/jetzt-versteh-ich-mich-endlich-selbst

Audio-Aufnahmen

Von Richard Schwartz angeleitete IFS-Übungen
Abzurufen auf der Webseite bzw. der App »Insight Timer« https://insighttimer.com/drrichardschwartz/

IFS-Verein e. V. (Hrsg.): *Auf dem Weg zu mir selbst. Neue Meditationen aus der IFS-Therapie nach Dr. Richard C. Schwartz,* Vivaflow Media 2018
Zwölf Audio-Übungen für die Selbsterfahrung, als Download im MP3-Format, zu beziehen u. a. über https://www.vivaflow.de/produkte/auf-dem-weg-zu-mir-selbst/

Bücher

Richard C. Schwartz: *Das System der Inneren Familie. Einführung in die IFS-Therapie,* Kösel 2024
Eine kurze und leicht verständliche Einführung in IFS vom Begründer des Modells selbst.

Richard C. Schwartz: *Kein Teil von mir ist schlecht, in die IFS-Therapie,* Arbor 2022
Beleuchtet v.a. die spirituellen und gesellschaftlichen Auswirkungen, die es hat, wenn wir anerkennen, dass es keine »bösen« Anteile gibt.

Richard C. Schwartz, Martha Sweezy: *Systemische Therapie mit der inneren Familie.* Klett-Cotta 2021
Umfassendes Grundlagenwerk, besonders geeignet für die therapeutische Anwendung von IFS.

Tom Holmes: *Reisen in die Innenwelt. Systemische Therapie mit Persönlichkeitsanteilen,* Kösel 2010, 2013
Wunderbar anschaulicher Einstieg in die Arbeit mit inneren Anteilen mit vielen Illustrationen.

Jay Earley: *Meine innere Welt verstehen. Selbsttherapie mit Persönlichkeitsanteilen,* Kösel 2014
Stellt mit großem Detailreichtum die kompletten Schritte der IFS-Arbeit auch für die Selbstanwendung vor.

Jay Earley, Bonnie Weiss: *Befreiung vom Inneren Kritiker. Konstruktive innere Dialoge führen,* Junfermann 2015
Eine ausführliche Anleitung, um kritische Anteile in Verbündete zu verwandeln.

Eva Orinsky: *Teile-Therapie in der Praxis. Die Kunst der heilsamen Kommunikation mit IFS,* Iskopress 2022
Gleichermaßen für Interessierte wie therapeutisch Tätige geeignet, bietet dieses Buch einen praxisnahen Einblick in Grundlagen der Methode und wie IFS-Sitzungen verlaufen.

Anmerkungen

1 Zitiert in Shelly Johnson: *The Parts Inside of Me,* Archway Publishing 2020, S. 1 (alle Zitate oder Textpassagen, die bislang nicht auf Deutsch erschienen sind, übersetzt von HM)

2 Dieser Satz, vom Philosophen Richard David Precht als Buchtitel für seinen 2007 erschienenen Bestseller verwendet, stammt nicht von Precht, sondern war schon lange vorher als sogenannter »Sponti-Spruch« im Umlauf. Ein ursprünglicher Urheber ist meines Wissens nach nicht bekannt.

3 Die Formulierung »Der zugewandte Mensch« habe ich von Ingrid Schulz von Thun aus einem Fortbildungsskript »Das innere Team in der Psychotherapie« übernommen.

4 Friedrich Nietzsche: *Werke in drei Bänden.* München 1954, Bd. 2, S. 625

5 Zitiert von Jeremiah Adams in der Einleitung zu Debbie Ford: *Schattenarbeit,* Goldmann 2011, S. 11

6 Dieses Bild vom inneren Haus verwendet auch der wunderbare amerikanische Teile-Therapeut Tom Holmes, von dem ich in der gemeinsamen Zusammenarbeit viel lernen durfte. Sein Buch *Reisen in die Innenwelt. Systemische Arbeit mit Persönlichkeitsanteilen,* Kösel 2013, ist für die Arbeit mit inneren Anteilen höchst empfehlenswert.

7 Ein Hinweis für Fachkolleginnen: Die meisten Fallbeispiele sind deutlich verkürzt wiedergegeben, damit sie gut lesbar bleiben. In einer realen Therapiesituation laufen die Dialoge sowohl im Inneren (zwischen den Klienten und ihren Anteilen) und im Äußeren (zwischen den Klienten und mir) kleinschrittiger ab. Es ist wich-

tig, Klienten keine Worte in den Mund zu legen oder Interpretationen vorzuschlagen. In der Praxis werden häufig mehr Teile dazwischenspringen und müssen respektvoll zur Seite gebeten werden. Um das Prinzip, nach dem Teile innerhalb der Psyche agieren, anschaulich zu machen, sind die beschriebenen Fallbeispiele daher nicht ganz identisch mit meiner realen Art zu arbeiten.

8 Onno van der Hart, Ellert Nijenhuis, Kathy Steele: *Das verfolgte Selbst. Strukturelle Dissoziation und die Behandlung chronischer Traumatisierung,* Junfermann 2008

9 Friedemann Schulz von Thun: *Miteinander reden Band 3. Das »innere Team« und situationsgerechte Kommunikation,* Rowohlt 1998. Schulz von Thun wurde stark beeinflusst vom Ansatz Voice Dialogue, dem »Gespräch mit den inneren Stimmen«, nach Hal und Sidra Stone. Hal und Sidra Stone: *Du bist viele,* Heyne 1994

10 Richard C. Schwartz: *Internal Family Systems Therapy,* Guilford Press 1995, Erstausgabe auf Deutsch: *Systemische Therapie mit der inneren Familie,* Klett-Cotta 1997, vollständig überarbeitet zusammen mit Martha Sweezy 2019, dt. 2021

11 Die genaue Quelle war trotz intensiver Bemühungen nicht auffindbar. Über Hinweise sind wir dankbar.

12 Zitiert nach Bessel van der Kolk: *Verkörperter Schrecken. Traumaspuren in Gehirn, Geist und Körper und wie man sie heilen kann,* Probst Verlag 2015, S. 361

13 Siehe z. B. Richard C. Schwartz: *No Bad Parts. Healing Trauma and Restoring Wholeness with the Internal Family Systems Model,* Sounds True 2021, S. 14 ff.

14 Beispielsweise Archetypenarbeit nach C. G. Jung, Psychosynthese nach Roberto Assagioli, die Arbeit von Virginia Satir, Voice Dialogue, der Ego State-Ansatz, das Innere Team nach Schulz von Thun oder die Schematherapie.

15 Jon Kabat-Zinn: *Gesund durch Meditation,* O.W. Barth 2011

16 Richard Schwartz: »Evolution of the IFS Model« auf *h*ttps://ifs-institute.com/resources/articles/evolution-internal-family-systems-model-dr-richard-schwartz-ph-d, abgerufen am 24.3.21

17 Darstellung angelehnt an eine Abbildung im Artikel von Ingrid und Thomas Dietz: »Empathie mit unserer inneren Familie«, *Kommunikation & Seminar* 1/2008, S. 15

18 Frank G. Anderson: *Transcending Trauma. Healing Complex PTSD with Internal Family Systems Therapy,* PESI Publishing 2021, S. 17

19 Angelehnt an ein Fallbeispiel aus J. Tamar Stone: *Selves in a Box. The Guide,* Stillstone Press 2011

20 Adressen von IFS-Therapeutinnen oder -Coaches finden Sie im Anhang unter Adressen auf S. 336

21 »Do I contradict myself? Very well then, I contradict myself. (I am large, I contain multitudes)« im Gedicht »Song of Myself« aus Walt Whitman: *Leaves of Gras,* 1855

22 Richard Schwartz geht davon aus, dass zumindest manche Teile grundsätzlich angeboren sind, und bezieht sich dabei auf Untersuchungen des Neugeborenenforschers T. Berry Brazelton, s. Schwartz: *No Bad Parts,* S. 37

23 Wenn Sie den Animationsfilm *Alles steht Kopf* gesehen haben, der ebenfalls aus einer Teile-Perspektive auf die Psyche schaut, erinnern Sie sich vielleicht an die Szenen, wo die Persönlichkeitsanteile des Mädchens sich in ihrem Kopf um die Kontrolle am Steuerpult streiten.

24 Richard Schwartz: »The Larger Self« auf https://ifs-institute.com/resources/articles/larger-self, abgerufen am 19.3.2021

25 Einen solchen Blick auf den Menschen aufrechtzuerhalten, war für die Herrschenden immer eine ausgezeichnete Rechtfertigung, andere zu unterdrücken. Für eine umfassende Zusammenstellung dieser Diskussion siehe Rutger Bregman: *Im Grunde gut. Eine neue Geschichte der Menschheit,* Rowohlt 2020. Richard Schwartz erläutert gesellschaftliche, politische und spirituelle Konsequenzen ausführlich in seinem Buch *No Bad Parts.*

26 Siehe z. B. Roth-Hanania, R., et al.: »Empathy development from 8 to 16 months: Early signs of concern for others«, *Infant Behav Dev* 2011, 34:447–58; Hamlin, J. K., and Wynn, K.: »Young infants prefer prosocial to antisocial others«, *Cogn. Dev.* 2011, 26:30–39

27 Bregman: *Im Grunde gut,* S. 356 ff.

28 Alan Cohen im Dokumentarfilm *Finding Joe* über den Mythenforscher Joseph Campbell, https://www.youtube.com/watch?v=s8nFACrLxr0, abgerufen am 1.10.2021

29 Schwartz: *Systemische Therapie mit der inneren Familie*, Schwartz: *No Bad Parts*

30 Schwartz: *No Bad Parts*, S. 4

31 Mary-Anne Johnston auf https://majohnston.wordpress.com/working-with-our-inner-parts/, abgerufen am 21.4.2021

32 Ebd.

33 Richard Schwartz: »The Larger Self« auf https://ifs-institute.com/resources/articles/larger-self, abgerufen am 22.4.2021

34 Manche Bewusstseinsforscher nehmen an, dass es dabei zu einer extrem hohen Koordination bestimmter Gehirnwellen kommt, die weit voneinander entfernt liegende Gehirnareale verbindet, sodass alle Neuronen im Gehirn synchron in Gamma-Frequenz schwingen, siehe z. B. Ulrich Kraft: »Die neuronale Erleuchtung«, *Gehirn & Geist* 10/2005, S. 17

35 Absolute Selbst-Zustände, auch wenn sie regelmäßig oder lang andauernd erlebt werden, ändern offenbar nicht zwingend etwas daran, dass die Person außerhalb dieser Zustände (mehr oder minder stark) mit ihren Anteilen identifiziert ist. Und allein durch solche Zustände verändern sich auch nicht diejenigen Teile der Person, die in ungünstigen Verhaltensmustern gefangen sind. So ist es zu erklären, dass etwa spirituelle Lehrer, die unbestreitbar tiefe mystische Einheitserfahrungen gemacht haben, sich dennoch unethisch oder Schülern gegenüber grenzüberschreitend verhalten können.

36 Uta Sonneborn: »Die Systemische Therapie mit der Inneren Familie«, *Psychotherapie* 18/2, 2013, S. 96

37 Richard Schwartz: »The Larger Self« auf https://ifs-institute.com/resources/articles/larger-self, abgerufen am 19.3.2021

38 Ebd.

39 Anderson: *Transcending Trauma*, S. 19

40 Empfehlenswert z. B. gesprochen von Maren Schneider auf https://www.youtube.com/watch?v=j0nMvbvNcog (abgerufen am 1.10.2021) bzw. in ihrem Buch *Stressfrei durch Meditation. Mit sechs gesprochenen Meditationen auf zwei CDs*, O.W. Barth 2012

41 Siehe auch Schwartz: *No Bad Parts*, S. 69

42 Forschungen zur sogenannten Polyvagal-Theorie lassen es plausibel erscheinen, dass in einem Selbst-Zustand zu sein auch be-

deutet, dass der ventrale Zweig des Vagusnervs aktiv ist: der Teil unseres parasympathischen Nervensystems, der Gesicht und unsere gesamte Mimik sowie Nacken und Herzbereich innerviert und entscheidend ist für die entspannte und zugewandte Kontaktaufnahme zu anderen Menschen. Stephen Porges: *The Pocket Guide to the Polyvagal Theory. The Transformative Power of Feeling Safe,* W. W. Norton 2017

43 Aus der Beschreibung des Films »The Mindfulness Movement«, 2021

44 https://www.uclahealth.org/marc/, abgerufen am 15.4.2021

45 Bishop et al.: »Mindfulness: A proposed operational definition«, *Clinical Psychology: Science and Practice,* 11/2004, S. 230–241

46 Zu einem grundlegenden Einstieg ins Thema Achtsamkeit ließe sich noch weit mehr sagen, das würde allerdings den Rahmen dieses Buches sprengen. Für einen leicht verständlichen, praktischen Einstieg siehe z. B. meine Bücher *Achtsam leben. Das kleine 1x1 für ein Leben im Hier und Jetzt,* Scorpio 2018, und *Achtsamkeit: Gelassen leben in einer hektischen Welt,* Scorpio 2019

47 Empfohlen sei hier auch David Treleaven: *Traumasensitive Achtsamkeit. Posttraumatischen Stress erkennen und vermindern,* Arbor 2019

48 Deb Dana in einem Interview auf https://internalfamilysystems.pt/multimedia/webinars/polyvagal-meets-ifs-talk-deb-dana, abgerufen am 10.6.2021

49 Thomas d'Asembourg in Christophe André, Matthieu Ricard: *Das Geheimnis einer glücklichen Seele,* Scorpio 2015

50 Schwartz: *No Bad Parts,* S. 100

51 Flint Sparks in einem Vortrag »Negotiating the Way« auf https://vimeo.com/37824497, abgerufen am 8.6.2021

52 Richard Schwartz: »Moving From Acceptance Toward Transformation With Internal Family Systems Therapy (IFS)«, *Journal of Clinical Psychology,* 8/2013, S. 809

53 Janina Fisher: *Die Arbeit mit Selbstanteilen in der Traumatherapie,* Junfermann 2019, S. 104

54 Richard Schwartz: »Facing Our Dark Side« auf https://www.psychotherapynetworker.org/magazine/article/2/facing-our-dark-side, aufgerufen am 19.3.2021

55 Zu dieser Übung hat mich u. a. »Die platonische Tankstelle« von

Rolf Sellin inspiriert, siehe sein Buch *Bis hierher und nicht weiter*, Kösel 2014, S. 147

56 Ich habe diese Übung in einem Seminar des Yogalehrers Stefan Machka kennengelernt, der sie wiederum aus der Siddha-Yoga-Tradition kannte. Vermutlich wird sie so oder ähnlich schon lange in verschiedenen spirituellen Traditionen weitergegeben.

57 Eva Orinsky: *Teile-Therapie in der Praxis. Die Kunst der heilsamen Kommunikation mit IFS*, Iskopress 2022, S. 24

58 Carl Rogers: *Entwicklung der Persönlichkeit. Psychotherapie aus der Sicht eines Therapeuten*, Klett-Cotta 1988. In Teile-Sprache ausgedrückt, lautet das (nicht mehr ganz so) kuriose Paradox, dass Teile sich ändern können, wenn sie vom Selbst akzeptiert werden, wie sie sind.

59 Das ist ein vereinfachter Ablauf eines IFS-Prozesses. Bestimmte weitergehende Schritte sind in der Regel nur mit einem IFS-Coach oder einer IFS-Therapeutin möglich.

60 Sollten Sie sich einem verletzlichen Teil oder innerem Kind von Anfang an sehr liebevoll und zugewandt gegenüber fühlen, können Sie auch ausprobieren, so vorzugehen wie unter »Inneren Kindern begegnen« später im Kapitel beschrieben.

61 Vgl. auch Schwartz: *No Bad Parts*, S. 134 ff. Eine Audio-Anleitung dieser Übung finden Sie auf der CD *Auf dem Weg zu mir selbst: Neue Meditationen aus der IFS-Therapie nach Richard C. Schwartz*, herausgegeben vom IFS-Verein Deutschland, als Audio-Download zu beziehen unter https://www.vivaflow.de/produkte/auf-dem-weg-zu-mir-selbst/

62 Diese Idee, ursprünglich von Glen Schneider, findet sich in Thich Nhat Hanh: *Versöhnung mit dem inneren Kind. Von der heilenden Kraft der Achtsamkeit*, O.W. Barth 2011, S. 162. Ich habe sie für dieses Buch abgewandelt und um IFS-Prinzipien ergänzt.

63 Schwartz: *No Bad Parts*, S. 160, meine Hervorhebung

64 In einem Interview 2020 mit Tami Simon auf https://resources.soundstrue.com/podcast/elizabeth-stanley-trauma-sensitive-mindfulness/, abgerufen am 21.7.2021

65 Eine detaillierte Anleitung zur IFS-Arbeit mit Kritikern finden Sie in Jay Earley, Bonnie Weiss: *Befreiung vom Inneren Kritiker. Konstruktive innere Dialoge führen*, Junfermann 2015

66 Jesper Juul: *Leitwölfe sein. Liebevolle Führung in der Familie*, Beltz 2016, S. 24

67 Antoine de Saint-Exupéry: *Der Kleine Prinz*, Karl Rauch Verlag 1950

68 Tara Brach: »Awakening from the Trance of Unworthiness«, *Inquiring Mind* 17/2, 2001, auch auf https://www.tarabrach.com/articles-interviews/inquiring-trance/, abgerufen am 21.7.2021

69 Andreas Amann: »Wenn die Liebe weh tut«, *Imago* 15/2012, S. 3 ff.

70 Interview mit Lars Eidinger: »Man kann sich selbst nicht lieben«, *Süddeutsche Zeitung Magazin*, 24/18.6.2021, S. 23

71 Luise Reddemann in Luise Reddemann und Sylvia Wetzel: *Mögen alle Wesen glücklich sein. Mitgefühl und Gerechtigkeit neu entdecken*, Patmos 2017, S. 72

72 Artho S. Wittemann: *Die Intelligenz der Psyche. Wie wir ihrer verborgenen Ordnung auf die Spur kommen*, Kösel 2000, S. 51

73 Siehe www.drgabormate.com und Gabor Maté: *Im Reich der hungrigen Geister. Auf Tuchfühlung mit der Sucht*, Unimedica 2021

74 In meine Betrachtungsweise fließen neben dem IFS-Modell nach Richard C. Schwartz besonders auch die Arbeit der Traumatherapeuten Janina Fisher und Frank Anderson (der ebenfalls mit IFS arbeitet) sowie neurophysiologische Erkenntnisse u. a. von Bessel van der Kolk, Peter Levine sowie Stephen Porges ein.

75 In einer Studie über 24 Länder weltweit berichteten 70 % der Befragten von mindestens einem traumatischen Ereignis in ihrem Leben, über 30 % von vier oder mehr (C. Benjet et al.: »The epidemiology of traumatic event exposure worldwide. Results from the World Mental Health Survey Consortium«, *Psychological Medicine* 2016/46, S. 327–343). Andere Einschätzungen gehen davon aus, dass 90 % der Bevölkerung bis zu ihrem Lebensende mindestens einem potenziell traumatischen Erlebnis ausgesetzt sein werden (vgl. Treleaven: *Traumasensitive Achtsamkeit*, S. 15).

76 Van der Kolk: *Verkörperter Schrecken*, S. 182

77 Siehe z. B. Van der Kolk: *Verkörperter Schrecken*, Gabor Maté: *Wenn der Körper nein sagt. Wie chronischer Stress krank macht*, Unimedica 2020, oder die bahnbrechende ACE-Studie: ACE steht für *Adverse Childhood Experiences*, also belastende Kind-

heitserlebnisse. Die Studie belegt, dass Erfahrungen wie Gewalt, Vernachlässigung, Tod eines Familienmitglieds, dysfunktionale Familienstrukturen oder eine instabile Bindung (z. B. aufgrund langer Krankenhausaufenthalte, Trennung der Eltern oder emotional nicht verfügbarer Eltern) mit negativen Folgen etwa im Bereich Depression, Herz-Kreislauf-Erkrankungen, bestimmter Krebsformen oder Diabetes verknüpft sind. Je mehr ACEs ein Kind erlebt hat, desto höher der kumulative Effekt. Vincent J. Felitti et al.: »Relationship of Childhood Abuse and Household Dysfunction to Many of the Leading Causes of Death in Adults. The Adverse Childhood Experiences (ACE) Study«, *American Journal of Preventive Medicine* 14, 4/1998, S. 245–258, online auch unter doi:10.1016/S0749-3797(98)00017-8

78 Dagmar Kumbier: *Das innere Team in der Psychotherapie. Praxis- und Methodenbuch,* Klett-Cotta 2014, S. 15

79 Interview mit Robert Stolorow: »The Future of Mental Health«, *Psychology Today,* 6.2.2016, https://www.psychologytoday.com/us/blog/rethinking-mental-health/201602/robert-stolorow-emotional-trauma-and-psychoanalysis, abgerufen am 9.9.2021

80 Orinsky: *Teile-Therapie in der Praxis,* S. 20

81 Gegen einen der prominentesten Vertreter der Tyrannenhypothese, den Kinderpsychiater Michael Winterhoff, wurden mittlerweile gesetzliche Ermittlungen eingeleitet, da er Kindern systematisch und ohne ausführliche Anamnese eine fachlich nicht anerkannte Diagnose gestellt haben soll, vgl. https://www.tagesschau.de/investigativ/wdr/kinderpsychiater-winterhoff-101.html und https://www.aerzteblatt.de/nachrichten/127363/Ermittlungen-gegen-umstrittenen-Bonner-Kinderpsychiater-Winterhoff. Winterhoffs Buch *Warum unsere Kinder Tyrannen werden* entwickelte sich nach seinem Erscheinen 2008 zu einem Bestseller.

82 Traumata können über sog. epigenetische Prozesse an nachfolgende Generationen weitergegeben werden. Dabei werden Aktivitätsmuster von Genen, die sich aufgrund bestimmter Lebenserfahrungen verändern, vererbt, siehe z. B. Katharina Drexler: *Ererbte Wunden erkennen. Wie Traumata der Eltern und Großeltern unser Leben prägen,* Beltz 2020, oder Bernhard Kegel: *Epigenetik. Wie unsere Erfahrungen vererbt werden,* Dumont 2018

83 Ein Vorreiterprojekt in dieser Hinsicht ist die Elternschule SAFE von Prof. Dr. med. Karl Heinz Brisch, der den weltweit ersten Lehrstuhl für Early Life Care innehatte, mehr unter https://www.khbrisch.de/safe.html.

84 Nach einem Vortrag von Bessel van der Kolk: »Trauma, Körper und das Gehirn«, im Rahmen des Kongresses »Reden reicht nicht!?«, 26.-29.5.2016 in Heidelberg, sowie Van der Kolk: *Verkörperter Schrecken,* S. 65 ff.

85 Vgl. Van der Kolk: *Verkörperter Schrecken,* Peter A. Levine: *Trauma-Heilung. Das Erwachen des Tigers,* Junfermann 1998, und *Sprache ohne Worte: Wie unser Körper Trauma verarbeitet und uns in die innere Balance zurückführt,* Kösel 2011, sowie Stephen Porges: *Die Polyvagal-Theorie und die Suche nach Sicherheit. Trauma, soziales Engagement und Bindung,* Probst-Verlag 2021

86 Stephen Porges: *The Pocket Guide to the Polyvagal Theory. The Transformative Power of Feeling Safe,* W.W. Norton 2017, S. 53 ff.

87 Die Forschungen von Stephen Porges zur Polyvagal-Theorie legen nahe, dass der *freeze*-Reflex nicht identisch mit der Reaktion des Kollabierens ist. Schaltet unser Nervensystem in *freeze,* könnte man sich das vorstellen wie ein Auto, bei dem sowohl Gas *(fight)* wie Bremse *(flight)* bis zum Anschlag durchgetreten werden. Hier ist v. a. der sog. sympathische Strang des ANS hoch aktiv. Der Kollaps- oder Shutdown-Zustand des Nervensystems wird jedoch nach Porges vom älteren Zweig des Parasympathikus, dem dorsalen Vagusnerv, gesteuert. In einer Immobilisierungsreaktion werden Körperfunktionen auf ein Minimum reduziert, um lebensbedrohliche Situationen, denen wir nicht entfliehen können, möglichst lange überstehen zu können. Porges nimmt an, dass u. a. Depression mit diesen physiologischen Abläufen in Zusammenhang stehen kann. Porges: *The Pocket Guide to the Polyvagal Theory,* S. 33 ff., S. 11

88 Levine: *Trauma-Heilung* und Levine: *Sprache ohne Worte*

89 Van der Kolk: *Verkörperter Schrecken,* S. 82 f.

90 Laurence Heller: *Entwicklungstrauma heilen,* Kösel 2013, S. 31

91 Anderson et al.: *Therapeutische Arbeit im System der Inneren Familie,* S. 31

92 Schwartz, Sweezy: *Systemische Therapie mit der inneren Familie,* S. 367

93 Fisher: *Arbeit mit Selbstanteilen in der Traumatherapie,* S. 59

94 Ebd., S. 182

95 Im Zusammenhang mit Traumatherapie sei speziell verwiesen auf Anderson et al.: *Therapeutische Arbeit im System der Inneren Familie,* Anderson: *Transcending Trauma,* Fisher: *Arbeit mit Selbstanteilen in der Traumatherapie,* Heller: *Entwicklungstrauma heilen* und Kumbier: *Das innere Team in der Psychotherapie*

96 Renee Fabian auf https://ravishly.com/2016/12/28/trauma-broke-me-parts-i-found-wholeness-through-ifs-therapy, abgerufen am 6.7.2021

97 Vgl. auch Van der Kolk: *Verkörperter Schrecken*; https://janinafisher.com/tmodel; Alexander Korittko: *Posttraumatische Belastungsstörungen bei Kindern und Jugendlichen,* Carl Auer 2017

98 Bessel van der Kolk im Vorwort zu Peter A. Levine: *Trauma und Gedächtnis,* Kösel 2016, S. 10

99 Siehe Frank Anderson: »›Who's taking what?‹ Connecting neuroscience, psychopharmacology and Internal Family Systems for trauma« in: Martha Sweezy und Ellen Ziskind (Hrsg.): *Innovations and elaborations in internal family systems therapy,* Routledge Press 2013, S. 107–126; Anderson: *Transcending Trauma,* Van der Kolk: *Verkörperter Schrecken,* besonders das Kapitel »Die Einzelteile zusammenfügen: Self-Leadership«, S. 329–351, Fortbildung mit Deborah Klinger: »All parts are welcome: Using the internal family systems model with individuals and partners, with (or without) trauma history«, 2020 UNC Chapel Hill School of Social Work Clinical Institute, sowie Hilary Hodgdon et al.: »Internal Family Systems (IFS) treatment for PTSD and comorbid conditions: A pilot study«, derzeit im Veröffentlichungsprozess

100 Anderson: *Transcending Trauma,* S. 63 ff., Van der Kolk: *Verkörperter Schrecken,* S. 334, Fisher: *Die Arbeit mit Selbstanteilen in der Traumatherapie,* S. 182

101 Vgl. Fisher: *Die Arbeit mit Selbstanteilen in der Traumatherapie,* S. 92

102 Van der Kolk: *Verkörperter Schrecken,* S. 337

103 Rick Hanson auf https://www.rickhanson.net/hug-the-monkey/, abgerufen am 10.7.2021

104 Dokumentarfilm »The Wisdom of Trauma« von Zaya & Maurizio Benazzo 2021, https://thewisdomoftrauma.com/

105 Van der Kolk: *Verkörperter Schrecken,* S. 277 f.

106 Therapeuten, die in Deutschland, Österreich oder der Schweiz mit IFS tätig sind, finden Sie unter www.ifs-europe.net/therapeuten-und-coaches. Etliche von ihnen arbeiten auch online, falls eine Sitzung vor Ort aufgrund der räumlichen Distanz nicht möglich ist. Bitte beachten Sie, dass sich unter diesen Adressen auch Coaches befinden, die nur beratend/begleitend und nicht therapeutisch arbeiten, und dass eine Aufnahme in diese Liste noch keine Aussage über die traumatherapeutische Kompetenz darstellt. Traumasensible Anregungen für die Eigenanwendung finden Sie u. a. in Peter Levine: *Vom Trauma heilen. Wie Sie seelische und körperliche Blockaden lösen,* Kösel 2007; Dami Charf: *Auch alte Wunden können heilen. Wie Verletzungen aus der Kindheit unser Leben bestimmen und wir dennoch Frieden in uns selbst finden können,* Kösel 2018; Jasmin Lee Cory: *Das große Trauma-Selbsthilfebuch,* Kösel 2015, und David Emerson, Elizabeth Hopper: *Trauma-Yoga. Heilung durch sorgsame Körperarbeit,* Probst 2012

107 Zitiert in Schwartz: *No Bad Parts,* S. i. Informationen über die mehrmonatigen traumatherapeutischen Online-Weiterbildungen von Prof. van der Kolk unter https://traumaresearchfoundation.org/programs/certificate-program/

108 Vgl. auch Treleaven: *Traumasensitive Achtsamkeit*

109 So lautet der englische Titel von Richard Schwartz' neuestem Buch *No Bad Parts,* in dem er diese Perspektive in Bezug auf die individuellen, spirituellen, politischen und sozialen Implikationen diskutiert.

110 Siehe Webseite zum Buch unter https://www.droemer-knaur.de/ich-steh-mir-selbst-nicht-mehr-im-Weg

111 Schwartz: *No Bad Parts,* S. 188 f.